Fragmente

über das

Besteuerungsrecht

deutscher Landesherren.

Ein besonderer Abdruck aus dem zweiten Bande

der

Abhandlungen des Deutschen und Preußischen Staatsrechts

des

Staats-Ministers v. Kamptz.

Berlin.
Verlag von G. Reimer.
1847.

Die vorliegenden Bogen sind Fragmente einer ausführlichen Darstellung des landesherrlichen Besteuerungsrechts in Deutschland, deren Vollendung Verhältnisse verhindert haben. Ich bin zur Vorlegung einiger Fragmente derselben bestimmt worden, theils weil sie einige interessante historische Materialien über diesen Gegenstand enthalten, theils weil die geschichtlichen und positiven Grundlagen dieses Besteuerungsrechts durch allgemeine Sätze eines sogenannten philosophischen Staatsrechts und durch unrichtige geschichtliche Ansichten mehr und mehr bedroht werden, und theils endlich, weil eine Uebersicht der Bundes-Gesetzgebung über diesen Gegenstand nicht ohne Interesse zu sein schien. Fragmente, nicht erschöpfende Ausführungen, können daher hier nur erwartet werden.

Sie betreffen hauptsächlich die Behauptungen:

I. daß nach deutscher Verfassung der Landesherr verbunden sei, die Lasten der Regierung aus eigenen Mitteln, also aus den Einkünften seines Haus-Vermögens und den sogenannten kleinen Regalien, zu bestreiten, und

II. daß nach deutscher Verfassung der Landesherr unbedingt nicht berechtigt sei, Steuern ohne Bewilligung seiner Stände aufzulegen, und daher deren Bewilligung zu jeder Steuer erforderlich sei.

Beide Grundsätze sind in der deutschen Verfassung keinesweges gegründet, vielmehr

I. haben die Unterthanen zu allen Zeiten die Kosten der Regierung des Landes aufgebracht, und

II. ist die Bewilligung der Landstände keinesweges zu allen Gattungen von Steuern erforderlich.

Der Entwickelung dieser beiden Grundsätze nach den verschiedenen Zeit-Abschnitten der deutschen Verfassung ist diese Abhandlung bestimmt.

Erster Abschnitt.

Im Mittelalter bis zum sechszehnten Jahrhundert.

---

§. 1.

1. Die Landesverwaltung ward größtentheils durch die Dienste der Unterthanen bestritten.

In diesem Zeitraum waren die Bedürfnisse und Lasten der Regierung einfach und wurden größtentheils durch Dienste und Naturalien von den Unterthanen bestritten. Alle Rubriken unserer heutigen Staatshaushalts-Etats waren auf diese Dienste und Abgaben an Getreide und andern Landeserzeugnissen verwiesen. Den Militair=Etat erfüllten zu Pferde die Ritter, zu Fuße die Bürger und die Bauern durch Feste, Schanzen und Kriegsfuhren; Recht und Gerechtigkeit verwalteten an jedem Orte die Ritter oder die Stadt=Obrigkeiten, selten ein landesfürstlicher Vogt, und über das Land der Fürst oder ein Stellvertreter mit Zuziehung von Rittern und Mannen; der fürstliche Hofdienst im Lande und am Kaiserlichen Hoflager und auf Reichs= und Fürsten=Tagen ward durch den Adel beiderlei Geschlechts besorgt; zu Berathungen über Landesangelegenheiten wurden Ritter, Prälaten und Bürgermeister einberufen; die fürstlichen Schlösser wurden von Unterthanen erbaut und unterhalten, der Fürst fand auf Reisen im Lande Ablager, die Bedürfnisse der innern Verwaltung, Sicherheit, Bauten, Wege, Brücken und dergl. wurden durch Aufgebote und durch Straßen=, Brücken= und andere Dienste der Unterthanen bestritten, und der Kirchen= und Schuldienst ward von der Geistlichkeit besorgt; außerdem wurden von den Unterthanen dem Fürsten zum Theil noch bedeutende Abgaben an Getreide und andern Naturalien geliefert. Alle diese Dienste und Abgaben wurden von den Unterthanen unentgeldlich und auf ihre Kosten — in einigen Fällen gegen Futter und Mahl — geleistet. Wie hätten sie dafür Entschädigung vom Fürsten fordern können, da sie von ihm die Grundstücke erhalten hatten, von welchen und als Entschädigung für welche sie diese Dienste und Abgaben übernommen hatten und leisteten, indem die Fürsten aus ihren Gütern Ritter belehnt und Klöster=,

Stadt- und geistliche Stiftungen begründet oder bewidmet hatten? Die Kammergüter waren daher am Schlusse dieser Periode bedeutend zusammengeschmolzen und kaum hinreichend, aus ihren Einkünften den Haushalt des Fürsten und seines Hauses zu bestreiten. Auf den damaligen fürstlichen Etats fehlten daher auch die Einnahme-Rubriken der heutigen bis auf die Einkünfte ihrer Domänen, die der Zeit in geringfügigen Abgaben ihrer Bewohner bestanden und die zur Bestreitung der Kosten überall nicht genügenden Strafgelder.

§. 2.

2. Es kamen indessen nach und nach erst außerordentliche und später beständige Beden auf.

Außerordentliche Bedürfnisse konnten oft auf diese Art und aus des Landesherrn Einkünften nicht bestritten werden und nöthigten sie, ihren Unterthanen die Bestreitung derselben anzusinnen und veränderte Verhältnisse führten diese Nothwendigkeit fortdauernd herbei. Hierdurch wurden in den mehrsten Ländern im dreizehnten und vierzehnten Jahrhundert eine beständige Bede üblich, welche die Unterthanen ihrem Landesherrn als einen Beitrag zur Bestreitung der Kosten der Landesverwaltung bewilligten.

Die Entstehung und Verfassung derselben ist in den einzelnen deutschen Ländern so verschieden, daß sie nur nach der eines jeden derselben dargestellt werden kann. [1])

---

[1]) Vergl. im Allgemeinen: Eichhorn's „Deutsche Staats- und Rechtsgeschichte" Thl. II. § 360, und in Ansehung der Mark Brandenburg: Riedel's Preisschrift: „die Mark Brandenburg im Jahre 1250", Thl. II. S. 108 ff., 117 ff. In

§. 3.

3. Entstehung eigentlicher Steuern.

Die mannigfaltigen Veränderungen sowohl in den öffentlichen, als in anderen Verhältnissen im deutschen Reiche und in den einzelnen deutschen Staaten im vierzehnten und besonders im funfzehnten Jahrhunderte hatten aber auch auf diesen Gegenstand den erheblichsten Einfluß. Die Dienste, durch welche die Landesbedürfnisse bisher bestritten waren, entsprachen nicht mehr ihrer Bestimmung und waren dazu ebenso ungenügend, als die ordentlichen Beden und die Einkünfte der Fürsten aus ihren Kammergütern. Die Fürsten waren dadurch oft genöthigt, zu deren Befriedigung Schulden auf ihre Kammergüter aufzunehmen, und deren Abtragung sowie Steuern zur Aufbringung der erhöheten Verwaltungskosten von den Landständen zu verlangen. Die äußern und innern Verhältnisse, worin Deutschland in den folgenden drei bis vier Jahrhunderten sich befand, machten daher während dieses langen Zeitraums diesen Gegenstand fast in allen deutschen Ländern zum stehenden Thema der Verhandlungen zwischen Fürst und Ständen. Diese Verhandlungen berührten sowohl die Last, welche das Land durch Aufbringung der geforderten Summe übernehmen werde, als die daraus zu besorgende Schmälerung der bestehenden Verfassung und der darauf gegründeten Freiheit von Steuern; der letzte Gesichtspunkt überwog mehrentheils den ersteren, indem dort die achtungs-

Rücksicht auf Pommern: Ferd. v. Bilow: „Geschichtliche Entwickelung der Abgaben-Verhältnisse in Pommern und Rügen (Greifswald, 1843.), S. 73. ff., S. 97. ff.

würdigste Bereitwilligkeit, die Wünsche ihres Fürsten zu erfüllen, hier aber die Aufrechthaltung der bestehenden Verfassung vorherrschte und treuer praktischer Sinn der Stände beide Richtungen vereinigte. Freilich sind Stände von diesen Grundsätzen für Gegenwart und Zukunft wohlthätiger und ehrenwerther, als Stände, deren Richtung Untergrabung und Zerstörung der bestehenden Verfassung ist; dennoch ist aber nicht zu verkennen, daß die Stände jener Zeit nicht selten übersahen theils, daß die Fürsten nur für Zwecke, welche bisher durch die Dienste der Unterthanen erfüllt waren, und nur in dem Maaße, wie dies ohne Nachtheil der Unterthanen selbst nicht mehr geschehen konnte, forderten, und daß dagegen die Dienste aufhörten und daher die Steuern nur Surrogate derselben waren, und daß mithin die Mitwirkung der Unterthanen nicht zu neuen Zwecken in Anspruch genommen wurde, und theils, daß mehrentheils die Anforderung auf dem Beschlusse einer höhern Macht beruhe.

§. 4.

4. Unterschied zwischen nothwendigen und freiwilligen Steuern.

Der, in der frühesten Verfassung (§. 1.) begründete Unterschied zwischen **nothwendigen** und **freiwilligen Diensten** der Unterthanen trat auch jetzt in Ansehung der **Steuern** ein. Bei den letzteren lag der bei den ersteren stattgehabte Grundsatz zum Grunde: Steuern, die als Surrogate nothwendig zu leistender Dienste erforderlich waren, mußten ihrer Natur nach nothwendige Steuern sein. So wenig, wie der Landesherr früher der Einwilligung der Unterthanen zum Aufgebot zu den von ihnen zu leistenden Dienste bedurfte, so wenig war jetzt die Einwilligung der Stände zur Anordnung einer nothwendigen Steuer erforderlich. Der Grund, nach welchem Steuern für nothwendige gehalten wurden, beruhete theils in der Unterordnung unter Kaiser und Reich und dem, denselben schuldigen Gehorsam, theils in der Verpflichtung zur Vertheidigung des Landes und seines Fürsten, und endlich in der Verpflichtung der Unterthanen, die Zwecke des Wohls des Landes, für welche sie bisher Dienste hatten leisten müssen, durch Steuern zu befördern. Durch diese Veränderung ward auch die seit den ältesten Zeiten bestandene Verbindlichkeit der Unterthanen, dem Fürsten und seinem Hause ihre Theilnahme an deren erfreulichen Ereignissen durch Uebernahme eines Theils der damit verbundenen Kosten zu bethätigen, nicht aufgehoben, und gehörten daher auch diese, insonderheit die Vermählungssteuern, zu den nothwendigen Steuern.

§. 5.

A. Nothwendige Steuern

a. insonderheit die Steuern in den **vier Fällen** **les aides des quatre cas.**

aa. Im Allgemeinen.

Als Grund, aus welchem der Landesherr befugt war, auch ohne Einwilligung der Landstände von den Unterthanen Steuern zu fordern, erschienen theils die Dringlichkeit der Gefahr für das Land, welche dem Senat keine Berathungen gestatteten, während Hannibal schon vor den

Thoren stand, theils die Verfassung des römischen Reichs und des Kaisers und des Reichs Gebote und Beschlüsse, welche den unbedingten Gehorsam sowohl des Fürsten, als des Landes erforderten, und daher die Einwilligung der Stände eben so wenig gestatteten, als noch bedurften, theils endlich die Anhänglichkeit an dem Landesherrn und seinem Hause und die Beurkundung der Theilnahme der Unterthanen an ihren Ereignissen durch Handlungen, welche nach den Ansichten und Sitten älterer und neuerer Völker als Beweise derselben angesehen werden. Nach diesen Ansichten wurden in seltener Uebereinstimmung aller deutschen und auch anderer Länder die Steuern der Unterthanen in folgenden Fällen als nothwendige, und daher als solche Steuern angesehen, zu deren Anordnung und Erhebung es der Einwilligung der Landstände nicht bedurfte, sondern der Landesherr auch ohne dieselbe berechtigt war. Diese Fälle waren

I. bedeutende, in einem Kriege erlittene, dem Lande Gefahr drohende Niederlagen. In mehreren deutschen Ländern hatten zwar Privilegien bestimmt, daß die Fürsten ohne Zustimmung der Landstände Fehden und Kriege nicht unternehmen und diese nur in diesem Fall als gerecht angesehen werden sollten, allein diese Bestimmungen waren schon damals Beweise der Unhaltbarkeit oder Unausführbarkeit die Verhältnisse des Lebens nicht beachtender papiernen Constitutionen und ihrer Unterordnung unter das Gebot der Noth und der Erhaltung des Landes. Als ein Grund zu Steuern ward auch

II. die Gefangenschaft des Fürsten und der

Mitglieder seines Hauses und ihrer Eröfung aus derselben angesehen, und daher die zu dieser Befreiung erforderlichen Steuern als nothwendige und die Einwilligung der Stände nicht für erforderlich gehalten, weil die Unterthanen es für herabwürdigend ansahen, sie nicht als Gebot der Treue und Pflicht bei ihnen vorauszusetzen und sie noch erst um dieselben zu befragen. Ferner wurden dahin

III. die Verbindlichkeiten des Fürsten und des Landes gegen ihren obersten Herrscher, den Kaiser des Reichs, gerechnet, und zwar nicht allein die Dienste und Steuern zur Vertheidigung des Reichs und zu Reichskriegen und zu andern Bedürfnissen desselben, z. B. den Römerzügen und Krönungen des Kaisers, sondern auch zur Erfüllung der, dem Landesherrn als Fürsten des Reichs und des Kaisers Vasallen obliegenden Pflichten, z. B. der Empfangung des Landes zum Reichslehn, der Beiwohnung der Reichstage und anderer Versammlungen der Reichsstände u. s. w. Endlich gehörten dahin

IV. diejenigen Gaben und Leistungen, welche die Unterthanen ihrem Landesherrn als Beweise ihrer Theilnahme an erfreulichen Ereignissen in dessen Hause und um zu deren Feier beizutragen, darbrachten. Diese Beiträge waren in früheren Zeiten so allgemein und übereinstimmend in den Ansichten und Sitten aller Völker gegründet, daß sie eine europäische Sitte genannt werden kann, und nicht blos für eine, von den Unterthanen ihrem Landesherrn schuldige Pflicht, sondern in den mehrsten Ländern auch für die der Hintersassen gegen ihre Gutsherren gehalten wurden.[2]) Der Umfang dieser Verbindlichkeit war nicht allgemein gleich, allgemein fand sie indessen bei Vermählungen der Töchter des Landesherrn statt, und ward daher Fräulein-Steuern genannt; in einigen Ländern war sie auch bei Vermählungen der Söhne des Fürsten und wenn einer von ihnen oder der Landesherr selbst die Ritterwürde empfing, üblich.[3])

In diesen Fällen, die nach Verschiedenheit der Zeiten und Länder näher modificirt wurden, beruhete die Ver-

---

[2]) Vergl. Hagemann: Abhandlung über die Fräulein-Steuern der Edelmanns-Bauern (in seinem und Günther's Archiv für theoretische und praktische Rechtsgelehrsamkeit, Thl. IV. S. 152 und in seinen kleinen juristischen Aufsätzen, Thl. II. S. 104) und insonderheit in Beziehung auf die Mark Brandenburg ausführlich dargestellt in dem, im Justiz-Ministerium für die Gesetz-Revision ausgearbeiteten: Motive zum revidirten Entwurf des Provinzialrechts der Mark Brandenburg. (Erster Theil, Berlin 1841. 4.) Erster Theil. §. 133., S. 149—159, so wie in Ansehung Pommerns: Conclusa Sedinensia, Cap. 16 und 17. und Hinter-Pommerische Lehns-Constitution, Tit. III. §. 13.

[3]) Z. B. des Herrn Nicolaus von Werle Privilegium an den Land-Röbel, Malchow und Werle von 1285: Si divina favente gratia nos aut nostro heredes in posterum contigerit matrimonium contrahere sive militarem accipere dignitatem — tunc Vasalli de quolibet manso, cultura tamen eorum excepta, duos solidos nobis dabunt, si vero filiarum nostrarum aliqua desponsata fuerit de manso quolibet nobia quatuor solidos erogabunt (in de Westphalen monumenta inedita rerum Cimbricarum T. IV. p. 949).

pflichtung der Unterthanen so entschieden in der Verfassung, daß sie häufig in öffentlichen Urkunden nicht einmal ausdrücklich einzeln, sondern durch die allgemeine Beziehung der vier oder drei Fälle aufgeführt wurden. Wir finden dieses nicht allein in deutschen Ländern, sondern auch unter deutschen Volksstämmen, die in fremden Ländern sich niedergelassen hatten. Es würde die Grenzen dieses Aufsatzes überschreiten, alle darüber vorhandenen Beläge anzuführen, wir beschränken uns daher auf einige derselben.

Die Ordonnanzen der französischen Könige und die französischen Gewohnheitsrechte, sowie die Commentare und Schriften über dieselben sind reich an gründlichen Materialien über diesen Gegenstand, nicht allein über die von den Unterthanen dem Könige, sondern auch über die gleichartigen Abgaben der Unterthanen an ihre Lehnsherren. So führen Jourdan, Decrusy et Isambert in den Etablissements selon l'usage, de Paris et d'Orleans et de courtée baronnie de 1270 Cap. 42. ff. und im Récueil géneral des anciennes lois françaises (Paris, 8. Tom. II. p. 409 ff.) die Fälle an, in welchen diese aide zu entrichten war, und bemerken: l'aide est un sécours en argent que les seigneurs nobles chevals lévent sur leurs vassaux et leurs hommes coûtûmiers en trois cas. Le prémier pour la rançon des seigneurs quand ils sont prisonniers chez les ennemis de la foi ou du royaume: le second pour le mariage et l'appagement de leur fille ainée et le troisième quand les seigneurs se font chevaliers. Le Saint Louis, bemerkt

Pastoret [4]), determina également dans une loi plus etendue et celebre: Etablissement de 1235 (Liv. I. chp. 42) [5]) ce qui devoit être fait pour les subsides que les seigneurs avoient le droit d'exiger de leurs vassaux (sujets non-nobles (dans des cas semblables à ceux dont nous avons parlé (von den Fällen, in welchen der König berechtigt war, diese aide zu fordern) (chévalerie de ses fils, mariage de la fille, captivité, suite de la guerre): si les vassaux ou les arrières-vassaux avoient des aparaguers, c'est à dire des frères puinés ou des enfans de ces frères possedant avec eu le fief par individe, qui devoient contribuer à l'aide, le seigneur est obligé de leur rappeler ce devoir. Der Pariser Parlaments-Advokat Raoul de Presle (unter Karl V.) (in Pastoret Ordonnances des Rois de France de la troisième raçe [à Paris 1814] Tom. XVI.) führt über die Fälle der Erhebung der aide an: secondement si le Roy veult aler contre les héretiques, les Saracins ou autres ennemis de la foy et s'il n'a de quoy il y peust aler de ses revenues ordinaires, tierscement quant le Roy est prins en juste guard à soy n'à de quoy il se puit rachater ni payer sa rancon; quatrement quant le Roy fait son filz chevalier ou quant il marie sa fille ou quant il achate nouvelle terre: car toutes ces choses se regardent le prouffet de ses sub-

[4]) Pastoret: Ordonnances des Rois de France de la troisième raçe (à Paris 1841 ff. Fol. 9 Tom. XVI, p. 114) — ein auf Kosten der Regierung herausgegebenes, der Nachfolge aller Regierungen würdiges Werk!

[5]) Pastoret a. a. O. Tom. IV. p. 55 ff.

jets, car le seigneur en devint plus puissant ou plus riche ou pourra en temps advenu plus supporter et aider ses subjets, les quelles choses doivent estre entendues, quant il a ainsy esté a longtemps accoustumé. Eine ausführliche Geschichte dieser aides des quatre cas liefert Pastoret in dem ersten Theile des oben angeführten wichtigen Werkes S. 5. ff. L'aide etoit, führt er S. 6. an, etoit alors — anfänglich considere et comme une pure concession, ceux qui l'accordoient y mettoient quelque fois des conditions pour la forme et la durée. Elle etoit ordinairement annuelle, la subside imposée en 1360 pour la rancon du Roi aut au contraire quelque chose d'illimité dans sa durée et devoit être payée jusqu'au moment ou la somme promise pour cette rancon seroit entierement acquittée. S. 12: les aides d'abord annuelles furent mises ensuite pour plusieurs années et enfin à perpetuité. Les aides prolongées prenerent alors le nom d'aides ordinaires. Hierdurch verloren sie ihre ursprüngliche Natur und den Namen der aides en quatre cas und gingen in ordentliche Steuern über und unterschieden sich von diesen Steuern in Deutschland, und gingen in die in Deutschland später aufgekommene ordentliche Steuer über. Von dieser aide und ihrer frühern Natur sagt Pastoret: c'est ce qu'on appelloit indire (répartir, imposer) **aux quatre cas** ou, comme disent les lettres du XV siècle, questio en **quatre cas**, faire **questio en quatre cas**. [6])

[6]) Pastoret Ordonnances Tom. XIII., p. 527. Schon König

Auch im Herzogthum Burgund war nach Picard Re cueil à l'histoire de Bourgogne der Herzog berechtig von den Unterthanen in folgenden vier Fällen eine Geld hülfe zu fordern: 1) zu Reisen in das gelobte Land, 2 wenn er seine Töchter verheirathet, 3) wenn er in Ge fangenschaft gerathen war, und 4) wenn er ein benachbar tes Gut kauft, von welchem seinen Unterthanen bishe viele Beschwerde erwachsen war. [7]*)

Philipp III. sagte 1248 quaestio nostra (daselbst Tom. X pag. 360).

*) Der Erwähnung verdienen noch einige Bemerkungen Pastoret wegen ihrer Aehnlichkeit mit den in Ansehung der außerordentl chen Steuern in Deutschland häufig gemachten Bedingungen. Nou trouvons assez souvent, bemerkt derselbe Tom. I. p. 8, au XI siècle toutes les fois qu'une aide est accordée une des stipul tions suivantes ou du moins quelques unes d'entre elles : que la destination n'en pourra être changée 2) que son pac ment ne pourra d'aucune manière préjudicier aux droits ceux qui promettent de l'aquiter 3) qu'elle fera cesser les autr impôts — es ward jedoch 1355 vom König hinzugefügt: q si la guerre n'etoit pas finie quand une aide cessera, les éta se réuniront de nouveau pour en accorder une autre et cas ou l'aide seroit réfusée il rétourneroit à son domaine d monnoies et à ses autres droits. Pastoret bemerkt ferner S. 1: on ne percoit point les aides par fouage, ainsi que la taill mais comme un subside général du pays, les Princes du sa eux-mêmes, car il a pour objet la guerre et la defen de tous. Quelques exemtions pouvoient être admises quan l'aide n'avait pas ce charactere. Charles VI en etablissent u pour le mariage de sa fille exempta les ecclesiastiques et l nobles de raçe quinze feront pas commerce, n'au ront pris firma, suivront la carrière des armes ou ne l'auront quiné q raison de leur âge ou de leur infermités (sehr gegründete B freiungen, weil sie auf ihre eigenen Kosten im Heere dienten

7) Lang historische Entwickelung der deutschen Steuer-Verfa sung (Berlin und Stettin 1793) S. 53.

Der König Wilhelm von Sicilien gestattete den weltlichen Vasallen, von ihren Unterthanen in eben den Fällen, in welchen der König gegen sie dazu berechtigt sei, Geldhülfe zu erheben, nämlich 1) um sie aus feindlicher Gefangenschaft zu erlösen, 2) wenn sie Ritter wurden, 3) bei Verheirathung ihrer Töchter, 4) zum Dienst des Königs und der Armee, 5) wenn sie Land kaufen wollten, und den Prälaten 1) zu ihrer Consecration, 2) zum Besuch eines Conciliums und 3) zum Dienst des Königs und der Armen.[8])

In der englischen magna charta versprach der König Johann ein scutagium nur zu nehmen, wenn 1) er aus der Gefangenschaft zu erlösen, 2) sein erstgeborner Sohn Ritter wird, und 3) seine erstgeborne Tochter sich vermählt.[9])

§. 6.

bb. In deutschen Ländern, insonderheit in der Mark Brandenburg.

In keinem Lande kommt seit dem letzten Viertel des fünfzehnten Jahrhunderts die Bezeichnung der Steuern in den vier Fällen oder auch in den drei Fällen so häufig vor, wie in der Mark Brandenburg. Wir finden dieser Fälle zuerst in der Bestätigung der Privilegien erwähnt, welche der Churfürst Albrecht den Prälaten, Herren, Mannen und Städten der Mark Brandenburg, als sie eine dem Churfürsten anererbte Schuld über-

---

[8]) Cantiani Constitutiones Siculae pag 360. Lange a. a. O. S. 53.

[9]) Vergl. Lang a. a. O. S. 54.

nahmen, und zu deren Abtrag eine Trankſteuer bewilligten, im Jahre 1472 auf dem Landtage zu Berlin ertheilte, und in welcher er den Ständen verhieß:

dat, ſo die Schulde betalet worden dat Umgeld uphören und fürder keine Landbede nicht to nemen it geſchehe denn dat Wy mit Radhe der Prälaten, Herrn, Mannen und Stede in **eynen Land-Krieg** quemen **edder** dat **Wy, da Gott vor ſy, trefflike nedderlage leden, ock** ſo man **eyn freulein to der Ehe beſtaden werde,** So ſchal man dar tho Landbede gheuen nach Geſtalt der Zaken und ehrer Zulueſterkantniſſe [10])

und ihnen darauf am St. Bartholomäus-Tage 1472 einen förmlichen Revers dahin ertheilte [11]), daß

„ſie hinfurder der Land Bede frei wehren anders dann „in hernach folgenden dreyen Stucken: So Wier, Unſer Erben oder Nachkommen, daß Gott wende, „eine trefflike Niederlage nehmen durch Uns „ſelbſt **oder** die Unſrigen **oder** in einen Land„krieg kommen mit Rath der Prälaten, Hern, „Mann und Stadte **oder** ob Unſe Brüder ſe„lige Tochter oder Unſre Sohne Ihre Er„ben und Nachkommen Tochter, ſo Sie die ge-

10) In Gerken Diplomataria Veteris Marchiae Brandenburgensis Band I. S. 378.

11) Anlage I. und in Mylii Corpus constitutionum Marchicarum Tom. VI. p. 10., im Auszuge in Wöhner's Steuer-Verfaſſung der Mark Brandenburg, Thl. III. S. 1.

„wonnen, Heyrathen würden, sollen Wir Un„sere Erben und Nachkommen Landbehde neh„men mit ihrem Rath, damit man dasselbe aus„richte nach Gelegenheit derselbigen Sachen.

Diese Versicherung ist den Landständen mehrmals wiederholt, z. B. in der Assecuration vom Sonntage nach der Geburt Christi 1513 [12]) — „sie mit keiner „andern Steuer in keine wege weiter zu beladen, noch zu be„schweren, außgenommen in den **vier nachgeschrie„benen Artikeln**, nemlich zu Außfertigung eines „Homageyds zu empfahung der regalien, zu den „Dienst oder Hülfe des Römischen Reichß und „ob wir oder unsere Männliche Leibes Erben von „einer gewaltigen Hand überfallen und in Kriegs „Lauffen von derselben schaden empfangen, **in den „vier Artikeln** sollen sie oder ihre Nachkommen zu der „Hülfe verbunden und deren zu bewilligen schuldig sein, wie „der gewöhnlich und von Alters Herkommen“, und gleichlautend in den Assecurationen von 1524 [13]), von 1534. [14]) Auch in dem Brandenburger Landtags-Abschiede von Mitwochs nach Judica 1540 [15]) verhieß der Churfürst:

„Wir wollen auch in Ansehung ihrer Guedtwilligkeit „dieser itz bewilligten steuer hinfürder midt einerlei steuer „oder landbehde nicht beschweren außerhalb der **drey Ar-**

---

[12]) Anlage II. und in Mylii C. C. M. T. VI. p. 15.

[13]) Anlage III. und in Mylii C. C. M. T. VI. p. 75.

[14]) Anlage IV. und in Mylii C. C. M. a. a. O. p. 26 u. 31.

[15]) In Mylii C. C. M. das. p. 59 u. 66.

„kel ihn weilandt Marggrafen Albrechts undt un-
„sers lieben Heren und Vatters beider Churfursten
„sehliger Verschreibungen ausgedruckt, als nemblichen
„so Wir Unsre Erben oder Nachkomen das godt gnediglichen
„wende ein treflich niederlage nehmen durch uns selbst oder die
„unsern oder ihn einen landkriege mit radt Prälaten herren
„Manne undt Stedte kehmen oder ob unsre Söhne ihre Erben
„undt nachkomen eine Tochter berathen würden, sollen Wir
„Unsere Erben undt nachkomen Landbehde nehmen midt ihren
„rahte damidt man daßelbe ausrichte nach gelegenheit der
„sache vndt ob mittler Zeit der bewilligte hulf ihrer oder
„landbehde einfiele oder auch eine gemeine hulff durch das
„heilige reich oder gegen den Türken bewilliget, so soll der
„anschlagk dieser itz zugesagten hulff so lang bis zum fäl-
„lige landbehde ausgebracht, stille stehen und ruhen undt
„das ihn den negstfolgenden iharen vollends ausbracht
„werden" — und vom Sonntag nach Catharinae eben des
Jahres: „Versprechen Wir vor Unß, Unsere Erben und
„Nachkomen unsern Stadten nach Außgang dieser Steuer-
„zeit weiter umb einerlei Steuer und Landbehte nicht an-
„langen sollen und wollen, es währe den sache, daß der
„Artikel einer alß sich unser Herr Vater hochlobl. Ged.
„in der Verschreibung des Biergelds gegen die von Städten
„sich vorbehalten haben, vorfiele" — sowie auch vom Tage
Purificationis 1542 [16]): „— wollen dennoch obberührte
„praelaten, Grafen, Herrn und Ritterschaft, ihre Erben

[16]) In Wöhner a. a. O. S. 3: „welches doch ausgenommen
„der 3 Artikel so zu Unsern Ahnherrn Marggrafen Albrechts
„Briefe eingeleibet, nicht geschehen soll."

„und Nachkomen versichert haben, daß diese Annehmung „und Gutwilligkeit der Praelaten, Graffen rc. Ihre Erben „und Nachkomen wider den alten hergebrachten Gebrauch „unserer Lande keinen eingang, fürgang oder Nachtheil „machen, sondern wo sichs zutrage, daß Unsere, Unsre „Erben und Nachkomen nottürfft noch ferner Anlagen „geschehen und auff Unsre Lande geschlagen würden, wel-„ches doch von Uns und Unsern Erben außge-„nommen den dreyen Articuln, so zu Unsers „Anherrn Marggrafen Albrecht Sehlig und löb-„lichen Gedächtniß Brieff eingeleibet, nicht ge-„schehen soll.“

Auch bei der Bestätigung des, zwischen den Städten der Mittelmark, Uckermark und Altmark wegen Aufbringung des Schoßes getroffenen Vergleichs 1541 versicherte der Churfürst Joachim II., daß Schoß nicht gefordert werden solle, „es wehre denn, daß der vieren „Artikul einer, so in der Verschreibung des Bier-„geldes verleibet, vorfiele“[17]), und in der von 1550[18]), sowie in den Reversalen von Michaelis 1549 — „und „ist diese Steuer nicht aus Pflicht, sondern aus lauter „Liebe und Treue bewilliget und soll ferner Steuer außer-„halb der Fälle in der ersten Bierverschreibung nicht „enthalten u. s. w.“[19]) Diese Zusicherungen sind auch in mehreren Landtags-Abschieden und Reversalen der Neumärkischen

---

[17]) Mylii C. C. M. p. 78.

[18]) Daselbst S. 86.

[19]) Anlage V.

Markgrafen enthalten, z. B. in dem Landtags-Abschiede von 1572: „Wir wollen sie auch einer solchen Belegung von „Steuern, jedoch Aussteuer der Fräulein, Reichshülfen und „kündliche der Herrschaft und Landesnoth ausgenommen.“

Die hier angeführten drei oder vier Besteuerungsfälle waren wesentlich in allen deutschen Staaten diejenigen, in welchen der Landesherr berechtigt war, Steuern ohne Einwilligung der Stände zu fordern[20]), obwohl die Berathung mit denselben über die angemessenste Art ihrer Aufbringung allgemein gebräuchlich war. Die nähere Erörterung nach der Verfassung einzelner deutscher Länder würde hier zwar zu weit führen, einige landesherrliche Versicherungs-Urkunden dürften indessen als Beispiele angeführt werden. Die eine ist die Versicherung der Grafen Heinrich, Adolph und Gerhard zu Holstein und Stormarn „an die tapfern Mannen in Holstein und alle Einwohner desselben Landes, dd. Plön am St. Johannis-Baptistä-Tage 1422[21]): Wy „bekennen, dat unse bederne manne in dem Lande to Hol„sten und alle Inwoner dessuluen Landes Uns edder unsern „eruen nenes Denstes offte volghe plichtich sin to donde bi „eren eghnen kosten vorder alse vppe de lantschede to „des landes nod to Holsten Sunderghes na Denne-

---

[20]) Vergl. Scheidt Vorrede zur Mantissa documentorum seiner historischen und diplomatischen Nachrichten vom hohen und niedern Adel, S. VII. Auch Lang a. a. O. S. 52 ff.

[21]) In Privilegien der Schleswig-Holsteinischen Ritterschaft von Jensen und Hegewisch (No. 1).

„mark's syden, nicht vorder alse wete op de leuengens owen. „Ok sind se Uns nener bed plichtig to gheuende sunder wen „God wil dat wy unse dochter beraden vnd gheuen „de enen vorsten to der ee na rade u'nser truven „Radgheverdes Landes to Holsten, offte, dat god „vorbede, dat Wi enen houetstryt vorloren vppe „dem velde, to desser beyder behuff sint uns de „Holsten plichtig na wonheyt to gheuende von ener „jeweliken hobe da beseet is van büren, offte von borghen „achte schillinge pen[22]), was se uns vaker bede twidet heb- „ben vnd vorder volghe don hebbet[23]) dat hebben se nicht „ghedan vmme older wonheyt willen, Edder vmme rechtes „willen, Men se hebben dat gedan vmme groten Behuf vnd „nod willen, unser und des landes, dar se syk suluen to „bekanden, dat willen wy vnd unse eruen teghen se vnd „eren eruen gherne vorschulden Ok wille Wi und unse eruen „alle unse bedernen man und ere eruen vnd Inwoner des „landes to Holsten by deßer rechtigheyt und by aller olden „rechtigheyt vnd wonichheyt gehalden und laten, to tughe „alle desser vorscreven stucke ꝛc.“ Der Herzog Julius zu Braunschweig und Lüneburg gab der Landschaft auf dem Landtage zu Salzdahlen am Donnerstag nach Michaelis 1572 folgenden Revers[24]):

---

[22]) Schillings-Pfennig und ein Schilling aus 12 Pfennigen und war im vierzehnten Jahrhundert so gut als jetzt 12, ja 16 Schillinge. Jensen und Hegewisch Privilegien ꝛc S. 3.

[23]) Jensen und Hegewisch: Haben sie uns öftere Beden bewilliget und weiter als bis zu den oben beschriebenen Grenzen Folge geleistet.

[24]) In Lünig Reichs-Archiv Pars specialis T. IV. S. 97.

„Bekenen, daß die Prälaten, Ritterschaft und Stette
„auf unser gnediges Begehren — zu Errettung und Be=
„zahlung Dero Schulde — zu bezahlen auffegenomen und
„dann darin eingewilliget und auf sich genommen haben,
„drey mahl hunderttausend Gülden — für die Zinse —
„und sollen zu solcher Contribution keine andere Schatzung
„angelegt, aufgebracht oder gemachet sein, denn der Prälaten
„und Stette Tax, wie sie die nechste Jahre hero zu der vori=
„gen Schuldenlast entrichtet haben — und wenn solche drey
„mahl hunderttausend Gulden bezahlet — wie in eilff oder
„zwölff Jahren wohl geschehen möge, wollen wir alle
„und jede obberührte Steuer und Schatzungen
„gänzlich abschaffen und die Landstände mit meh=
„reren nicht beschweren, do aber uns und unsern
„Fürstenthumb ein Offensiv Krieg aufstoßen sollte
„und also Uns noth seyn werde, Uns und Unser
„Land und Leute für unrechter Gewalt zu defen=
„diren und zu schützen **oder aber** auch unsere
„Frewlein mit göttlicher Hülfe aussteuern wür=
„ten **oder** wenn Reichshülfe auf gemeinen Reichs=
„tagen angelegt und bewilliget darzu Wir we=
„gen Unsers Fürstenthumbs zu contribuiren
„schuldig; so sollen und wollen sich die Prälaten,
„die von der Ritterschaft und Stette und allen
„andere Unterthanen nach ihrer auf gemeinen
„Landtagen fürgehender Berathunge und Be=
„willigung, **wie von Alters üblich und ge=
„bräuchlich**, der Gebühr erzeigen und verhalten, aber
„außerhalb dieser fürgemelten Fällen wollen Wir

„sie mit keinen weiteren Steuern und Schatzungen belegen „oder beschweren.“ Auch in andern deutschen Ländern kommen diese Fälle als Fälle nothwendiger Beden vor, z. B. nach den Chursächsischen Reversalen von 1385 sollen keine Steuern gezahlt werden, „es wäre denn, daß „der Churfürst mit den Seinigen im Felde oder in einer „Feldschlacht Unglück hätte“ (Moser von der Landeshoheit in Steuersachen S. 63), und nach dem Freiheitsbrief des Grafen Johann von Saarbrücken an die Stadt Saarbrücken von 1321 ist dieselbe nur zur Entrichtung einer Bede verpflichtet 1) zur Einlösung des Grafen aus der Gefangenschaft, 2) wenn die Söhne des Grafen die Ritterwürde empfingen, und 3) zur Vermählung einer Tochter desselben (Kremer Geschichte des Ardennischen Geschlechts S. 55).

Bei der weiteren Ausbilldung der Steuer-Verfassung im deutschen Reich blieben zwar die unter dem Namen der drei oder vier Fälle bezeichneten Besteuerungsfälle die wesentliche Grundlage, wurden jedoch erweitert.

§. 7.

B. Freiwillige Steuern.

Wenn in diesem Zeitraume nur die in den vorigen Paragraphen gedachten Bedürfnisse als diejenigen genannt wurden, zu deren Abhülfe Steuern bewilligt werden mußten; so beruhet dies darauf, daß unter den damaligen Verhältnissen nicht leicht Bedürfnisse der Regierung entstehen konnten, welche nicht unter denselben begriffen wären oder nicht durch Dienste oder die vorhandenen Mittel hätten bestritten werden können. Erst in der späteren Zeit entstanden bei den in so vielen Beziehungen veränderten Verhältnissen in Deutschland und in den einzelnen deutschen Ländern neue Bedürfnisse und Mißverhältnisse zwischen denselben und den bisherigen Mitteln, und nöthigten die Fürsten entweder zu außerordentlichen Beden, oder zur Kehrung der dringenden Noth Schulden zu machen und zu deren Sicherheit ihre Kammergüter oder Regalien zu verpfänden, und endlich, dadurch fast aller Einkünfte entbehrend, die Befreiung der Schulden vom Lande zu erwarten. Da diese Beden und die Verpflichtung der Unterthanen, sie aufzubringen, nicht alle auf Herkommen und Verträgen beruheten, sondern in den einzelnen Fällen besonders bewilligt werden mußten; so waren sie, im Gegensatze der nothwendigen, allerdings freiwillige Steuern; allein sie waren mehr im Grundsatz und in der Form, als in der Wirklichkeit freiwillige Steuern.

In diesem Zeitraum wurden außerordentliche Steuern fast ausschließlich zur Uebernahme fürstlicher Schulden gefordert; sehr selten schon zur „Abhülfe sogenannter Landes-Gebrechen", wohin die Verbesserung der „Justiz" und der „Polizei" gerechnet ward, und deren Kosten, wo sie erfolgte, gemeinschaftlich vom Landesherrn und dem Lande übernommen wurden. Die Uebernahme landesfürstlicher Schulden war dagegen schon in dem letzten Abschnitt dieses Zeitraums ein desto häufiger Gegenstand der Verhandlungen zwischen den Landesherren und ihren Ständen geworden. Verfolgt man denselben in den einzelnen deutschen Ländern; so ergiebt sich, daß er durch die äußern und innern Verhältnisse derselben nothwendig ein solcher Gegenstand werden mußte. Mit der Schwächung der kaiserlichen Macht waren in Deutschland der innere Frieden geschwächt, innere Fehden und Kriege vermehrt, die Abhängigkeit der Fürsten vom Kaiser und der Charakter einer von ihm ihnen übertragenen Amtsgewalt verwischt und in den der selbstständigen Erblichkeit übergegangen und die Theilungen der Länder unter die Mitglieder der fürstlichen Häuser befördert und die Fürsten in Fehden und Kriege außerhalb Deutschland verwickelt. Die deutschen Länder selbst waren durch diese Verhältnisse in dem letzten Jahrhunderte dieses Zeitabschnitts meistens so erschöpft, daß die Unterthanen die Reichshülfen und andere nothwendige Abgaben und die Kosten der nun schon nothwendig gewordenen Kriegs-Söldner nicht aufbringen konnten und sie daher von den Landesherrn aufgebracht werden mußten. Durch alle diese Verhältnisse verfielen die Landesherrn in unerschwingliche Schulden, von welchen sie nur durch Steuern des Landes entlastet werden konnten und daher dieselben den Ständen ansinnen mußten. Mogte hierbei der Ausdruck Bede und Bewilligen aus der älteren Zeit und andere bittende, bewegliche und anerkennende Ausdrücke von Seiten der Landesherrn beibehalten und die Steuern selbst von Seiten der Stände mit der Versicherung bewilligt werden, daß dies nur aus freiem, guten Willen und persönlicher Zuneigung und Mitleidentheit an der drückenden Lage des Fürsten geschehe; so lag doch die Nothwendigkeit der Uebernahme der Schulden in den Verhältnissen. Die Schulden waren fast ohne Ausnahme zum Besten des Landes, sehr häufig um Lasten, welche von den Unterthanen getragen werden mußten, aber nicht gleich aufgebracht werden konnten, zu bestreiten, oder aus andern dringenden und den Fürsten dazu nöthigenden, für ihn nicht abzuwendenden Verhältnissen, alle aber von ihm als Landesfürsten gemacht. Wahre und redliche Schulden des Fürsten zu übernehmen, damit er seinen fürstlichen Stand aufrecht erhalten könne, war ein in Deutschland geltender und, wie die Geschichte aller deutschen Länder lehrt, von den Ständen und selbst von den Kaisern in den zu ihrer Kenntniß gekommenen Fällen, anerkannter Grundsatz, und daher, quum in Germania non legibus solum, sed et moribus vivitur, deutsches Gewohnheits-Recht und Grundsatz deutscher Verfassung, die nicht auf Buchstaben, Theorien und Systemen, sondern auf des Landes Bedürfnissen, Verhältnissen und Wohl beruhete. Wo wir nicht mit rathen, thun wir nicht mit thaten, sprach zwar unter ganz besondern Verhältnissen am Ende des funfzehnten Jahrhunderts ein Bürgermeister in Braunschweig, allein weiter hörte man diesen Grundsatz auch nicht, wohl aber dürfte in keinem Lande der Fall vorgekommen sein, daß die Stände dem Fürsten die Uebernahme wahrer und redlicher Schulden versagt und ihn nicht von seiner Schuldenlast befreit hätten.[25]) Der Grundsatz von der reinen Freiwilligkeit dieser Uebernahme bildete sich

---

[25]) Lang a. a. O. S. 58: „man hielt es für eine Schuldigkeit „seinem Landesherrn die Schulden abzunehmen, der man sich „mit Ehre nicht entschlagen könne." Moser von der Landeshoheit in Steuersachen Kap. II. V. VI. Moser Landeshoheit in Kameral-Sachen Kap. IV: von Kammer-Schulden Moser von dem reichsständischen Schulden-Wesen. Struben Nebenstunden B. II. Abhandlung IX. §. 5. ff.

zwar als Theorie auf dem Katheder eines Professors oder unter der Feder eines Landes-Consulenten, den Gesinnungen und Ansichten der Landstände und des Landes war aber er sowohl, als die Möglichkeit und selbst die Redlichkeit und Ehrenhaftigkeit seiner Ausführung unzugänglich, unvereinbarlich mit der Treue, Pietät und Anhänglichkeit für ihren Fürsten, dem Ritterstande noch besonders mit seiner ritterlichen und Lehnspflicht, allen mit der Ehre des Landes, welches seinen Fürsten von Schulden zu befreien verweigerte und alle die für das Land selbst aus dem verschuldeten Zustande seines Fürsten unausbleiblich entstehenden Nachtheile erkennend. Daher enthalten die auf uns gekommenen Landtags-Verhandlungen aus dieser Zeit und auch die in den späteren Zeiten keine Discussion über den Rechtspunkt[26]), sondern nur über die angemessenste Art der Aufbringung der zur Abbürdung der Schulden erforderlichen Steuer und die landesherrliche Versicherung, daß die Bewilligung derselben nicht etwa als eine Pflicht, sondern vielmehr als eine freiwillige angesehen werden, und von derselben nicht auf eine Verpflichtung des Landes, außer den nothwendigen noch andere Steuern zu entrichten, gefolgert werden solle. Und, wenn gleich hin und wieder auch wohl die Versicherung gegeben ward, weiter keine Schulden zu machen; so war doch diese Versicherung eben dem Gebot der Nothwendigkeit unterworfen, welches die übernommenen Schulden herbeigeführt hatte.

---

[26]) „Dat hebben se nicht ghedan umme rechtes willen, men (sondern) umme groten Behuf und Nod willen, Unser und des „Landes willen, dar se syk sulve to bekanden (von welcher „sie sich selbst überzeugt hatten)" — bezeugten die Holsteinischen Grafen 1422 ihren Ständen (s. oben S. 23).

Zweiter Abschnitt.

Vom sechszehnten Jahrhundert bis zur Auflösung der **Reichs-Verfassung** (1540 — 1806).

---

§. 8.

Die bedeutenden Veränderungen, welche fast alle öffentlichen Verhältnisse in Deutschland im sechszehnten Jahrhundert erhielten, hatten zwar auch auf die Verfassung der Steuern einen entschiedenen Einfluß, veränderten indessen wesentlich nicht die Grundsätze, auf welchen sie seit ihrem ersten Ursprunge beruheten. Was bisher auf einem näheren, patriarchalischen, persönlichen, zum Theil auf dem engeren Verhältnisse der Feudalität und Ministerialität, auf Sitte, Herkommen und Anhänglichkeit an denselben beruhete, ward nun schriftlich festgestellt und versichert; die Bedürfnisse der Regierung und des Landes hatten sich bedeutend vermehrt und die Verhältnisse erweitert und näher ausgebildet, die Ansprüche des Reichs, der Zeit und der Unterthanen an die Fürsten waren gesteigert und die zur Befriedigung derselben ehemals genügenden Mittel sowohl in der Art, als in der Maße nicht mehr ausländlich, zum und Theil gänzlich unbrauchbar und selbst für die Unterthanen das Land drückend und verderblich. Die Bedürfnisse des Staats und die Leistungen zu deren Befriedigung erhielten daher mehrere Gegenstände und erforderten andere Mittel; die bisherigen Dienste verschwanden fast ganz und müßten durch Steuern ersetzt und diese im Fortgang der Zeit vermehrt werden. Daher beruheten die Steuern in den deutschen Territorien in diesem Zeitraum im Allgemeinen auf drei verschiedenen Verhältnissen, nämlich

I. auf dem Verhältnisse des Fürsten und des Landes zu Kaiser und Reich (Reichssteuern);

II. auf dem Verhältnisse derselben zum Reichs-Kreise (Kreissteuern) und

III. auf den inneren Bedürfnissen und Verhältnissen des Landes und der Regierung desselben (Landessteuern).

Nach diesen verschiedenen Gattungen der Leistungen und der Steuern waren das Besteuerungsrecht und dessen Verhältnisse verschieden.

Erste Abtheilung.

Die auf dem Verhältnisse zu Kaiser und Reich gegründeten und denselben schuldigen Leistungen (Reichssteuern).

§. 9.

I. Uebersicht derselben.

Die von den einzelnen deutschen Fürsten und Ländern dem Reiche zu leistenden Hülfen bestanden [1])

I. theils in Diensten, welche sowohl für Kriege, als für Werke des Friedens zu leisten waren.

1) Die Kriegsdienste bestanden in der Stellung

[1]) Ein detaillirtes Verzeichniß derselben hat Moser Landeshoheit in Steuer-Sachen S. 502 gegeben.

des Antheils des Landes an dem Reichsheer — dem Reichs-Contingent und

2) die Reichsdienste für Friedenszwecke in der Theilnahme an allgemeinen und besonderen Versammlungen, Zusammenkünften und Berathungen der Reichsstände.

II. theils in Steuern.

1) Der allgemeine Steuerfuß, nach welchem alle Reichssteuern aufgebracht wurden, war der alte Anschlag zum Römerzuge, nach Römer-Monathen, und nur

2) die Steuern zur Verwaltung des Kaiserlichen höchsten Reichs-Richter-Amts und, da dieselbe dem Kaiserlichen und Reichskammergericht übertragen war, zur Unterhaltung dieses Gerichtshofes wurden nach einem andern Fuße — nach dem der Kammerzieler — aufgebracht.

II. Beitrags-Verbindlichkeit der Unterthanen in den einzelnen deutschen Ländern zu den Reichs-Lasten.

A. Ueberhaupt.

Durch die Landeshoheit der Fürsten war in den deutschen Ländern eine zwiefache Hoheit entstanden: die Reichshoheit des Kaisers und die Landeshoheit der Landesfürsten, jene über das ganze Reich, diese, der ersteren jedoch untergeordnet, die eines jeden Landesherrn über sein Land und dessen Einwohner. Die Unterthanen der einzelnen Fürsten waren daher zunächst der Hoheit derselben unterworfen und also nicht wie diese des Kaisers unmittelbare, sondern nur mittelbare Unterthanen, nicht unmittelbare, sondern mittelbare Reichs-Angehörige und Reichsgenossen und standen nur durch das Mittel ihres Landesherrn, mithin mittelbar, im Verhältnisse zum Reiche und zu dessen Oberhaupt, zur Reichshoheit, so wie diese wieder zu ihnen. Dies Verhältniß äußerte sich, so wie in allen Verhältnissen, so auch in Ansehung der Leistungen und Steuern, welche zu des Reichs Dienst und Bedürfnissen erforderlich waren und von Deutschland und allen Reichs-Unterthanen aufgebracht werden mußten, indem dieselben von der Reichshoheit zwar beschlossen und auferlegt, aber nicht unmittelbar von ihr, sondern von den Landesherrn erhoben wurden und denselben die Aufbringung des Antheils seines Landes durch Beiträge seiner Unterthanen überlassen ward.[27]) So lange diese Reichs-

[27]) In früheren Zeiten, in welchen das Reichs-Steuer- und Kriegs-Wesen weniger bestimmt und Standes-Erhöhungen seltener waren, waren häufig mittelbare Reichs-Unterthanen in die Reichs-Matrikel gebracht. Bei Berichtigung der letztern ward insonderheit bemerkt, „daß Grafen und Freiherrn nur wegen erlangter Dignität in dieselbe gezogen, obgleich sie keine „unmittelbare Güter besitzen, sondern unter ihrem besondern „Landesfürsten gesessen und vormals von allen ihren Gütern „demselben gedient, auch auf der Fürsten Eigenthum gesessen, „auch nicht anders denn mit ausdrücklichem Vorbehalt des „Fürsten Gerechtigkeit zu denen Dignitäten zugelassen wor„den“, und daher in dem Augsburgischen Reichs-Abschied 1548 §. 66. beschlossen, „daß sie in den Anschlag nicht „gebracht werden sollen, weil dies den Fürsten allerhand Be„schwerung bringen und mit der Zeit noch weiter Abbruch und „Schmälerung an ihrer landesfürstlichen Obrigkeit bringen „werde und solche neue Grafen und Herrn nicht immediate

hülfen in Ritterdiensten und Heeresfolge und andern Kriegsdiensten bestanden, war ihre Stellung in den einzelnen Ländern nicht zweifelhaft; dies ward sie aber, als bei veränderter Art der Kriegsführung und denfür dieselbe und für andere Bedürfnisse Geldmittel erforderlich wurden, und als die eigenen Mittel der Fürsten zu deren Bestreitung nicht mehr genügten, indem da hin und wieder Zweifel über die Beitrags-Verbindlichkeit der Unterthanen entstanden.

§. 10.

In den wenigsten deutschen Ländern würde die Beitrags-Verbindlichkeit der Unterthanen einer Entscheidung der Reichs-Gesetzgeber bedurft, sondern in der Bereitwilligkeit der Stände gefunden haben; aber Vorfälle in andern Ländern und die Nachtheile, welche aus Erörterungen über diesen Gegenstand für das Reich entstehen würden, machten eine gesetzliche Bestimmung erforderlich. Die Beitrags-Verbindlichkeit der Unterthanen konnte um so weniger einem Zweifel unterworfen seyn, als die deutschen Fürsten nicht, wie die der unabhängigen Staaten von dem Volke mit Domainen und den zur Erhaltung ihres fürstlichen Standes und mit allen zur Regierung des Landes erforderlichen Mitteln nach Maßgabe des Bedürfnisses derselben ausgerüstet waren, die Kammergüter deutscher Fürsten vielmehr weder aus dem Lande, noch von dem

---

„Glieder des Reichs gewesen, sondern der Landesfürsten Unter-„thanen und Landleute wären und mit in den Reichs-Anschlag „nicht aufgenommen werden konnten.“

Lande ausgegangen waren, sondern alt- und wohlerworbenes Stammgut ihres Hauses sind und die Unterthanen zur Bestreitung der Regierung keine stehende Steuern erlegten, die Regierungskosten aber den Einkünften des fürstlichen Hausvermögens, auch wenn sie dazu hingereicht hätten, so wenig zugemuthet werden konnten, als Unterthanen eines Fürsten, dessen Haus ein bedeutendes Stammgut besaß, vor denen eines Hauses, welches ohne dasselbe war, eine Befreiung von den Reichslasten fordern konnten. Dazu war nicht von neuen, sondern von Lasten die Rede, welche den deutschen Unterthanen seit den ältesten Zeiten in Deutschland obgelegen hatten und von ihnen durch Dienste erfüllt waren (§. 2. ff.), von welchen sie entweder durch die Geldbeiträge entbunden wurden, oder welche nur in der jetzt brauchbaren Art geleistet werden konnten. Die Verbindlichkeit der Unterthanen, zu den wegen des Landes dem Kaiser und Reich zu leistenden Diensten und zu entrichtenden Steuern beizutragen, war daher in allen deutschen Ländern seit den ältesten Zeiten anerkannt (§. 6.), ward aber später auch durch Reichsgesetze bestätigt und nach den verschiedenen Gegenständen und Gattungen dieser Reichs-Leistungen (S. 31) näher festgestellt.

§. 11.

B. zu den einzelnen Gattungen derselben.

1. Reichs-Kriegsdienste — Reichs-Contingent.

So lange die Contingente der einzelnen deutschen Länder zur Reichs-Vertheidigung und zum Reichs-Heere durch Aufgebot und Heeresfolge in Mannschaften gestellt wurden, konnte über die Verpflichtung aller Deutschen zum Reichs-Kriegsdienst kein Zweifel aufkommen. Diese Verbindlichkeit war allgemein anerkannt und ward mit dem in der Heeres- und Lehns-Verfassung begründeten Unterschied zwischen Ritter- und Reiter-Dienst und Fuß-Dienst allgemein erfüllt.

Ein Zweifel konnte nur aufkommen, als der Reichs-Kriegsdienst entweder überall oder wenigstens theilweise nicht mehr durch Aufgebot der Unterthanen und von diesen selbst, sondern in Zeiten, in welchen es noch kein stehendes, ordentiiches Militair gab, durch geworbene, nicht regelmäßige Sold-Miliz geleistet ward, und deren Sold und die übrigen Kriegsbedürfnisse durch Steuern der Unterthanen aufgebracht werden mußten, also an die Stelle der Natural-Kriegsdienste Reichs-Kriegs-Steuern traten. Die Verbindlichkeit aller Deutschen, zu den letzteren beizutragen, ward ohne Rücksicht auf Exemption von Steuern zu innern Landesbedürfnissen auch hier sowohl in den einzelnen deutschen Ländern, als von der Reichs-Gesetzgebung anerkannt, und daher von der letztern in allen Reichs-Abschieden, wodurch solche Steuern ausgeschrieben wurden, allen Unterthanen aller einzelnen deutschen Länder ohne Rücksicht auf Exemption auferlegt. Der älteste Fuß zur Aufbringung dieser Kriegs-Steuern war der gemeine Pfenning, der damals und bis in's sechszehnte Jahrhundert, in welchem der der Römer-Monate angenommen ward, der allgemeine Reichs-Steuerfuß war, und in Ansehung der Kriegs-Steuer noch später blieb.

Seit den ältesten Zeiten sind diese Grundsätze in Deutschland, insonderheit in den Reichs-Abschieden und andern Reichsgesetzen, aufrecht erhalten und am bestimmtesten und ausführlichsten in den wegen des Krieges wider die Türken im Jahre 1471 Statt gehabten Verhandlungen [28]) festgestellt. So bestimmt auch der Reichs-Abschied von 1542 [29]):

§. 49. zu den „gemeinen (Reichs) Ständen, so in des „Reichs Auflagen belegt werden, gantz beschwerlich fallen „wollte, diese große Hülfe und Darlegen in die Länge zu „tragen, daneben auch nicht weniger beschwerlich war, daß „der arm gemein Bauersmann mit Steuer und Anlagen „zu diesem großen Werk über sein Vermögen bedrängt „werden sollte, und den diese Expedition unsern gemeinen „christlichen Glauben, gemeine teutsche Nation „und Vaterland betrifft; so erfordert demnach „die unvermeidliche Nothdurft, daß alle Stände, „Städte und Einwohner des heiligen Römischen „Reichs und teutscher Nation, die sich derselben „Wohlfahrt und Friedens gebrauchen, sie sein „in des Reichs Anschlagen begriffen oder nicht, „auch unangesehen einiger Freiheit, in diese be„harrliche Hülfe gezogen, dieser einträglicher „Anschlag gemacht und ein jeder hohen und nie„dern Standes nach seinem Vermögen ange„schlagen, damit Niemand verschonet werde 2c.“

---

[28]) Neue vollständige Sammlung der Reichs-Abschiede (Frankfurt 1747. Fol.) Thl. II. S. 444 ff.

[29]) Daselbst Thl. II. S. 444. ff.

§. 51. „Und nemlich sollen alle und jede Churfür-„sten, Fürsten ꝛc. und alle andern in Städten und auf „dem Land, wes Standes, Würden und Wesens die seyen, „Niemand ausgenommen und unangesehn aller „Vertrag, Freyheiten, Indulten und Herkomen, „so dieser Bewilligung und Anlag zuwider sein mögen, „von allen ihren beweglichen und unbeweglichen Haab „und Gütern — zu Anlag, Steuer und Unterhaltung die-„ses christlichen Werks zahlen und entrichten.“

§. 53. „Es sollen auch 50 Gülden jährlichen Ein-„koms für 1000 Gülden Hauptgut gerechnet und in die-„sem Anschlage entrichtet werden, also und dergestalt, daß „die Churfürsten ꝛc. und andern Stände, die sich der be-„harrlichen Türkenhülfe halben mit ihren Unterthanen all-„bereit vertragen und ihre Unterthanen höher belegt ha-„ben, von solcher ihr und ihrer Unterthanen Anlag so weit „als ihnen noch laut dieses Anschlags gebühren wird ge-„wißlich erwägt werden soll. Aber alle andern — Stände, „die dieser beharrlichen Türkenhülf halben sich mit ihren „Unterthanen noch nicht verglichen, sollen hinführo samt „und sonders sich dieses gemeinen Anschlags halten — doch „soll hiermit gemeinen Ständen anderer Sachen „und fürfallenden Nothdurfte halben sich mit „ihren Unterthanen von wegen gebührender An-„lag zu vergleichen und zu belegen unbenomen „seyn.“

§. 57. „Und dieweil nun dieser Anschlag zur Un-„terhaltung des christlichen Kriegsvolks — auch „zu Schuz und Schirm unsers gemeinen Vatter-

„landes teutscher Nation und unser aller Frey-„heit Leib und Güter nothwendig und christlich „fürgenommen, derowegen sich auch billig sol-„cher Anlag Niemand verwidern, noch dagegen „einige Freyheit, Verträge oder als Herkom-„mens fürziehen sollen.“

Der Reichs-Abschied bestimmt ferner

§. 69. „daß die Weltlichen von ihrer weltlichen Ober-„keit allein belegt und gesteuert und wo einer oder mehr „ungehorsam — zu procediren gewalt haben und schuldig „sein soll — doch sollen deren Bauren Güter, „den Obrigkeiten, die sie zu belegen von Alters „her in richtigen Gebrauch herbracht, in dieser „Anlag anzulegen unbenomen, sondern vorbe-„halten seyn und sonst allen hohen und nie-„dern Oberkeiten. Das alles an ihren Rechten „und Gerechtigkeiten und altem Herkomen un-„schädlich und unvorgreiflich sein.“

§. 70. „Dann so sollen auch die Churfürsten, Für-„sten und andern Obrigkeiten in **Kraft ihrer Obrig-„keit** nach christlicher Gebühr ordnen, verschaffen „und verfügen, daß ihre Unterthanen ihre ge-„bührende Anlage auch zahlen.“

§. 74. „— — in einem jeden Fürstenthum oder „Landschaft sollen vier stattliche Personen zu Einnehmern „solcher Anlage von den Fürsten und desselben Landschaft „verordnet werden, nemlich einer von dem Chur- oder „Fürsten, der andere von den Prälaten, der dritte von „Grafen, freyen Herrn und der Ritterschaft demselben

„Chur- oder Fürsten unterworfen, und der vierte von den „Stedten, welche vier Einnehmer fürnemlich dem Landes- „fürsten und darzu auch seiner ganzen Landschaft gelobt „und geschworen seyn sollen.“

§. 80. „Jeder Churfürst und Fürst soll in seinem „Fürstenthum Mandata ausziehen lassen — mit ernstlichem „Gebot, daß jeder seine gebührende Anlage erlege.“

Diese Bestimmungen wurden auch in dem, zu Nürnberg 1543 aufgerichteten Reichs-Abschied[30]) bestätigt, indem derselbe festsetzte:

§. 24. „Und dieweil solche Hülff von der Stände „eignen Cammergütern in Ansehung etlicher viel Ur- „sachen zu leisten, beschwerlich und unmöglich sein mocht, „ist geordnet und zugelassen, daß eine jede Obrigkeit „alle ihre Unterthanen, die sie vermög der Rech- „ten und alten besizlichen Herkomen zu steuren „und zu belegen hat, auf den gemeinen Pfening, „wie der hievor im Reich bewilliget, doch allein dersel- „ben Obrigkeit zu guten oder sonst durch eine jede Obrig- „keit für gut ansehen würde, anlegen und einziehen möge „und sollen die Obrigkeiten hierinn nicht anders, denn sich „von Rechtswegen und wie sie es in ruhigem Gebrauch „und Herkommen, fürnehmen und insonderheit den armen „gemeinen Mann — so viel möglich — für andere nicht „beschwären, sowie auch eines jeden Vermögen Gleichheit „halten.“

---

[30]) Daselbst S. 482 ff.

§. 25. „Die Obrigkeiten sollen auch zu diesem christ„lichen Werk sich gleichermaßen, wie die Unterthanen, selbst „angreifen und Mitleiden tragen, dadurch der gemeine „Mann und alle Unterthanen desto mehr zu solcher An„lag bewegt und in guten Willen und Gehorsam erhalten „werden.“

§. 27. „Churfürsten, Fürsten und andere Stände „sollen in dieser Hülf niemands ausziehen, sondern einem „jeden die völlige Hülff thun lassen oder selbst für diesel„ben erlegen.“

Diese Bestimmungen wurden auch in späteren Reichs-Gesetzen wiederholt, z. B. in dem Speyerschen Reichs-Abschied von 1544 [31]):

§. 1. „Und dieweil diese Hülfe — darzu auch die „obberührte Hülff an ihr selbst etwas ansehnlich und ge„meinen Stände nicht wenig beschwerlich sein wird, die„selben aus ihrem Cammer-Gut zu leisten, so ist für billig „und nothwendig angesehen, daß ein jeder Churfürst, Fürst „und Stand seine Unterthanen deshalben um Hülff und „Steuer ersuchen und die von ihnen einbringen möge.“

§. 26. „Und haben auch für Nutz und nothwendig „angesehen, daß alle — Einwohner „des heiligen Reichs“ „teutscher Nation, die sich derselbigen Friedens und „Wohlfahrt erfreuen, sie sein in des Reichs Anschlägen „begriffen oder nicht, niemandes ausgenommen, zu solchem „gemeinen Mitleiden gezogen und mit einer gleichmäßigen „durchgehenden Anlage belegt werden, daß Niemandes ho-

[31]) Daselbst S. 495 ff.

"hen und nieders Standes verschonet — sondern ein jeder "nach seinem Vermögen neben dem Andern gleiche Anlag "und Steuer gebe."

§. 27. "Und sollen alle und jede Churfürsten, Für-"sten ꝛc. und alle andern in Stedten und auf dem Lande, "wes Standes, Würdens oder Wesens die seyn, niemands "ausgenomen, auch unangesehen aller Verträge, Freiheiten, "Indulten und Herkomen von allen ihren Gütern — An-"lag, Steuern ꝛc. entrichten."

§. 38. "Es sollen auch alle Churfürsten, Fürsten ꝛc. "diese Steuer und Anlagen, so viel derselben ihrer Per-"sonen und Comun Einkomen und Gütern auferlegt, allein "von solchen ihren eignen und ihrer Commune gemeinen "Einkommen geben, ihrer Unterthanen ganz unbeschwert, "in Betrachtung daß dieselben ohne dieß durchaus alle "für sich selbst ihre Anlage geben müssen."

§. 61. " — doch sollen die Bauren Güter, so nach "Satz dieser Ordnung geschätzt werden, die Obrigkeiten, "die sie zu belegen von Alters in ruhigen Gebrauch her-"gebracht, in dieser Anlag anzulegen, unbenomen sein und "allen hohen und niedern Obrigkeiten das alles bei ihren "Rechten und Gerechtigkeiten und altem Herkomen un-"schädlich und unvorgreiflich sein."

Auch der Augsburgische Reichstags-Abschied von 1548 §. 95.[32]) bestimmte: „Dieweil dieß christliche „Werk, welches nicht allein dem heiligen Reich ersprieslich, „sondern auch desselben Verwandten und Einwohner in „Ruhe und friedlichem Wesen zu erhalten, zum höch-

[32]) Ebendaselbst S. 544.

„sten nothwendig, daß der wegen eine jede Obrig„keit Macht haben soll, seine Unterthanen, Geist„liche und Weltliche, sie seyen exempt oder „nicht exempt, gefreyet oder nicht gefreyet, „mit Steuer zu belegen, doch höher oder weiter „nicht, denn so fern sich einer jeden Obrigkeit „gebührende Anlag erstreckt. Es soll auch Un„ser Kaiserlicher Fiskal hiemit Befelch haben, „gegen den Ungehorsamen von Unseren Kayser„lichen Camergericht, wie sich gebührt, zu procediren und sie „zu bezahlen anzuhalten." Und der Augsburgsche Reichstags-Abschied von 1551 §. 25.[33]) — gleichlautend — belegen mögen „und die Unterthanen hierinn zu „gehorsamen schuldig sind." Der Regensburgsche Reichstags-Abschied von 1576[34]): „— Und aber „Churfürsten, Fürsten und andern gemeinen Ständen (als „die hierbevor merklich und kündlich beschweret) solche be„harrliche auch in eventum eylende Hülffen auß ihren ei„genen Cammergütern und Einkomm allein zu leisten und „abzurichten unerschwinglich fallen will; so soll es derwe„gen einer jeden Obrigkeit, wie rechtmäßig, Herkommen „und Recht ist, daruber denn Niemand mit der That zu „beschweren, freystehen und zugelassen sein, ihre Untertha„nen, Geistlich oder Weltlich, die seyen exempt oder nicht „exempt — niemand außgenommen — derhalben mit „Steuer zu belegen, doch höher und weiters nicht, denn

[33]) Daselbst S. 614.

[34]) Daselbst S. 355.

„so fern sich eines jeden Obrigkeit gebührende Anlag er„strecken wird und dann, daß den Unterthanen zuförderst „eigentlich und ausdrücklich diese Hülfe kundbar gemacht „werde, indem auch die Obrigkeit die verarmte Unterthа„nen mit Abforderung der Contribution so viel möglich „zu bedenken." §. 13. „Und ob was in Unsern und des „h. Reichs-Abschiede Vorsehung zu dergleichen gemeinen „Reichs-Steuern unweigerlich einzubringen auch verleibt „und derselben ohn alles verwiddern oder verziehen zu ge„horsamen, allen und jeden Unterthanen von Uns mit „Ernst gebotten werden, doch dieweil etliche auß denselben „solcher Unser und deß heiligen Reichs Satzung zuwider „ihre schuldige Hülff ihrer Obrigkeit selbst nicht dargeben „wollen, welches dann nicht allein denselben Ständen (denen „sie ohn Mittel unterworffen) zu sondern Nachtheil gelan„get, sondern man auch zu befahren, — daß dann ihren „Herrn und Obern mit andern ihren gehorsamen Unter„thanen die stattliche Hülff allein zu leisten desto beschwer„licher fallen würde." §. 14. „Dieweil dann in dieser „allgemeinen hochnöthigen Contribution niemand zu ver„schonen und insonderheit keine Einrede, Entschuldigung „und noch weniger Verweigerung Niemand zu verstatten „— — daß sie alsdann in poenam dupli verfallen und „dazu von ihrer Obrigkeit durch gebührliche Mittel und „Wege zu gebracht werden sollen."

Wir beschränken uns auf diese Reichsgesetze, welche durch die folgenden Jahrhunderte bis zu dem letzten Reichskriege vermehrt worden und nicht allein das Reichs-Staatsrecht bildeten[35]), sondern auch in allen einzelnen Staaten als Grundsatz ihrer besondern Verfassung feststanden[36]) und entweder ausdrücklich ausgesprochen oder auch, wenn alle Steuern der Unterthanen in Gesammtsteuern zusammengeschmolzen waren, entweder in diese mit eingezogen oder, wenn nur die beständigen Steuern in eine Steuer vereinigt worden, da sie ihrer Natur nach außerordentliche Steuern waren, gleich den Beiträgen zu Römer-Monaten und der Fräulein-Steuer, als außerordentliche Steuern für den Fall des Bedürfnisses besonders vorbehalten waren und in eintretenden Fällen besonders verkündet wurden. Der Fuß des gemeinen Pfennigs kam schon im siebzehnten Jahrhundert außer Gebrauch, ward jedoch nicht, wie bei andern Reichs-Steuern, durch den der Römer ersetzt, sondern nach dem des Matrikular-Anschlags, nach welchem ein jeder Landesherr sein Contingent zu stellen verpflichtet und entweder in natura auszuheben oder die zu dessen Stellung erforderlichen Kosten von seinen Unterthanen zu fordern berechtigt war.

---

35) Moser von Reichstags-Geschäften S. 615 ff., und in der Landeshoheit in Militair-Sachen S. 13 ff. Pütter Institutiones juris publ. germ. §. 384. Leist deutsches Staatsrecht §§. 206 ff. und 228 ff.

36) Moser von der Landeshoheit in Steuer-Sachen, Kap. II. und Kap. V. § 4. ff.

37) D. G. Strube de collectarum et aerariorum provincialium origine (in s. observationes Abh. S. 86 und Nebenstunden Thl. II. S. 337 ff.) Pütter Inst. jur. publ. §. 254 u. 255. Dessen Auserlesene Rechtsfälle Bd. 1. Thl. III. Deduction 1—5. No. 68—78. Leist a. a. O. §. 206 ff. Schnaubert Staatsrecht gesammter Reichslande §. 278.

§. 12.

2. Reichs-Friedensdienste.

Gesandtschaften am Reichstage und zu Reichs-Deputationen.

So lange die Fürsten persönlich dem Kaiser an dessen Hoflager aufwarteten und auf Reichstagen erschienen, waren sie von Rittern ihres Landes gefolgt und bedient und gewährten denselben Mahl und Futter. Seit der veränderten Geschäftsführung und verlängerten Dauer der Reichs-Versammlungen wurden die dazu erforderlichen Ausgaben zu denjenigen gerechnet, welche des Landes Besten wegen gemacht worden, und daher von Fürsten und dem Lande gemeinschaftlich zu tragen und zu welchen daher jener berechtigt sei, von diesem einen Beitrag zu fordern. [38])

Auch diese Beiträge waren in allen deutschen Ländern unter den von den Unterthanen dem Landesherrn zu entrichtenden Steuern enthalten. [39])

---

[38]) Kaiserliche Resolution vom 19. Juni 1670 auf das Gutachten der Reichsstände: „daß ein jeder Churfürst und „Stand des Reichs von seinen Unterthanen zu Reichs-Depu-„tations- und Kreis-Conventen die nöthige Legations-Kosten „zu erheben berechtigt (Lünig Reichs-Archiv pars generalis S. 656. — Schmaus Corp. jur. publ. S. 1076, und in Pachner ab Eggenstorff's Reichs-Schlüssen Thl. I. No. 263 und die Reichs-Gutachten No. 163. 216. 240.

[39]) Nach dem Reichs-Schluß vom 14. Oct. 1690 sind auch die Kosten einer zwischen dem Kaiser und einem Reichsstande wider einen erklärten Reichsfeind geschlossenen Allianz zu rechnen s. Moser Landeshoheit in Steuer-Sachen S. 503.

§. 13.

3. Römer-Monate.

Das heilige Römische Reich hatte einen — einmal zwei — Reichs-Erzschatzmeister — das Oberhaupt des Reichs in der letzten Zeit aber nur etwa 13,800 Fl. Einkünfte, also weniger als die Besoldung des Kammer-Präsidenten seines einen Erz-Schatzmeisters — und das Römische Reich überall keine Einnahme, viel weniger einen Schatz. Den Monarchen, unter dessen Scepter die Sonne nie unterging, hatten die Churfürsten des Reichs in seiner Wahl-Capitulation eidlich angeloben lassen, aus erledigten Lehen für seinen und des Reichs Unterhalt zu sorgen. Das Römische Reich hatte daher zur Bestreitung seiner Bedürfnisse und für seine Finanzen nicht den geringsten bestimmten und eigenen Fond. Der einzige Fond waren die Mittel seines Oberhauptes und seiner Angehörigen, und lange Jahrhunderte hindurch hatte das Reichs-Oberhaupt sie größtentheils aus den seinigen und durch freiwillige Leistungen der Reichsstände bestritten. Unter den im sechszehnten Jahrhundert veränderten Verhältnissen bedurfte indessen das heilige Römische Reich dazu bedeutenderer und fortdauernder Mittel. Daß diese Summen nur mittelst einer Steuer von den Angehörigen des Reichs aufgebracht werden konnten, liegt von selbst ebenso vor, als die Schwierigkeit der gerechten Vertheilung derselben. Das Reich wählte dazu erst den gemeinen Pfenning und legte später die Reichs-Matrikel von 1521, nach welcher die Reichsstände zu dem damals beabsichtigten Römerzug des Kaisers Karl V. mit zwanzigtausend Mann Fußvolk und viertausend Reutern angeschlagen waren, dergestalt zum Grunde, daß für jeden nach derselben zu stellende Mann Fußvolk eine Steuer von vier, für jeden Reiter eine von zwölf Gulden gerechnet wurden, und der Gesammtbetrag dieser Geldschätzungen ein Römer-Monat genannt ward, dessen Betrag nach der Integrität des Reichs verschieden, in der letzten Zeit aber ungefähr 80,000 Reichs-Gulden war.

Dies war, mit Ausnahme der Kammerzieler, der einzige Steuer-Modus im deutschen Reich, der in der ersten Hälfte des sechszehnten Jahrhunderts, anstatt des früher üblichen gemeinen Pfennigs, — eingeführt ist.

Nachdem dieser Steuerfuß schon früher in einzelnen Fällen berücksichtigt war, ward er, als das Reich auf dem Reichstage zu Augsburg 1548 beschloß, daß ein namhaftiger, ansehnlicher und ersprieslicher Geld-Vorrath nach dem alten Anschlage des Römerzugs aufgebracht und in der Verwahrung der Reichsstände bereit gehalten werden, solle, damit das Reich stets gefaßt sei, den gemeinen Frieden, die Libertät und die Freiheiten zu schützen und das zusammengebrachte Geld zum Nutzen und Wohlfahrt des heiligen Reichs anzugreifen, als Steuerfuß angenommen, nach welchem dieser Vorrath von Deutschland aufgebracht werden solle. Kaiser und Reich gingen auch hierbei von dem Grundsatz aus, daß dieses eine gemeinsame Obliegenheit aller Deutschen sei, und erließen daher auch hierüber die schon S. 42 angeführten Bestimmungen in dem Augsburgischen Reichs-Abschied von 1548 §. 95.

Dieser Grundsatz lag so sehr in der Verfassung

Deutschlands, daß er auch in der Folge bis zur Auflösung der Reichs-Verfassung bei allen zur Bestreitung der Bedürfnisse des Reichs beschlossenen Steuern und Auflagen stets beibehalten worden ist. Das Römische Reich war von Domainen und allen anderen Finanz-Mitteln für diesen Zweck entblößt und daher das deutsche Volk das einzige in Europa, welches seinen Herrscher weder mit Domainen ausgestattet hatte, noch demselben zur Behauptung seines Kaiserstandes und zur Bestreitung der Bedürfnisse des Reichs Steuern — nicht einmal das, was man heut zu Tage Civilliste nennen würde — entrichtete. Es gab daher zur Befriedigung der Reichsbedürfnisse keinen andern Weg, als den, für jedes einzelne derselben die dazu erforderlichen Mittel von der Nation aufbringen zu lassen. Nach der Verfassung des Reichs wurden die darüber von Kaiser und Reich erlassenen Beschlüsse in jedem deutschen Lande durch den Landesherrn ausgeführt und von demselben die Einsendung des von seinem Lande zu erlegenden Antheils der Steuer gefordert, demselben aber überlassen, nach dem Grundsatz, daß alle Reichs-Unterthanen zu dieser Steuer beizutragen verpflichtet, die Beiträge seiner Unterthanen von denselben zu erheben.

Dieser Grundsatz ist bei allen Reichssteuern, sowohl bei dem Fuß des gemeinen Pfennigs, als später der Römer-Monate, beibehalten. So bestimmte z. B. der Reichstags-Abschied von 1551 in Ansehung der zur Dämpfung der Unruhen in Magdeburg bewilligten Römer-Monate §. 25: „und daß derwegen

„eine jede ordentliche Obrigkeit, wie Herkommen „und Recht ist, ihre Unterthanen, Geistlich und „Weltlich, exempt und nicht exempt, gefreyet „und nicht gefreyet, Niemand ausgenommen, „derhalben belegen möge und die Unterthanen „hierinn zu gehorsamen schuldig sind.“[40]) Diese Bestimmung ist in allen späteren Reichs-Abschieden enthalten, z. B. Reichs-Abschied von 1555[41]): §. 82. „Dieweil diese Hülff zu Vollziehung des Friedstandes, Execution und Handhabung des Landfriedens, zu „Erhaltung gemeiner Sicherheit und Ruhe, daß „auch ein jeder bei dem Seinen desto getroster „bleiben möge fürgenommen, auch die Ständ „des Reichs und Obrigkeiten diesem heilsamen „Fürnehmen desto steiffer nachsetze, auch **das„jenige,** so zu **gemeiner Wohlfahrt und eines „jeden Gedeyen gelangen, erfolgen und er„schwingen mögen;** so haben wir uns mit den „Ständen verglichen und entschlossen, **daß der„wegen eine jede Obrigkeit** Macht haben soll, „ihre Unterthanen, geistlich und weltlich, sie „seyen exempt oder nicht exempt, gefreyet oder „nicht gefreyet, mit Steuer zu belegen, doch hö„her oder weiter nicht, denn so fern einer jeden „Obrigkeit gebührend Antheil auf des Reichs„Anschlage jedesmals, so wenn die Hülfe und „wie lang die zu leisten sich erstreckt und die Un-

---

40) Neue Sammlung a. a. O. S. 614.

41) Das. Thl. III. S. 30.

„terthanen hierin zu gehorsamen schuldig sind.“ Das Reichs-Abschied von 1555: §. 49.[42]) „so soll es jeder „Obrigkeit, **wie Herkommen und Recht ist**, frei- „stehen und zugelassen sein, auch Möge und „Macht haben, ihre Unterthanen, sie seyen exempt „u. s. w., niemand ausgenommen, mit Steuer zu „belegen.“ §. 50. „und sollen die Unterthanen auf „Ersuchung der Obrigkeit, jeder sein Gebührniß abzurich- „ten und zu bezahlen schuldig sein und insonderheit sol- „len die capitula bey den hohen Stiftern und derselbigen „Unterthanen ihren Erzbischöffen und Bischöffen, desglei- „chen der Städte und ihrer Bürger, so Churfürsten und „anderen Ständen ohne Mittel unterworfen seyn, densel- „ben in solcher Hülf auch zu Steuer kommen, unver- „hindert aller Verträge, Obligationen, Statu- „ten, Gebräuche, Gewohnheiten und Herkommen, „so einige Stift oder Städt mit ihren Erzbischö- „fen, Bischöfen, Fürsten oder Obrigkeiten in diesen „Fällen haben, allegiren und fürwenden möch- „ten.“ Der Abschied des Reichstages von 1567[43]) §. 23 und von 1569 §. 30 ff. Regensburger Reichs- tags-Abschied von 1571: „Und aber Churfürsten, Für- „sten und gemeinen Ständen, als die herbevormerklich „und kündlich beschweret und solche beharrliche auch in „eventum eilende Hülfen auff ihren eigenen Kammer Gü- „tern und Einkommen allein zu leisten und abzurichten

[42]) Daselbst S. 144.

[43]) Ebendaselbst S. 248.

„unerschwinglich fallen will; so soll es derwegen einer je„den Obrigkeit, wie rechtmäßig Herkommen und „Recht ist, darüber denn Niemand mit der That sich zu „beschonen, freistehen und zugelassen sein, Niemand aus„genommen, deshalben mit Steuer zu belegen u. s. w." §. 12. „Und demnach sollen die Unterthanen auf Ersu„chen der Obrigkeit jeder sein Gebührniß unweigerlich dar„zugeben und zu bezahlen schuldig sein — unverhindert „aller Vertrag, Obligation, Statuten u. s. w."[44]) §. 13. „Und obwohl in etlichen vorigen Reichs-Abschieden eben„mäßig vorsehung und Constitution zu dergleichen ge„meinen Reichs-Steuern unweigerlich einzubringen „auch verleibet und derselben ohn Verwiddern oder Ver„ziehen, zu gehorsamen, allen und jeden Unterthanen von „Uns mit Ernst gebotten werde. Doch dieweil etliche — „solcher — Reichs-Satzung zuwider ihre schuldige Hülff „ihrer Obrigkeiten selbst nicht dargeben wollen." — §. 14. „Dieweil in dieser allgemeinen Contribution niemand zu „verschonen und keine Einrede, Verzug und Verweigerung „verschone — poena dupli." §. 15. „Auch an Unserm „Kammergericht kein Process denselben ungehorsamen oder „säumigen Unterthanen gegen ihrer Obrigkeit erkannt werden „soll." Der Reichs-Abschied von 1582[45]) §. 10. ff. (gleichlautend — wie rechtmäßig Herkommen und Recht ist).— Der Regensburgische Reichs-Abschied von

---

[44]) Moser in Reichtags-Geschäften S. 1151. Pütter inst. jur. publ. §. 251. ff. Leist teutsches Staatsrecht §. 204.

[45]) Daselbst S. 401.

1592 §. 10. ff.[46]) und von 1578[47]) §. 11. ff. — wie der vorhergehende, von 1603 §. 17. ff.[48]). Regensburger Reichs-Abschied von 1613[49]) §. 5. ff. Abschied des Reichstages zu Regensburg von 1641[50]) §. 39. „und nachdem es in vorigen Abschieden erlaubt, „daß die Stände ihre Unterthanen in den gemeinen Reichs-„hülfen belegen mögen, also soll denselben auch solches bei „jetziger u. s. w." Kaiserliches Commissions-Decret vom 12. Febr. 1670[51]): „es ist sowohl aus „denen heylsamen Reichssatzungen, als der ur-„alten Observanz genugsamlich bekannt und er-„weislich, wessen nicht allein Churfürsten und „Stände wegen der Reichs-Anlagen gegen ihre „Unterthanen berechtigt, sondern auch wie weit „die Mediat-Landstände, Landsassen und Unter-„thanen in Kraft desselben (Reichs-Abschied S. 1654 „§. 180) gehalten und gehalten sein, der Executions-„Ordnung Folge zu leisten — und ferner Ihre Kaiser-„liche Majestät geschehen lassen, daß es nicht allein bei „angedeutetem §. und dem denen Churfürsten und Stände „gegen Ihren Unterthanen wegen der Reichs-Kreis-„Verfassungen, wie auch der Reichs-Anlagen „gebührenden jure collectandi verbleibe." Dieser Steuer-

[46]) Ebendaselbst S. 410.

[47]) Daselbst S. 452.

[48]) Das. S. 500.

[49]) Ebendas. S. 522.

[50]) Das. 549.

[51]) Ebendaselbst Thl. IV. S. 83.

Fuß zu Reichs-Steuern erhielt sich seitdem bis zur Erlöschung der Reichs-Verfassung in Ansehung der Beitrags-Verbindlichkeit der mittelbaren Reichs-Unterthanen.

§. 14.

4. Kammerzieler.

Die einzige ordentliche Reichs-Steuer war die zur Unterhaltung des Reichs-Kammergerichts nach einer besonderen Matrikel — der Usual-Matrikel — jährlich in zwei Terminen (Zielern) von den Reichsständen zu erlegenden **Kammerzieler**, zu welchen die Unterthanen in den einzelnen deutschen Ländern beizutragen ebenfalls verbunden waren[52]) und, wo sie dagegen aus der besondern

---

52) Reichs-Abschied von 1654 §. 14: „und soll den Ständen „bevorstehen, ihre Landstände, Bürger und Unterthanen zur „Beyhülfe zu ziehen." Reichs-Schluß von 1720: „zu „richtiger Beybringung und Zahlung gedachter Cammerzieler „und Besoldungen bleibt den Ständen des Reichs nach dem „R.-A. v. 1654 §. 14. bevor ihre Landstände, Bürger und „Unterthanen zur Beyhülfe des C. G. Unterhalts zu ziehen." Reichs-Schluß von 1775 Art. 33: „Verstatten und bewilligen Kaisers Majestät fernerweit, daß mit Beyhülfe des „solchergestalt vermehrt werdenden quanti zum Kammergerichts-Unterhalt die Stände des Reichs ihre Landstände, „Bürger und Unterthanen, ungehindert aller ander- „weiten Verträge, Obligationen, Statuten, Ge- „bräuche, Gewohnheiten und Herkommen, beyzie- „hen." Kaiserliche Wahl-Capitulation (von 1618 Art. 3. und v. 1713 und in den spätern). Nach der durch den Reichs-Schluß von 1775 erfolgten Erhöhung der Kammerzieler ward der Beitrag zu denselben in jedem Reichsland auf ¼tel erhöhet.

Landes-Verfassung Einwendungen machten, mit denselben von den Reichs-Gerichten abgewiesen waren.[53])

III. Grundsätze über die Verbindlichkeit der mittelbaren Reichs-Unterthonen in Ansehung der Reichs-Steuern und anderer Reichs-Leistungen.

§. 15.

1. Besteuerungsrecht.

Das Besteuerungsrecht in Ansehung der Reichssteuern war lediglich in der Reichshoheit enthalten, es stand daher nur dem Kaiser zu und konnte die zur Ausübung desselben erforderliche Einwilligung der Reichsstände nicht als ein Mitregierungsrecht derselben angesehen werden.[54])

Der Umfang und die übrigen Verhältnisse des Reichs-Besteuerungsrechts, z. B. Steuerbefreiung und Steuerpflichtigkeit, können daher lediglich nur nach der Reichs-Verfassung, überall aber nicht nach der Verfassung der einzelnen deutschen Länder und nach den, für deren Landes-Steuern geltenden Grundsätzen beurtheilt werden.

§. 16.

2. Verpflichtung, Reichs-Steuern aufzubringen.

Alle Unterthanen des Kaisers ohne Unterschied zwischen unmittelbaren und mittelbaren und ob sie von Lan-

---

[53]) Moser Abh. von der Verbindlichkeit der Landstände und Unterthanen in Ansehung der Reichs-Kammergerichts-Zieler (in s. Neben-Stunden Thl. V. No. 21. S. 707.) und Moser Landeshoheit in Steuer-Sachen S. 511 ff.

[54]) Pütter Abh. Ob und wie weit den teutschen Reichsständen ein Mit-Regierungsrecht an der kaiserlichen Regierung bei-

des-Steuern befreit waren oder nicht, waren verpflichtet, zu Reichs-Steuern beizutragen. Das Oberhaupt des Reichs, der Kaiser, allein war von dieser Verbindlichkeit befreit. Dagegen waren aber die Landesherrn der einzelnen Reichs-Länder dieser Verbindlichkeit dem Reiche gegenüber unterworfen, so lange als der gemeine Pfenning der Steuerfuß war oder die Reichshoheit selbst die Verhältnisse bestimmte, nach welchen die verschiedenen Stufen der Reichs-Unterthanen die Steuer aufzubringen verpflichtet.[55]) Nachdem aber durch die verschiedenen Reichs-Matrikeln der Beitrag eines jeden Landes zu den Reichs-Steuern bestimmt und dadurch dieser Beitrag eine dringliche Last des Landes geworden war, welche mit demselben auf jeden Besitzer desselben überging[56]), ward die Aufbringung dieser Steuer-Quote des Landes der eigenen Anordnung desselben überlassen und bald durch persönliche, bald durch Grundsteuern der Einwohner bewirkt. Da demnach der Landesherr im Verhältniß zu diesen Steuern nicht Landesherr, sondern Unterthan des Kaisers war; so würde er zu persönlichen Beiträgen zu denselben an sich nicht befreit gewesen sein, wenn er nicht zu diesen Steuern wegen seiner Kammergüter

---

gelegt werden könne? (in s. Beiträgen zum teutschen Staats- und Fürstenrecht Bd. 1 Abhandl. III.)

[55]) Z. B. Moser von der Landeshoheit in St.-S. S. 507 ff., auch die Reichs-Abschiede aus der letzten Hälfte des funfzehnten Jahrhunderts.

[56]) Alle Reichs-Abschiede seit dem funfzehnten Jahrhundert und auch der Reichs-Deputations-Hauptschluß vom 25. Februar 1803 §. 85—88.

beigetragen hätte, weshalb die Landesherrn und deren Familien von allen persönlichen Beiträgen zu diesen Steuern von jeher befreit waren.[57]) Da die Kammergüter keine Staatsgüter, sondern Güter des Fürstlichen Hauses sind; so wurden sie nach der ausdrücklichen Vorschrift der Reichsgesetze zur Aufbringung der Reichs-Steuern ebenso herangezogen, wie die Privatgüter gleicher Art. Wenn Moser sagt: „Nach einem unleugbaren allgemeinen Reichs-Herkommen waren jedoch „alle Reichsstände von der Verbindlichkeit wegen ihrer Güter und Grundstücke zu den Reichs-Anlagen beizutragen „befreiet und befugt, den vollen Betrag derselben von ihren „Unterthanen einzufordern“ und dabei anführt, daß die Reichs-Gerichte selbst darauf erkannt haben[58]); so war dies nicht ein besonderes Vorrecht der Reichsstände, sondern lag in der allgemeinen Verfassung, nach welcher die Besitzer der Rittergüter die auf denselben haftenden Steuern denjenigen, welchen sie die Güter zur Benutzung ausgethan hatten, zu erheben befugt waren, und sie freilich dadurch mittelbar selbst trugen, daß hierauf bei den von den Hintersassen ihnen zu leistenden Abgaben Rücksicht genommen war. Diese Verfassung ist daher auch in mehrern Reichs-Abschieden des sechszehnten Jahrhunderts ausdrücklich bestätigt und aufrecht erhalten. Wenn Moser fortfährt: „Diese Regel hatte „jedoch eine Ausnahme, 1) wenn nach Landesgesetzen der „Landesherr wegen seiner Kammergüter und Gefälle mit

---

[57]) Moser Landeshoheit in Steuersachen S. 449.

[58]) Daselbst S. 504.

„zu allen Steuern und Anlagen nach einer bestimmten „Proportion concurrirte oder 2) wenn nach der Landes-„Verfassung die Stände jährlich ein Aversional-Quan-„tum an Steuern zahlen und dagegen der Landesherr die „Reichs-Anlage bis auf eine gewisse Summe auf sich ge-„nommen hat“ [59]); so gehört der erste Fall überhaupt nicht zu den Reichs-, sondern zu den Land-Steuern, und der zweite ist ein besonderes Uebereinkommen.

Die Behauptung, daß die Landesherrn bis in das sechszehnte Jahrhundert die Reichs-Anlagen aus ihren Kammergütern allein aufgebracht haben, ist dagegen durchaus ungegründet und widerspricht geradezu nicht allein der Verfassung überhaupt, sondern insonderheit auch sämmtlichen Reichs-Abschieden, durch welche Reichshülfen ausgeschrieben wurden. Es gab allerdings Fälle, in welchen die, neben der aufgebrachten Mannschaft zu erlegenden Geldbeiträge unbedeutend waren, und der Fürst damit die Unterthanen verschonte, wie überhaupt hierbei auf Billigkeit und Umstände gesehen ward. So äußert der Kaiser Maximilian I. in einem Ausschreiben von Reichs-Anlagen von 1510: „Nachdem in einem Land nicht Gebrauch ist als „in dem andern und sonderlich im Reiche, so wollen Wir „genannten Ständen hiemit heimgesetzet haben, wie sie „solches bei ihnen selbst unter ihnen machen, — ihnen auch „zu besserem Unterricht diese Wege anzeigen wollen. Und „nämlich zum 1 findet man Land die unter vier Stände aus-„erkiesen Prälaten, Edel, Stätt und Gerecht: — So seynd bei „etlichen Landen nur drey Ständ, Prälaten und Adel schla-

[59]) Moser a. a. O. S. 505.

„gen ihre Anschlag auf ihre Bauern und die Stätt auf „ihr Gewerb und Herdstätt und der **Fürst** auch auf „seine Bauern, die man Urbarsleut nennt. So seynd „an etlichen Gewonheit was zu Rettung eines Landes ist, „daß die Unterthanen auf ihr selbs Sold und eines Für„sten oder Herrn Lieferung ausziehen. Aus diesen auch „andern Artikeln mag ein jeder Stand nehmen, was „ihm bei seinen Unterthanen am gelegensten sei zu erlan„gen. So mag auch manches Fürsten Stand der„maßen geschaffen, daß sein **Einkommen bei „der Cammer** klein und seine Landschaft reich „ist, darein soll das dem Fürsten wenig und der „Landschaft mehr aufgelegt gesehen werden. Ent„gegen mag manche Landschaft arm und der Fürst „an Einkommen und sonst in gutem Vermögen seyn; „muß alsdann dem Fursten nach Gelegenheit „mehr, als der Landschaft aufgelegt werden.[60]) Allein die Tragung der Landeslasten aus den Kammergütern allein widerspricht aller Geschichte und Verfassung.

§. 17.

3. Erhebung der Reichs-Steuern.

Die Reichshoheit ließ die Reichs-Steuern der mittelbaren Reichs-Unterthanen in den verschiedenen Ländern durch die Landesherrn erheben und an die Reichs-Einnahme-Behörden abliefern. Es liegt von selbst vor, daß die Landesherrn diese Steuern nicht vermöge des landesherrlichen Besteuerungsrechts, welches damals überhaupt

[60]) v. Harpprecht Staats-Archiv des Reichs-Cammergerichts Thl. III. S. 245. Moser a. a. O. S. 507.

noch nicht ausgebildet war, sondern vermöge Auftrags des Reichs und eines jus subcollectandi erhoben.[61])

§. 18.

4. Verhältniß des Reichs-Besteuerungsrechts zu der Verfassung der einzelnen deutschen Länder.

Die Verbindlichkeit der Unterthanen, die Reichs-Steuern und andere Leistungen an das Reich aufzubringen, lag ihnen daher nicht als Unterthanen ihres Landesherrn, sondern als Unterthanen des Kaisers und des Reichs ob; die von ihnen erlegten Steuern wurden nicht ihrem Landesherrn, sondern dem Reiche entrichtet und blieben daher Reichssteuern, auch, wenn sie nach besonderer Landes-Verfassung mit Landes-Steuern zugleich erlegt und in ordentlichen Landes-Steuern begriffen waren, wie letzteres in Ansehung der Kammerzieler und Legations-Kosten allgemein der Fall.

So wie überhaupt die Reichs-Verfassung von der Verfassung der einzelnen deutschen Länder unabhängig war und nicht berührt werden konnte, und vielmehr die letz-

---

[61]) Pütter Inst. jur. publ. §. 255. Leist Staatsrecht §. 207. Lang Steuer-Verf. §. 187. Die von Moser Landeshoheit in Steuer-Sachen S. 420 ff. angeführten Zweifel beziehen sich entweder auf Landes-Steuern, oder gründen sich auf der unrichtigen Ansicht, daß die Reichsstände wegen ihres Einwilligungsrechts ein Mit-Besteuerungsrecht haben. Vergl. de Cramer observ. jur. P. I. Abh. 1393. Schmaus corp. jur. publ. lib. 3. cap. 14. §. 14.

tere der ersteren eben so untergeordnet war[62]), wie gegenwärtig die Verfassung der einzelnen deutschen Bundes-Staaten der Verfassung des deutschen Bundes; so war auch die Landes-Steuer-Verfassung der Reichs-Steuer-Verfassung untergeordnet. Die Bestimmungen, welche die erstere in den einzelnen Ländern durch Verträge, Privilegien, Herkommen oder sonst erhalten hatte, waren daher ohne Einfluß auf das Besteuerungsrecht des Reichs. Daher waren nach ausdrücklicher Bestimmung der oben angeführten Reichsgesetze die nach der Verfassung einzelner Länder für die Landes-Steuern geltenden Steuer-Befreiungen für Reichs-Steuern ungültig.[63])

Aus eben dem Grunde sind auch die Beschränkungen, welche das Landesherrliche Besteuerungsrecht durch Landes-Verfassungen erhalten hat, sie mögen den Umfang oder die Ausübung desselben betreffen, für das Reichs-Besteuerungsrecht unkräftig. Schon in den Zeiten, in welchen die Landesherrn noch kein Besteuerungsrecht hatten und die Unterthanen zu keinen Landes-Steuern ver-

---

[62]) Pütter Inst. jur. publ. Imperii §. 204 ff. Schnaubert Staatsrecht der gesammten Reichslande §. 66 ff. Pütter Abh.: von den besondern Bestimmungen der Landeshoheit aus der gemeinsamen Verbindung, worin alle Reichsstände unter einander stehen (in seinen Beiträgen zum teutschen Staats- und Fürstenrecht Bd. I. Abh. XVII.) und Abh. von den besondern Bestimmungen der Landeshoheit, sofern sie noch eine höhere Gewalt von Kaiser und Reich über sich hat (daselbst Abh. XVIII).

[63]) Moser von der Landeshoheit in Steuer-Sachen S. 445 ff. und S. 500 ff. und Moser's Nebenstunden S. 506 ff.

pflichtet waren, machten Reichs-Hülfen eine Ausnahme. (§. 6.)

§. 19.

5. Insonderheit zu den Beschränkungen des Landesherrlichen Besteuerungsrechts.

Auch die Beschränkungen, welche das Landesherrliche Besteuerungsrecht in Ansehung der Ausübung durch Landes-Verfassungen erhalten hat, sind daher für Reichs-Steuern unkräftig und finden auf sie keine Anwendung. Wenn Landes-Hoheit und Landes-Verfassung überhaupt der Reichs-Hoheit und Reichs-Verfassung untergeordnet sind; so können die letzteren noch weit weniger den ersteren untergeordnet sein und durch deren Anordnungen beschränkt werden. Daher war die, nach der Verfassung einzelner Länder zur Ausübung des Landesherrlichen Besteuerungsrechts erforderliche Einwilligung der Landstände in Ansehung der Reichs-Steuern nicht allein nicht nöthig, sondern selbst mit der Reichs-Verfassung und der Subordination der deutschen Länder und der Landeshoheit unter Kaiser und Reich durchaus unvereinbarlich und widersprechend. Die Landeshoheit in den deutschen Ländern unterschied sich von der höchsten Gewalt in einem unabhängigen Reiche wesentlich dadurch, daß sie noch einer höhern Gewalt, theils der des Kaisers allein, theils der des Kaisers und Reichs, untergeordnet, und daher den Beschlüssen derselben unterworfen war. Es würde daher eine Verletzung und Umkehrung der Verfassung gewesen sein, wenn in den einzelnen Reichslanden die Landesherrn oder vollends die Landstände sich hätten anmaßen wollen, die Beschlüsse der Reichshoheit aus dem Gesichtspunkt der Gesetzmäßigkeit oder der Rathsamkeit und Nützlichkeit ihrer Prüfung und Beurtheilung zu unterwerfen und von deren Resultat die Ausführung und Befolgung derselben abhängen zu lassen. Die Geschichte des deutschen Reichs hat daher auch kein Beispiel aufzuweisen, in welchen die Landstände in einzelnen deutschen Ländern der Verfassung so unkundig gewesen wären und die Anmaßung gehabt hätten, zu glauben, daß sie die Verhältnisse und Interessen Deutschlands richtiger, als Kaiser und Reich selbst, beurtheilen könnten, und daß es deshalb ihrer nachträglichen Prüfung und Zustimmung ihrer Beschlüsse noch bedürfe oder daß sie gar so weit sich hätten verirren können, entweder ihre Zuziehung zu den Berathungen des Reichstages oder wenigstens ihre Zustimmung zu dem, auf demselben von ihren Fürsten abzugebenden Votum als nützlich anzusehen und durch alles dieses ihren Standpunkt eben so sehr, als die Reichs- und Landes-Verfassung zu verletzen. Schon deshalb würde die Bewilligung der Landstände zu Reichs-Steuern die Verfassung verletzt haben, weil die Stände eines jeden einzelnen Reichslandes nur Stände dieses Landes, keineswegs aber und eben so wenig Reichsstände waren, als in den einzelnen Ländern alle, in Sachen ihrer Commune stimmfähigen Mitglieder jeder einzelnen Commune Landstände waren. Es würde aber dem Urtheil der Landstände über des Kaisers und Reichs Beschlüsse nicht blos jede staatsrechtliche Competenz, sondern auch die intellectuelle gefehlt haben. Wie hätten z. B. die Abgeordneten einer kleinen Gemeine die Nothwendigkeit eines Reichs-Krieges, eines Reichs-Friedens-Congresses oder der Vermehrung der Senate im Reichs-Kammergericht beurtheilen können? Welcher Grund konnte den Fehlschluß rechtfertigen, daß Jemand dadurch, daß sein Landesherr ihn in Angelegenheiten seines Landes um Rath fragt, das Recht erlangt, daß auch Kaiser und Reich über Angelegenheiten des Reichs seinen Rath erfordern müsse? Daher war nach der deutschen Reichs-Verfassung zur Einführung der Reichs-Steuern in den einzelnen Reichsländern die Zustimmung der Landstände auch in den Ländern, in welchen sie zu Landes-Steuern nothwendig war, keineswegs erforderlich.[64]) Es war dazu auch in wohlerworbenen Rechten keine Veranlassung vorhanden. Denn abgesehen davon, daß der Landesherr, wie überhaupt und überall, so auch dem Kaiser und

---

[64]) Moser von Steuer-Sachen S. 586: „In denjenigen „Fällen, darinn eigentlich keine Bewilligung der Unterthanen „vonnöthen ist, als bei denen Reichs- und Kreis-„Steuern.“ — S. 592: „Die Bewilligung trägt sich bei „Reichs- und Kreis-Steuern auf dem Rücken nach sich „und ist es eine Schwachheit und vergebliche Sache, wenn „die Landstände die Bewilligung erschweren oder bedingen „wollen wegen deren durch Reichs-Schluß allen Landes-„herrn zum Besten gestatteten Erhebung und wenn künftig „neue dergleichen Reichs-Schlüsse abgefaßt wer-„den, rathe ich auch Landständen, nicht die Bewilligung „schwer zu machen oder es gar darüber zu Prozessen kommen „zu lassen, es wäre denn, daß durch neue Verträge oder ein „neueres verbindliches Herkommen davon auf eine legale „Weise wiederum abgegangen wäre.“

Reich gegenüber, der oberste Repräsentant und Vertreter seines Landes und seiner Unterthanen und ihrer Rechte ist, standen die in der Territorial-Verfassung gegründeten Rechte zu der Reichshoheit in eben dem Verhältnisse, in welchem in allen Staaten wohlerworbene Rechte zur Staatshoheit sich befinden und würde daher unter der Verfassung, wenn es nothwendig gewesen wäre, wohlerworbene Rechte, z. B. Exemtionen, Viril-Landstandschaft aller Ritterguts-Besitzer oder aller Städte aufzuheben, allerdings der Entschädigung, aber der Zustimmung eines jeden derselben eben so wenig bedurft haben, als es in späterer Zeit der Fall war. Daß, wenn die Erhaltung und das Wohl des Ganzen mit einzelnen Theilen in Collision kommen, letztere nachstehen müsse, ist nach richtigen Grundsätzen des Staatsrechts viel zu klar, als daß nicht auch von Kaiser und Reichs wegen, wo es die Noth erfordert, von einzelnen Theilen ein Opfer hätte gefordert werden können.[65] Da in Beziehung auf Reichs-Steuern alle Befreiungen in einzelnen Ländern aufgehoben waren; so waren in Ansehung derselben keine Landes-Verfassungen oder besondere Rechte zu vertreten.[66] So wenig wie beschlossene Reichs-Steuern in den einzelnen Reichsländern

---

[65]) Pütter inst. jur. publ. §. 205 und 225. Moser's Nebenstunden Thl. IV. S. 506. Schnaubert Staatsrecht der gesammten Reichslande §. 66 ff. §. 104 und 255.

[66]) Moser's Abhandl. von Reichstags-Geschäften S. 279 und Nebenstunden Bd. IV. S. 506. Bd. V. S. 727. Struben Nebenstunden Thl. IV. S. 458 ff. Pütter inst. jur. publ. §. 255.

den Landständen, nach dem bei freiwilligen Steuern üblichen Ausdruck, erst noch angesonnen wurden, so wenig bedurfte es zu ihrer Verkündigung der landständischen Mitwirkung.[67]) Seitdem aber das Reich selbst die Beiträge der Unterthanen nicht mehr nach deren verschiedenen Klassen bestimmte, sondern die Vertheilung derselben und die Besteuerungsart jedem Landesherrn überließ, ward es in mehreren Ländern üblich und zum Theil gesetzlich, daß die Landstände über den modus contribuendi gehört wurden.[68]) Da diese Steuern nur vermöge Beschlusses der Reichshoheit und nur zu einem bestimmten Zweck und in einem bestimmten Betrage gefordert wurden; so bestätigten die Reichsgesetze nur das, was sich von selbst verstand, wenn sie vorschrieben, daß die Landesherrn den Unterthanen den Beschluß des Reichs und den Betrag der beschlossenen und ihnen obliegenden Steuer bekannt machen und die Steuern nicht zu einem andern Zweck verwendet oder mit fremdartigen Forderungen compensirt wer-

---

[67]) Schnaubert Staatsrecht §. 285. Moser Staatsrecht der gesammten Reichslande §. 285. Moser v. d. Landeshoheit in Steuer-Sachen S. 586. Moser Landeshoheit in Steuer-Sachen S. 586 verwechselt Verkündigung und Ansinnen, wenn er sagt: „sogar haben wir vernommen, daß selbst in Fällen, „darin keine eigentliche Bewilligung derer Unterthanen von„nöthen ist, als bei den Reichs- und Kreis-Anlagen, dennoch „eine Landesherrliche Ansinnung oder (wie es in derglei„chen Fällen benannt wird) Verkündigungen erfordert „wird."

[68]) Moser Landeshoheit in Steuer-Sachen S. 507. Schnaubert Staatsrecht der gesammten Reichslande §. 292.

den sollten.[69]) Die Reichs-Steuern wurden mithin von den Unterthanen nicht als Unterthanen ihres Landesherrn, sondern als Reichs-Unterthanen, und vermöge der ihnen gegen Kaiser und Reich obliegenden Pflicht entrichtet. Es ergiebt sich daher von selbst, daß ihnen nicht gestattet war, der Entrichtung derselben Bedingungen, am wenigsten Bedingungen, welche ihren Fürsten als solchen oder sie als Landstände betrafen, zu unterwerfen oder Reversalen irgend einer Art zu verlangen.[70])

Zweite Abtheilung.

Die aus dem Verhältnisse der Fürsten und des Landes zum Reichs-Kreise gegründeten und demselben schuldigen Leistungen.

(Kreis-Steuern.)

§. 19.

Da die Kreis-Steuern und deren Verhältnisse durchgehends auf gleichen Grundsätzen, wie die Reichs-Steuern beruhten und wie diese allen Unterthanen der Kreislande oblagen[71]); so darf hier nur auf die erste Abtheilung verwiesen werden.

---

[69]) Pütter inst. jur. publ. §. 253.

[70]) Moser von Landeshoheit in Steuer-Sachen S. 598 ff.

[71]) Daselbst S. 520 ff.

Dritte Abtheilung.

Die, auf den Bedürfnissen des Landes gegründeten Steuern.

(Landes-Steuern.)

§. 20.

Bei den, den Unterthanen in deutschen Ländern, als solchen, zur Bestreitung der Landesbedürfnisse, obliegenden Steuern, den Landes-Steuern, kommen die Domainen des Landesherrlichen Hauses in so vielfache Berührung, daß sie hier um so weniger unerwähnt bleiben können, als über dieselben in einem Theil dieses Zeitabschnittes sich unrichtige Ansichten gebildet hatten. Die Natur der jetzt Domainen genannten Stammgüter der deutschen erlauchten Häuser, ihr Ursprung und ihre Bestimmung liegt in Geschichte und in Urkunden so bestimmt und deutlich vor, daß kein Zweifel Statt finden konnte, daß diese Güter theils ursprüngliche, alte Güter des Landesherrlichen Hauses, von demselben theils vor Erlangung der Fürstenwürde besessen, theils mit oder in derselben wegen persönlicher Verdienste vom Kaiser verliehene, theils durch Erbschaft, Vermählungen und weise Regierung, theils vermöge der mit ihren Früchten ihnen zustehenden Landeshoheit erworbene Güter des Fürstlichen Hauses sind. Eben so unzweifelhaft ist es, daß sie ursprünglich nicht zur Bestreitung der Regierungslasten bestimmt waren. Diese wurden bis in das Mittelalter durch Dienste und nöthigenfalls durch ordentliche und außerordentliche Beden getragen (§. 1 ff.); freie Gutsbesitzer dienten nur ritterlich und zahlten in der Regel keine Abgaben, sondern ließen letztere und nicht ritterliche Dienste von denjenigen, welchen sie ihre Güter zum Bau und Genusse eingegeben hatten, wegen dieses Genusses leisten. Dies war auch in Ansehung der, die Kammergüter betreffenden Lasten, der Fall, und trugen daher auch in denselben des Landesherrn Unterthanen zu den Abgaben bei, wogegen aber der Landesherr und sein Haus von denselben persönlich und wegen seiner Einkünfte befreit, sondern diese zum Unterhalt seines Hauses und fürstlichen Standes bestimmt waren. Auch als von 1421—1530 nach gemeinem Pfennig — einer persönlichen Standes-Steuer — sowohl für das Reich, als in den einzelnen Ländern die Steuern aufgebracht wurden, waren die Landesfürsten zwar den Reichs-Steuern, da sie in Ansehung derselben Reichs-Unterthanen waren, ebenfalls unterworfen, allein nicht den Landes-Steuern, weil sie in Rücksicht auf diese **Landesherrn** waren, und daher selbst nicht steuerpflichtig sein konnten.

Wie aber in späteren Zeiten Steuern meistens auf Grundeigenthum gelegt wurden, wurden auch die Kammergüter, eben weil sie keine Staatsgüter, sondern **Privatgüter des Landesherrlichen Hauses** waren, in den mehrsten Ländern denselben nicht blos wegen Reichs-Steuern, sondern auch rücksichtlich der Landes-Steuern unterworfen.

Denn als solche Güter sind in Deutschland die Fürstlichen Kammergüter stets angesehen. Ansichten verkehrter philosophischer Systeme und Unkunde der deutschen Geschichte haben indessen einige Zeit hindurch darüber bedeutende Irrthümer verbreitet.

In großen unabhängigen Reichen hatten die Regenten und, wenn sie erblich waren, ihre Dynastie zu ihrem Unterhalt und Erhaltung ihres Standes und Hauses besondere Güter mit einzelnen Regalien, während besondere Nationalgüter, nothigenfalls mit den Steuern, zu Bestreitung der Bedürfnisse des Reichs bestimmt waren. In diesen Reichen waren, wie die Geschichte lehrt, die bei deren früherer oder späterer Begründung oder Erweiterung vorgefundenen großen Güter als Nationalgüter mehr erhalten und selbst vermehrt, als in Deutschland. Der deutschen Könige ursprüngliche großen Nationalgüter waren schon nach wenigen Jahrhunderten von der Krone getrennt und Lehen der großen Kron-Beamten geworden und die erledigten Anderen wieder verliehen; in Frankreich, England und andern Reichen wurden sie seltener und anderes von der Krone getrennt und die erledigten wieder mit ihr vereinigt. Von dieser Masse der Nationalgüter war in den mehrsten dieser Reiche ein besonderer Theil zum Unterhalt des Monarchen und seines Hauses abgesondert und von der Verwaltung der Staatsgüter getrennt und bildete daher eine besondere Masse: die bona domini, bona dominialia, die domania, les Domaines, le domaine, bona coronae, Krongüter, Herrengüter. Diese Güter waren ihrem Ursprung nach der Verfassung des Reichs verschieden. In Wahlreichen oder in Reichen, in welchen eine neue Dynastie durch die Wahl der Nation auf den Thron gekommen oder von einem Dictator gesetzt war, bestimmte jene oder dieser aus den Nationalgütern die domaine, in Monarchien alter Dynastien war ihr Ursprung meistens der der deutschen Kammergüter. In dem einen, wie in dem andern Fall stimmen sie aber alle in dem Begriff überein, daß sie nicht zur Bestreitung der Regierungslasten, sondern lediglich zum Unterhalt des regierenden Hauses und zur Erhaltung desselben im Fürstlichen Stande bestimmt sind.

Es war daher ohne allen Einfluß auf die Natur der deutschen Kammergüter, wenn ihre althergebrachte, expressive Benennung Kammergüter oder Fürstliche Hausgüter nach und nach in die der Domainen überging. Diese durch die damalige Neigung zu Ausdrücken aus fremden Sprachen mit veranlaßte Uebersetzung würde vielmehr gleichgültig gewesen sein, wenn nicht eine fast gleichzeitig in Deutschland aufkommende philosophische Schule auch auf positive Wissenschaften, auf Geschichte, Herkommen und Verfassung und alles, was besteht, sich geworfen und nach Plato, Aristoteles und der übrigen Weisen des Alterthums und ihrer eigenen Weisheit hätten erklären, begründen und ordnen wollen. Wie vor nicht vielen Decennien Viele sich berufen glaubten, Staaten und Verfassungen in praxi ganz von vorne wieder anzufangen, zu schaffen und zu bilden, so unternahm dies auch jene Schule, jedoch nur in der Theorie, aber gleich unbekümmert um Welt, Bestehendes und Geschichte. Aus ihr ging die später noch weiter ausgebildete Theorie von einem in jedem Lande zwischen dem Fürsten und dem Volke abgeschlossenen Grund-Staats-Vertrage und Constitution hervor. Unter den Artikeln desselben befindet sich denn auch, daß das Volk den Fürsten bei seiner Annahme mit einem angemessenen Theil des Grund und Bodens des neuen Staats ausgesteuert und ausgerüstet habe und zwar nicht blos ut habeat unde ipse viveret, sondern auch um die Lasten und Kosten der Regierung zu bestreiten. Diese Güter wurden die Domainen oder bona dominialia im Grund-Staatsvertrag genannt, da diese philosophischen Staatsrechts-Gelehrte in den bestehenden Staaten Güter solcher Benennung sahen, deren Ursprung und Natur aber eben so wenig kannten, wie die Entstehung eines Staats sich anders, als nach ihrer Theorie und durch einen Staats-Grundvertrag erklären konnten. Daß die Domainen ihrer Theorie ganz andere, ganz verschiedenartige, geradezu entgegengesetzte Domainen, wie die in Europa und besonders in Deutschland waren, das fiel ihnen überall nicht ein. Sie bemerkten nicht

I. daß ihre idealen Domainen dem Regenten vom Volke aus dem, dem letztern vermeintlich gehörigen Gesammt-Grund-Eigenthume des Landes ausgesetzt waren, die bestehenden Domainen aber das Eigenthum des Regentenhauses sind,

II. daß die idealen Domainen bestimmt sind, die Regierungslasten zu bestreiten, die bestehenden Domainen aber diesen Zweck nicht haben, und

III. daß ideale Domainen wirkliche Staats-Güter, die bestehenden aber Güter des regierenden Hauses sind.

Jene Philosophie drang indessen bald weiter in historische und positive Wissenschaft ein und philosophirte aus dem Bestehenden das Wirkliche heraus und das Ideale hinein und hatte hierbei bei der damaligen Dürftigkeit des historischen Studiums und historischer Quellen einen desto leichtern Weg. Daher verbreitete jene Theorie von Domainen sich auch bald in Deutschland und ward auf die deutschen Kammergüter um so unbedenklicher angewandt, als dieselben diese Benennung erhalten hatten und dies als eine Erklärung für wahre Domainen angesehen ward. Unmittelbar ins Leben kam diese Theorie zwar nicht und konnte in dieselbe nicht kommen, weil die Hausgesetze der Fürstlichen Häuser und die darauf gegründeten Rechte der Agnaten entgegenstanden, desto fester hielten aber die mehrsten derzeitigen Rechtsgelehrten die Ansicht, daß die deutschen Kammergüter Domainen jener Art, und daher Staatsgüter seien, deren Eigenthum dem Staat zustehe, deren Einkünfte aber dem Fürsten vom Staate eingeräumt seien, um aus denselben die Lasten der Regierung zu bestreiten. Der Irrthum und die Fehler lagen daher nicht in der Theorie selbst, sondern in der Inconsequenz und der Verkehrtheit ihrer Anwendung auf die Domainen deutscher Fürstenhäuser.

Bloße philosophische Gebilde und Theorien dieser Art sind an sich gleichgültig, Jeder kann sie nach seiner Art bilden, Einer annehmen, der Eroberer eines Landes habe dasselbe für sich behalten und nur einzelne Grundstücke seinen Kriegern abgegeben, ein Anderer das umgekehrte Verhältniß für gegründet halten, der mit der Geschichte und der Welt ganz unbekannte bloße Idealist wird die letzte, wer die Welt kennt, die erste Ansicht haben. Wer in der deutschen Geschichte nicht ganz unwissend ist, wird in Rücksicht auf die Domainen in den deutschen Ländern die letzte Ansicht nur für ein leeres Gebilde der Phantasie und für Thorheit halten. Denn Jedermann weiß, daß weder Karl der Große, noch die Ottonen, noch Lothar, als sie die germanischen und slavischen Völker unterjocht hatten, sich von denselben die Landstriche, von welchen sie leben und die Reichslasten tragen sollten, haben anweisen und zumessen lassen, jenen überwundenen Völkern aber das von ihren bisherigen Häuptern besessene, den Völkern also nicht gehörige Eigenthum gegeben und jene ihnen ausgesetzte Landstriche auch nicht als ihr Eigenthum, sondern nur deren Einkünfte erhalten haben, die Güter selbst aber Volkseigenthum geblieben sind. Wer weiß nicht mit eben der Gewißheit, daß, als später in allmäliger Entwickelung die Landeshoheit entstand, eine solche Aussteuer des Landesherrn mit Nationalgütern von Seiten des Volks überall nicht erfolgte, daß die Landeshoheit ein Ausfluß und eine fortschreitende Uebertragung der Gewalt der deutschen Könige und Verleihung ihrer Domainen ist, und daß daher die Domainen der Fürstlichen Häuser, theils aus ihrem eigenen Stammvermögen, theils aus jenen, größtentheils von den Landesherrn durch Kauf oder Pfand erworbenen, ehemaligen königlichen Domainen bestehen. Aber, sagt man, eröffnete Lehen, säcularisirte Stifter, eroberte Provinzen gehören dem Staate. Allein Lehen sind aus des Landesherrn Grundeigenthum ausgegangen und fallen daher an dasselbe zurück; herrenlose Güter erwirbt nicht das Volk, sondern werden vermöge der Landeshoheit erworben und diese besitzt der Landesherr, nicht das Volk; auch das Recht auf eroberte Länder ist in der Landeshoheit enthalten. Dieses Alles folgt aus Begriffen und beruht auf dem ältesten und bestimmtesten Völker- und Staatsrecht in Europa und in Deutschland. Wir wollen nicht an die jüngsten großen Beispiele erinnern und fragen: ob das Kaiserreich Frankreich Spanien, Holland, Italien, Neapel, Westphalen, Berg u. s. w. für Frankreich erworben hat? sondern nur auf die zahllosen älteren und neueren deutschen Beispiele verweisen. Eine Frage mögten wir uns indessen doch noch erlauben: wenn ein Fürst mehrere besondere Staaten besitzt, welcher von ihnen und welches seiner verschiedenen Völker sollte nach jener Theorie das neue Land erworben haben? Ist die Lombardei und Venedig von Ungarn oder von Böhmen oder von Oestereich oder von Tyrol, oder ist Schlesien, die Rheinprovinz oder Posen von Preußen oder von Brandenburg oder von Pommern oder von der Grafschaft Mark oder Ravensberg erworben? Wie, wenn einige Länder eines Landesherrn in einem Kriege haben neutral bleiben müssen, wenn z. B. Schleswig an einem deutschen Reichskriege, Holstein an dem nordischen Kriege zwischen Dänemark und Schweden, oder Pommern an dem Kriege zwischen diesen beiden Mächten, erwerben alle diese neutralen dennoch mit? Hat Holstein das Gottorpsche Schleswig, hat Vorpommern Schonen mit erworben?

Wir kehren indessen zur Inconsequenz der Anwendung jenes philosophisch-staatsrechtlichen

Begriffs der Domainen auf die deutschen Kammergüter zurück. In derselben liegt eine Vermengung der verschiedenartigsten Gegenstände und eine Anwendung eines Begriffs auf einen gerade entgegengesetzten. Die Grundlage und das Wesen der Domainen des allgemeinen Staatsrechts **und ihrer Natur als Staatsgüter** beruht **darin, daß sie dem Regenten vom Volke ausgesetzt und überwiesen sein müssen, um aus den Einkünften die Regierung zu bestreiten.** Von diesen wesentlichen Erfordernissen ihres Begriffs ist aber in deutschen Kammergütern nicht ein Einziges, sondern vielmehr das Gegentheil vorhanden. Alle deutschen Fürsten sollen, wie man durch Philosophie will ermittelt haben, ihre Domainen im Anfang ihrer Herrschaft von der, im Umkreise der damaligen Kaiserlichen Burg oder Grafschaft wohnenden Volksmenge von einigen Tausend alles Eigenthums entbehrenden Menschen, jetzt Volk oder Nation genannt, zur Aussteuer erhalten haben, allein von allen Domainen aller deutschen Häuser läßt ein anderer Erwerbungs-Titel sich nachweisen, und unter allen diesen Domainen vermag die philosophisch-staatsrechtliche Schule auch nicht **Eine** aufzuweisen, welche auf die von ihr erdachte Art Kammergut geworden wäre! Nur Mangel an Kenntniß der Geschichte und Befangenheit für abstracte Ansichten konnte auf solche Abwege führen und zwei verschiedenen Gattungen von Gütern für gleicher Natur halten. Die eine Gattung von Domainen, welche die Nation aus den Nationalgütern dem Regenten ausgesetzt und gegeben hat, um aus denselben seinen und seines Hauses Unterhalt und die Lasten der Regierung zu tragen, bei welchen die Nation nicht allein für den fürstlichen Stand ihres Regenten, sondern auch für die Lasten und Kosten der Regierung sorgt.

Die zweite Gattung von Gütern, welche Eigenthum des regierenden Hauses sind, welches dieselben nicht von der Nation erhalten, aus welchen er aber dennoch nicht allein sein Haus und seinen fürstlichen Stand, sondern auch die Kosten der Regierung bestreiten soll, und also die Nation weder zu dem einen, noch zu dem andern beigetragen, sondern dem Regenten überläßt, dafür zu sorgen und sich von ihm auf seine Kosten regieren läßt.

Die Theorie geht von dem Begriff der ersten Gattung aus und setzt solche Domainen voraus, überträgt aber die daraus folgenden Grundsätze auf die der zweiten Gattung, obgleich bei denselben der Grund, aus welchen bei jener diese Grundsätze folgen, überall nicht vorhanden ist.

Die Prüfung jenes allgemeinen Begriffs und dessen Folgen verlohnt sich nicht eher der Mühe, als bis man endlich einmal so glücklich ist, in Deutschland den Fund einer Domaine zu machen, mit welcher Karl der Große, Albrecht der Bär, Heinrich der Löwe, oder ein Wittelsbacher, Zähringer u. s. w. unter jener constitutionellen Bestimmung von seinem Volke aus den Nationalgütern ausgestattet worden ist, weil eine solche Domaine allerdings ein Staatsgut sein würde.

Die frühere Verwirrung der Begriffe, in welcher

auch die deutschen Kammergüter für Staatsgüter gehalten wurden, ist indessen, seitdem Geschichte und gründliche Studien die deutsche Verfassung und die der einzelnen deutschen Länder und ihre Entwickelung aufgeklärt haben, längst aus der Theorie verschwunden. Daß diese Theorie in der Praxis weder in der deuschen Verfassung, noch in' den einzelnen deutschen Ländern jemals gewuchert habe, ist bekannt, und sind daher Domainen nie für Staatsgüter, sondern lediglich für Stammgüter des regierenden Hauses gehalten worden. Als Patrimonialgüter desselben wurden sie vor der Einführung des Erstgeburts-Rechts unter alle Mitglieder des Hauses getheilt und fielen nach Erlöschung des Mannsstammes auf den Weiberstamm, als Privatgüter des regierenden Hauses stehen sie in eben den Rechtsverhältnissen, wie andere Güter ihrer Gattung, und sind insonderheit, gleich diesen, den Landes-Steuern unterworfen, welches, wenn sie Staatsgüter wären, eben so wenig würde geschehen können, als es widersprechend sein würde, daß der Regent zu einer Einkommen-Steuer wegen der Staats-Einkünfte an Steuern Zöllen, Bergwerken 2c. beitragen sollte. Auf alte Reichs-Verhandlungen wollen wir nicht verweisen, sondern nur auf den Regensburger Reichs-Deputations-Hauptschluß von 1803, und selbst noch, als die deutsche Verfassung einstürzte, wurden sogar in der Rheinbundes-Akte die Domainen der erlauchten deutschen Häuser, deren Landeshoheit unterging und deren Länder mit andern vereinigt wurden, als das Hausvermögen jener Häuser anerkannt und geachtet.

Das Allgemeine Preußische Landrecht Thl. II. Tit. 14 enthält eine Definition von Domainen und einige Bestimmungen über dieselben:

§. 11. Einzelne Grundstücke, Gefälle und Rechte, deren besonderes Eigenthum dem Staate und die ausschließende Benutzung dem Oberhaupte desselben zukommt, werden Domainen oder Kammergüter genannt.

§. 12. Auch diejenigen Güter, deren Einkünfte zum Unterhalt der Familie des Landesherrn gewidmet worden, sind als Domainen-Güter anzusehen.

In einigen folgenden Paragraphen kommen noch vor §. 15. Domainen des Staats — §. 16. Domain-Güter können nur gegen Entschädigung des Staats veräußert werden — §. 16. das Eigenthum der Domainen kann dem Staat durch Verjährung nicht entzogen werden.

Es liegt offenbar vor, daß dieser vierzehnte Titel und insonderheit die angeführten Paragraphen zu denjenigen Stellen gehören, welche zum bei weitem größten Theile aus ihrer Sphäre und Bestimmung und in das Theoretisiren und in die Wolfische und spätere philosophische staatsrechtliche Schule verfallen und nicht sowohl Vorschriften für den Preußischen Staat und vollends dessen Staatsrecht geben, sondern nur eine allgemeine Theorie des Rechts der Staats-Einkünfte haben geben wollen. Daß sie unverständlich und unrichtig sind, liegt von selbst vor. Nach §. 2 sind Heerstraßen, Ströme, Häfen ꝛc. ein gemeines Eigenthum des Staats, nach §. 11. aber die Domainen das besondere Eigenthum des Staats. Dies würde also wohl in dem eigentlichen strengen dominio desselben sein.

Der §. 12. würde noch einigermaßen durch den Sinn, welchen das Allgemeine Landrecht mit dem Wort Staat verbindet, indem es dadurch gemeinhin den Regenten bezeichnet, zu retten sein, wenn er ihn nicht noch besonders als Oberhaupt des Staats angeführt hätte. Er ist daher ein unpraktischer, mißrathener, abstracter Grundsatz, wie man ihn in diesem Gesetzbuch, selbst in diesem Titel findet, indem z. B. nach §. 24. auch das **Recht**, große Geldstrafen aufzulegen, ein **Staatseigenthum** ist. Ob der §. 12. aus unklarer Ansicht oder Fassung entstanden ist, steht dahin; wir für unsern Theil haben gegründete Ursache, anzunehmen, daß er blos Ausguß damaliger abstracter, historischen Quellen abgeneigter und sie nicht berücksichtigender und zu damals schon aufkeimenden liberalen Ansichten in redlicher Ueberzeugung sich neigender Auffassung und Behandlung ist, auf deren weitere Bearbeitung auch keine große Zeit und Sorge verwandt und von den Verfassern des Landrechts selbst nur als ein solcher, nicht aber als gesetzliche Bestimmung angesehen ist. Jene stehen mit allen vorhergehenden und späteren Staats- und Hausgesetzen in so geradem Widerspruch, daß sie nie für etwas anderes als ein Aggregat theoretischer Grundsätze angesehen worden und daß Niemand behauptet hat, daß das Hausvermögen des Königlichen Hauses dadurch in ein besonderes Eigenthum des Staats verwandelt worden sei, wozu überdem noch andere Erfordernisse nothwendig gewesen sein würden.

Einige der Grundirrthümer, welche über deutsche Domainen aus der Unkenntniß der Geschichte und aus der

Bildung und inconsequenten Anwendung ideeller Ansichten verbreitet wurden und daher in den geradesten Widerspruch mit der Wirklichkeit treten mußten, bleiben einer näheren Erörterung vorbehalten. In Ansehung der Domainen in den Preußischen Staaten müssen wir indessen schon hier das gründliche Werk des Ober-Landes-Gerichts-Raths Koch [72]) um so mehr in Erinnerung bringen, als in demselben mit eben so gediegener Kenntniß der Geschichte als der deutschen und Preußischen Verfassung die wahre Natur der Domainen, als "Güter, deren Eigenthum der "regierenden Familie zusteht" (S. 15) entwickelt und dadurch vor den Grundirrthümern und durchweg unrichtigen Ansichten gewarnet und bewahrt wird, welche in Simon's Preuß. Staatsrecht auch in Ansehung dieses Gegenstandes herrschen, und daher deren Verbreitung verhindert. [73])

I.

§. 21.

Besteuerungsrecht in den deutschen Staaten.

Da das Besteuerungsrecht für innere Landesbedürfnisse ein wesentliches Recht der Landeshoheit ist; so stand dasselbe

---

[72]) Das Recht und Hypotheken-Wesen der Preußischen Domainen mit Berücksichtigung der Dogmen- und Domainen-Verwaltungs-Geschichte, dargestellt von **C. F. Koch**, Königl. Ober-Landesgerichts-Rath, nebst einer Sammlung der in Beziehung auf das Domainen-Wesen ergangenen Verordnungen, Rescripte, Verfügungen und Erlasse. (Berlin, 1838. 8.)

[73]) Zu diesem Zweck ist in Ansehung der Domainen auf dieselben auch bereits in den Jahrbüchern der Preuß. Gesetzgeb. u. Rechtswissenschaft B. LXV. S. 195 und in dem ersten Bande der vorliegenden Abhandlungen S. 284 aufmerksam gemacht.

auch unter der Reichs-Verfassung in jedem einzelnen deutschen Lande nur dem Landesherrn zu. [74])

Dennoch war nach der Verfassung der einzelnen Länder die Ausübung des Landesherrlichen Besteuerungsrechts in mehreren Beziehungen und unter andern auch in Ansehung der Mitwirkung der Landstände verschieden. In einigen Ländern war dazu die Mitwirkung der Landstände erforderlich, in andern bedurfte es derselben nicht. Die Mitwirkung der Landstände selbst war ebenfalls in den verschiedenen Ländern verschieden, und zwar

I. in Ansehung des Maaßes und Umfangs ihrer Mitwirkung, indem diese bald

1) in der **Einwilligung** — der Ausdruck: Bewilligung ist weder correct, noch angemessen — oder **Zustimmung** der Landstände zu der Auflegung der Steuern, bald nur

2) in dem **Gutachten** und **Erachten** der Stände, und zwar auch hier wieder bald über die Nothwendigkeit der Steuern, bald nur über die angemessenste Art ihrer Aufbringung bestand.

II. in Ansehung der Gattungen der Steuern, indem jene Mitwirkung bald bei allen Gattungen der

---

[74]) Westphälischer (Osnabrückscher) Friedensschluß Art. 24. §. VIII. §. 4. Jüngster Reichs-Abschied (v. 1654) 1 Art. 180. Kaiserliche Wahl-Capitulation Art. XV. §. 2. Art. XIX. §. 6. Pütter instit. jur. publ. §. 255. und Rechtsfälle Bd. IV. S. 378. Moser Landeshoheit in Steuer-Sachen S. 429 und 438 ff.

Steuern nothwendig, bald nur bei einigen Gattungen derselben erforderlich, und der Landesherr zu deren Ausschreibung ohne ständische Mitwirkung, die wegen der Art ihrer Aufbringung etwa abgerechnet, berechtigt war.

III. in Ansehung der Unterthanen, indem es der ständischen Mitwirkung, wenn sie auch im Allgemeinen nothwendig war, es derselben doch mit Ansehung bestimmter Gattungen der Unterthanen nicht bedürfte. (§. 23.)

In diesen Beziehungen und insonderheit in Beziehung auf das Einwilligungsrecht der Landstände zerfielen daher in den deutschen Ländern die Steuern in

nothwendige Steuern und in

freiwillige Steuern,

je nachdem es zu deren Auflegung der Bewilligung der Stände bedurfte oder nicht bedurfte, die Unterthanen mithin ohne dieselbe oder nur auf die Zustimmung derer, welchen nach jedes Landes Verfassung das Einwilligungsrecht zustand, zur Aufbringung dieser Steuer verpflichtet waren. Aus diesem Einwilligungsrecht folgte indessen keinesweges eine Theilnahme der Landstände an dem Landesherrlichen Besteuerungsrecht oder ein landständisches Mitregierungsrecht, wie in früheren Zeiten unkundige Schriftsteller wohl behauptet[75]) und selbst so weit gegan-

---

[75]) Diese offenbare Verwechselung der Begriffe ist gründlich widerlegt in Pütter's Abh. und wie weit in teutschen Fürstenthümern und Grafschaften den Landständen ein Mitregierungsrecht beygelegt werden könne? (in s. Beiträgen zum deutschen Staats- u. Fürstenrecht Band 1 Abth. X.) Auch dessen inst. jur. publ. §. 197: »modo jus territorii non violetur« und Rechtsfälle Bd. 1 Thl. III. S. 556, Bd. 2

gen sind, daß sie aus der Bewilligung der Steuern auch auf die Theilnahme an dem Landesherrlichen Recht, zu dessen Ausübung die Steuern aufgebracht werden, schlossen. [76])

Da die Landstände verbunden sind, die nothwendigen Steuern zu bewilligen; so war der Landesherr berechtigt, nicht allein ein Provisorium zu treffen oder die Einwilligung der Landstände durch die Reichsgerichte ergänzen zu lassen, [77]) auf welchen Grundsatz wir in den folgenden §§. zurückkommen werden.

Thl. III. S. 419, Bd. 2 Thl. IV. S. 1028. Häberlin Handbuch des deutschen Staatsrechts Bd. II. S. 75. Gönner teutsches Staatsrecht §. 250 ff. Moser von der Reichsstände Landen S. 389. — „der Satz ist ausgemacht, Landstände seynd nicht Cor- oder Mitregenten ihres Landesherrn noch auch demselbigen in Regierungs-Sachen an die Seite gesetzt. Das Natur- und allgemeine Staatsrecht nebst der Erfahrung aller Zeiten und Völker wissen eigentlich und ordentlicher Weise nur von Regenten und Unterthanen. Und obgleich des Regenten Macht in Regierungssachen gar sehr ungleich sein kann, so bleibet doch der Regent allemahl Regent und die Unterthanen allemahl Unterthanen — Wahr ist es, daß es ein Wortstreit, wahr ist es aber auch, daß unruhige Leute sich dessen mißbrauchen, reelle Folgen daraus herleiten und einem Regenten Sachen zumuthen oder sich selbst anmaßen können, wozu sie keinesweges berechtiget seynd. Kurz: die Landstände seynd und bleiben a) in corpore und b) einzeln Unterthanen.“ vgl. Anm. 77.

[76]) Daher antworten die Pommerschen Herzöge den Pommerschen Landständen, als diese äußerten, die Herzöge hätten sich ohne gemeine Berathschlagung in den Schmalkaldischen Bund nicht begeben sollen, „dieses sei aus Fürstlicher Fürsorge zum Besten der Religion geschehen und ohne bisherige Beschwerde der Landschaft, da sie zumahl allen Beitrag zu der Schmalkaldi-

II.

Gattungen von Steuern.

A. Nothwendige Steuern.

§. 22.

1. Begriff derselben.

Nothwendige Steuern sind diejenigen, zu welchen die Unterthanen auch ohne ihre oder der Landstände Einwilligung verpflichtet sind, und welche mithin der Landesherr ohne Einwilligung der Landstände anzuordnen berechtigt ist. Es ergiebt sich daher von selbst, daß dahin auch diejenigen Steuern gehören, zu welchen es nur des Gutachtens derselben bedarf (§. 21.). Die Reichs-Verfassung

---

schen Bundes-Cassen aus ihren eigenen Einkünften gethan hätten. (Schwartz Pommersche und Rugianische Lehns-Historie S. 763.)

[77]) Kaiserliche Wahl-Capitulation Art. XXVII. §. 1—4. v. Cramer Wetzlarische Neben-Stunden Thl. II. S. 122. Ueberhaupt Gönner teutsches Staatsrecht (Landshut 1804): §. 251. Der Kaiser soll zwar die Landstände bei ihren Rechten schützen, aber auch zum schuldigen Gehorsam anhalten. §. 252. „Ungeachtet ihrer landständlichen Eigenschaft „bleiben Landstände einzeln und als Collegium betrachtet der „landesherrlichen Gewalt unterworfen und sowohl für ihre „Handlungen als für ihre in Landes-Angelegenheiten abgelegte Stimmen verantwortlich; — auch „über die Landstände und ihre Verwaltung erstreckt sich die „Landesherrliche Oberaufsicht.“ §. 457. „Die Landstände müssen „die nothwendigen Steuern bewilligen und ungerechte Weigerungen berechtigen den Landesherrn nicht nur den Consens „von einem Reichsgerichte ergänzen zu lassen, sondern auch „ein Provisorium zu errichten, damit nicht aus Mangel der „Finanzen die Staatsverwaltung in Stocken gerathe.“ vergl. Anm. 81.

unterscheidet „zwischen Steuern, wozu man derer Unter-„thanen Einwilligung nicht braucht und sie ihnen also, „ohne darüberzu handlen, auflegen kann, und Steuern, „welche den Unterthanen nicht bloß auferlegt werden kön-„nen, sondern die man ihnen zwar ansinnen kann, aber „sodann ihre Einwilligung dazu haben muß und ohne „dieselbe solche nicht beitreiben kann.“ [78])

Die nothwendigen Steuern beruhen daher auf einer schon vorhandenen Verbindlichkeit des Landes, die Steuer aufzubringen. Diese Verbindlichkeit beruht auf mannigfachen Fundamenten [79]), bald auf Bestimmungen oder Verhältnissen einer höheren Macht, welcher das Land untergeordnet ist, unter der Reichs-Verfassung des Kaisers und Reichs (§. 9. u. 10.), bald auf der besondern Verfassung des einzelnen Landes [80]), bald auf der schon in der Natur und dem Begriffe eines Staats liegenden allgemeinen Pflicht eines jeden Angehörigen und Unterthanen denselben zu vertheidigen und aufrecht zu erhalten. Daß es in dem ersten Falle der Einwilligung der Steuer nicht erst bedarf, liegt eben so sehr von selbst vor, als daß, in letztern Fällen, wenn die Dringlichkeit die vorgängige Zustimmung der Stände nicht gestattet, wie schon unsere Vorfahren dafür hielten (§. 5 u. 6), der Landesherr, ohne dieselbe abzuwarten, berechtigt ist, unter Vorbehalt des Weiteren sie anzuordnen. [81])

---

[78]) Moser Landeshoheit in Steuer-Sachen S. 419.

[79]) Moser a. a. O. S. 435.

[80]) v. Cramer Wetzl. Neben-Stunden Thl. 64 S. 22. Moser Landeshoheit in Steuer-Sachen S. 455.

§. 23.

2. Wegfall des landständischen Einwilligungsrechts.

Gattungen von Steuern, die im Allgemeinen der Einwilligung der Stände bedürfen, und daher keine nothwendige sind, können indessen in besondern Beziehungen und Verhältnissen nothwendige werden. Das Einwilligungsrecht der Landstände beruhete ursprünglich auf der Rücksicht, „daß nichts, was ihren hergebrachten Befreyungsrechten Eintrag thun konnte, oder „nichts, was auf ihren Gütern und zur Beschwerde ihrer „Hintersassen von Wirkung sein soll, ohne ihre Einwilligung geschehe, und ward daher nicht nach Art eines Mitregierungsrechts, um gleichsam den Willen des Landesherrn, weil man es auf dessen alleinige Einsicht nicht „gern ankommen lassen wolle, zu ergänzen, als vielmehr „auf dem Fuß, wie etwa ein Privilegirter sich seiner Befreyung begiebt, wo dieselbe sonst im Wege stehen würde, „oder wie ein Agnat zu einer Schuld seine Einwilligung „ertheilt, ausgeübt.“[82]) Da die Kammergüter ein Eigenthum des Landesherrlichen Hauses sind; so fiel jede weitere Einwilligung weg und bedurfte es der der Stände eben so wenig, als der landesherrlichen Theilnahme an der Ver-

---

[81]) Moser v. d. L. H. in St. S. 442 u. 589 und von deutscher Landesherrn Landen S. 841 ff.

[82]) Pütter Beiträge zum deutschen Staats- und Fürsten-Recht Bd. I. S. 180. Posse Abh. über das Staats-Eigenthum in den deutschen Reichslanden u. das Staats-Repräsentations-Recht der deutschen Landstände (Rostock und Leipzig 1794. 8.) S. 176 ff.

sammlung der Landstände, daß diese die Rechte des Landesherrn wegen der Kammergüter oder der Bewohner derselben gegen den Landesherrn wahrnehmen könnten; es würde selbst widersinnig gewesen sein, wenn die Stände vom Landesherrn das Vertrauen gefordert hätten, daß sie ihre und ihrer Hintersassen Rechte vertreten, diese aber nicht auch ihm dieses zugetraut und daher seine Domanial- und seiner Hintersassen Interessen zu vertreten, sich hätten anmaßen wollen. Es folgt daher aus den Verhältnissen selbst, daß es für die Kammergüter keine Landstände geben konnte, und daß mithin die Landeshoheit und also auch das Besteuerungsrecht in Ansehung der Kammergüter eben so wenig an den, aus der landständischen Mitwirkung entstehenden Beschränkungen gebunden war [83]), als die Landesherrn in Ländern, welche überall keine Landstände hatten. [84]) Das Besteuerungsrecht in Ansehung der Kammergüter ist ganz mit Unrecht oft als ein Ausfluß der Grundherrschaft, als ein Dominialrecht angesehen. Das-

---

[83]) Pütters Beitr. S. 184. Häberlin Hndb. d. deutsch. St.-R. Thl. II. S. 75. Posse a. a. O. S. 201: In mehreren Ländern ist bei Anerkennung des landständischen Steuerbewilligungsrechts von demselben das davon unabhängige Besteuerungsrecht des Landesherrn in Ansehung seiner Kammergüter und deren Einwohner ausdrücklich ausgenommen, z. B. in den 1460 bestätigten Privilegien der Stände der Herzogthümer Schleswig und Holstein („uth bescheden unse egen Bon„den vnde Lasten de unversettet und unverpeutet sin„). Erblandesgrundgesetzlicher Vergleich für die Herzogthümer Mecklenburg von 1755 §§. 191 u. 192.

[84]) Moser L. H. in Steuersachen S. 435. Pütter's auserlesene Rechtsfälle Thl. III. S. 558 ff. Häberlin a. a. O. S. 245. Gönner Staatsrecht §. 249.

selbe würde, wenn dies der Fall wäre, auch den Rittergutsbesitzern zustehen und ist daher dasselbe ebensowohl wie in Ansehung der übrigen Landestheile, ein Ausfluß des Landesherrlichen Besteuerungsrechts, zu dessen Begriff die Einwilligung der Landstände überhaupt nicht gehört, sondern bei dessen Ausübung nur in so weit eintritt, als sie Rechte zu vertreten haben, dieses aber in Ansehung der Kammergüter der Fall nicht ist.

§. 24.

3. Grundsätze über die Erweiterung des Einwilligungsrechts der Landstände.

Die vielfach erörterte Frage: ob und in wie fern der Regent berechtigt ist, das bisher freie Landesherrliche Besteuerungsrecht durch ein, den Landständen zugestandenes, Einwilligungsrecht zu beschränken? gehört dem Besteuerungsrecht nicht eigenthümlich an, sondern überhaupt in die Lehre von der Befugniß des Landesherrn, die Landeshoheit zu beschränken, und liegt daher ihre nähere Erörterung um so mehr außer den Grenzen dieser Bogen, je mannigfacher die dabei eintretenden sowohl politischen, als rechtlichen Gesichtspunkte nicht blos überhaupt, sondern auch nach der Individualität der Staaten sind. Der politische Gesichtspunkt: Ob große Staaten unter einem beschränkten oder nicht beschränkten Besteuerungs-Recht des Regenten gesunken oder gestiegen, oder auch nur sich erhalten haben oder mächtiger und glücklicher waren? gehört in keinem Fall hierher. Der rechtliche würde hier zu weit führen. Damit indessen dieser Gegenstand nicht ganz übergangen werde, mögen hier die als Resultate des deutschen Staatsrechts in einem der ausgezeichnetsten jüngsten Lehrbücher desselben [85]) aufgestellten Grundsätze angeführt werden. Sie sind folgende:

I. „Alles, was aus den Reichs-Gesetzen nicht aus „der landesherrlichen, sondern aus der reichsständischen „Eigenschaft abgeleitet wird, ist einer Beschränkung durch „Landstände nicht unterworfen, da sie ihrem Begriffe nach „nur auf Territorial-Verhältnisse wirken.“

II. „Bei wahren Landes-Sachen kann der Landes„herr sich verbinden, den Beirath der Stände einzuholen, „welcher aber mit Einwilligung nicht zu verwech„seln ist.“

III. „Wenn bei schon vorhandenen rechtsgültigen Be„schränkungen der Landesherrlichen Gewalt nur die Mo„dalitäten derselben bestimmt worden; so steht der Gültig„keit der Landesrezesse nichts im Wege; darunter sind die „auf landständische Collegial-Verfassung sich beziehenden „Gegenstände zu rechnen.“

IV. „Alles, was nicht sowohl auf die Regierungs„rechte, als vielmehr auf das Familien-Eigenthum wirkt, „kann vom Landesherrn mit agnatischer Beistimmung „an landständischen Consens beschränkt werden, wohin Lan„des-Veräußerungen und Veräußerung und Verpfändung „des Kammerguts gehören, letztere um so mehr, weil auf

---

[85]) N. T. Gönner Teutsches Staatsrecht (Landshut 1804) §. 256: in welchen Fällen ein Landesherr durch Partikulargrundgesetze eines Landes an den Consens der Landstände gebunden werden könne?

„den Kammergütern ohnehin ein Theil der Landeslasten „haftet.“ [86])

V. „In zufälligen Hoheitsrechten und selbst

VI. „in wesentlichen Hoheitsrechten, sofern es nur „zufälligen Punkten in der Ausübung gilt, kann sich der „Landesherr an Concurrenz der Stände binden.“

VII. „Eben dieses tritt in jenen Fällen ein, welche „die Reichsgesetze selbst von einer Uebereinkunft des Lan- „desherrn und der Unterthanen abhängig machen; daher „1) Verträge über Einführung einer Religions-Uebung, „2) Verträge, wenn bei Klagen gegen die landesherrliche „Kammer auch aus inappellablen Landen die Appellation „an die Reichsgerichte vorbehalten wird.“

VIII. „Dagegen sind ungültig alle Bewilligungen, „welche den Reichsgesetzen [87]) widersprechen, besonders

1) „welche den Landesherrn an Erfüllung seiner Reichs- „Verbindlichkeiten hindern,
2) „welche den Landständen unerlaubte Verbindungen,
3) „Nachsuchung auswärtigen Schutzes,
4) „die alleinige Disposition über die Landes-Steuern „erlauben wollten.“

IX. „Da Landstände nur zum Besten des Landes „handeln können; so sind alle Verträge ungültig, worin

---

[86]) Dieser Fall dürfte eigentlich gar nicht hierher gehören, weil er nicht die Landeshoheit, sondern das Vermögen des Landesherrlichen Hauses und daher einen Vergleich mit demselben betrifft, und überdem die auf den Kammergütern haftenden Landeslasten auf den neuen Besitzer übergehen.

[87]) Gegenwärtig also den Beschlüssen des deutschen Bundes.

„sie ihren Privatvortheil an die Stelle der Landes-Wohl-„fahrt setzen.“

X. „Wesentliche Regierungsrechte kann der „Landesherr an den Consens der Landstände „nicht binden, denn

1) „die Landeshoheit, als Reichs-Anstalt betrachtet, kann „von dem Landesherrn durch ihre Bedingung an den „Consens unberufener Subjecte ohne Zustimmung „Kaisers und Reichs in ihrer Wesenheit nicht ver-„ändert werden.[88])

2) „die teutsche National-Kraft ruhet in den Territorien, „diese durch eine gute Regierung zu erhöhen, ist Pflicht „der Landesherrn, an deren Erfüllung sie sich „durch übermäßige Beschränkungen ihrer „Hoheitsrechte nicht selbst hindern dürfen,

3) „darum ist auch der Kaiser verpflichtet, nicht zu er-„lauben, daß Jemand, wer der auch sei, dem Lan-„desherrn vor- oder eingreife [89]),

4) „daß ein Landesherr das Land selbst abtreten kann,

---

[88]) An die Stelle der ehemaligen Reichs-Verfassung ist gegenwärtig die Bundes-Verfassung getreten.

[89]) Kaiserliche Wahl-Capitulation (v. 1790 u. 1793) Art. 1. §. 8: „Wir wollen weder den Reichsgerichten, noch „sonst Jemanden, wer der auch sei — gestatten, daß den Stän-„den in ihren Territorien, in ihren Landeshoheits- und Regie-„rungs- besonders in Religions- Polizei- Kameral- Militair-„Justiz- Lehens- Kriminal- und Gnadensachen, es geschehe un-„ter welchem Vorwand es wolle, wider die Reichsgesetze- den „Friedensschluß oder rechtmäßige und verbindliche Verträge „vor- oder eingegriffen werde.“

„beweiset gar nicht, daß er wesentliche Hoheitsrechte „an Landstände zu veräußern befugt sei[90]), denn im „ersten Fall ändert es das Wesen der Landes„hoheit nicht ab, welches aber im zweiten „Fall sichtbar geschiehet.“

XI. „Aus allen diesem erhellet, daß der Landesherr „1) in seiner reichsständischen Eigenschaft bei Reichs- und „Kreissachen (gegenwärtig also in seiner bundesfürstlichen „Eigenschaft in Bundessachen), 2) in Bündnissen, 3) in „der Gesetzgebung, 4) in der Organisation der Staats„ämter, 5) in Leitung der Anstalten zur Erhöhung der „Staatswohlfahrt, 6) in der Polizeigewalt, 7) Criminal„gewalt, 8) in den Rechten über die Religionsübung, „9) in Erfüllung seiner reichsconstitutionsmäßigen Ver„bindlichkeiten an den Consens der Landstände we„der gebunden sei, noch durch Landesverträge „gebunden werden könne.“

Der Verfasser erörtert demnächst im §. 244. ausführlich auch die Verbindlichkeit des Regierungs-Nachfolgers aus solchen beschränkenden Concessionen nach Verschiedenheit, ob sie das Familiengut des Landesherrlichen Hauses betreffen, oder ob sie eigentliche Regentenhandlungen sind. In Ansehung der Regentenhandlungen stellt derselbe folgende Grundsätze auf. „Sie haben

---

[90]) Königl. Preußisches Haus-Gesetz vom 6. Nov. 1809 §. 1: „Es hat bei den Haus-Verträgen und Grundgesetzen „Unsers Königl. Hauses, in so weit solche die Untheilbarkeit „und Unveräußerlichkeit der Souverainetätsrechte „betreffen — sein Verbleiben.“

a) „entweder auf das Familieneigenthum keinen „Bezug und diese muß der Nachfolger anerkennen, so „weit daraus ihrer Natur nach eine Verbindlichkeit auf „den Staat übergeht; daß er demnach Gesetze, Orga„nisation der Staatsbehörden abändern, Privilegien wider„rufen könne, läßt sich eben so wenig bezweifeln, als daß „er Gnadenbezeugungen anerkennen, Volljährigkeits-Erklä„rungen, Staatsdienern die verliehenen Ehrenvorzüge sammt „einer angemessenen Pension lassen müsse, dagegen ist er „an Gnadenbezeugungen, die erst nach dem Tode des „Verleihers wirksam werden, nicht gebunden.“

b) „Stehen die Regentenhandlungen in einer „Beziehung auf das Stamm-Eigenthum; so muß „man die verschiedenen Handlungen nach ihrem Gegen„stande näher betrachten.“

1) „Das Regierungsrecht selbst gehört zu den „Regierungsrechten des regierenden Hauses und „eine durch Landstände ganz oder zum Theil nicht „beschränkte Landeshoheit ist von einer beschränk„ten so sehr verschieden, daß neue Beschränkun„kungen derselben als Veräußerungen zu be„trachten und für den Nachfolger nur dann ver„bindlich sind, wenn die Gesammtheit der Fa„milie consentirte.“

Hier ist gerade der Sitz des Irrthums derjenigen, die jede vom Regenten vorgenommene Beschränkung der seinem Hause zustehenden Landeshoheit als verbindlich für den Nachfolger ansehen, dagegen aber in Ansehung der Verfügungen über das Familiengut entgegengesetzter Meinung sind. Es liegt hier offenbar eine Unkenntniß der deutschen Geschichte und Verfassung und des Ursprungs und der Natur der Landeshoheit der deutschen Fürstenhäuser und eine Reminiscenz an das philosophische allgemeine Staatsrecht zum Grunde. Es wird hierbei ganz übersehen, daß die Landeshoheit (das Regierungsrecht) dem regierenden Hause verliehen ist und zusteht und daher zu den Familienrechten desselben gehört, aber, wie Gönner mit Recht bemerkt, eine durch Landstände ganz oder zum Theil nicht beschränkte Landeshoheit, von einer beschränkten so sehr verschieden und so sehr eine andere als die dem landesherrlichen Hause zustehende ist, daß neue Beschränkungen derselben offenbar Veräußerungen der Rechte des Hauses sind. Diese Natur der Landeshoheit wird von der entgegengesetzten Ansicht durchaus übersehen und das Phantasiegebilde der Uebertragung der Landeshoheit durch das Volk vorausgesetzt und auf diesem Wege zu dem Resultat gelangt, daß der Regent kein Domanial-Grundstück, wohl aber Gerechtsame des wichtigsten Hoheitsrechts veräußern könne. Diese Ansicht widerstreitet geradezu den in Deutschland stets angenommenen Grundsätzen und der durch Beläge aus allen Ländern belegten Geschichte. [91]) Nachdem Gönner den Gegenstand der Schulden näher erörtert hat, kommt er auf

---

[91]) Ich benutze übrigens diese Veranlassung, um zu bemerken, daß die Tübingische Juristen-Fakultät in ihrem Gutachten in der Hannoverschen Constitutions-Angelegenheit meine, in der Erörterung über die Verbindlichkeit eines deutschen weltlichen Reichsfürsten aus den Handlun-

6) „Administrations-Gegenstände und urtheilt „darüber, daß sie für die Lebenszeit des Regenten von „seinem Wohlgefallen abhängen, und sofern sie die Sub-

---

gen seines Vorfahren (Neustrelitz 1800, 4.) §. 75 u. 80 geäußerte Ansicht, daß der Nachfolger durch seines Vorfahren Verträge und Vergleiche mit den Landständen verpflichtet sei, auf eine auffallende Art mißverstanden hat, indem ich diesen Grundsatz keinesweges so unbeschränkt, sondern, wie aus den folgenden §§. hervorgeht, unter eben den Beschränkungen, wie Gönner, behauptet habe, auch aus der Art, wie derselbe auf meine Erörterung Bezug nimmt, sich ergiebt. Es giebt kaum ein deutsches Land, aus welchem hierüber nicht Beläge vorhanden wären. Dahin gehört insonderheit der von dem Herzog von Würtemberg 1770 mit den Landständen geschlossene Erbvergleich, welchem der Kaiser auf ein ausführliches Gutachten des Reichshofraths die Kaiserliche Bestätigung versagte, „da er in mehreren Punkten von der bisherigen Verfassung abweiche und den Rechten der „Agnaten zu nahe trete." Der Reichshofrath rechnete zu diesen Punkten insonderheit die Bestimmung, daß der Herzog die Verfügungen an den Kirchenrath nicht unmittelbar, sondern nur durch das geheime Raths-Collegium erlassen wolle „— wodurch der Herzog sich allerdings in seinen „landesherrlichen Gerechtsamen etwas, so ihm bis „anhero zugestanden hat, vergebe, womit derselbe „demnach seinen künftigen ex pacto et providentia „majorum succedirenden Agnaten unmöglich prae„judiciren könne." Da der Herzog in dem Vergleich den Ständen auch eine Mitwirkung an der Aufrechterhaltung des Landesherrlichen Schulden-Tilgungsplans zugestanden hatte; so fuhr der Reichshofrath in seinem Gutachten fort: „Ob„wohl nun sonst keinen Landständen gebührt, sich „um die Cameral-Schulden seines Regenten zu be„kümmern oder ihm darin Maaß und Ziel zu „setzen; so scheint doch desfalls allerdings in diesem Herzog„thum aus oben angeführten Ursachen (weil die Schuldenlast „dieses damals kleinen Landes schon 5 Millionen Gulden be-

„stanz nicht angreifen, von allen Anfechtungen des „Nachfolgers frei, dagegen aber 7) wenn sie die Substanz

---

„trug) eine Ausnahme zuzulassen und daher die Uebereinkunft „so lange der damalige Herr Herzog regiert, zu be„gnehmigen und nur zu wünschen, daß derselben nachgegangen „werde, wo es übrigens, wenn dieser Punkt zur Ausführung „kommen wird, darauf ankommen wird, ob die Landschaft den „Consens der Herrn Agnaten hierzu auszuwirken „vermögend sein werde.“ Der Reichshofrath schloß sein Votum ad Imperatorem dahin, „daß in dem Landes-Ver„trage verschiedene (darunter besonders die oberwähnten) „Stellen vorkommen, durch welche den zukünftigen ex pacto „et providentia majorum folgenden Agnatis neuerliche, in den „vorigen Recessen nicht befindliche, mithin von ihnen aner„kannte Einschränkungen der jedem Landesherrn „von sonst zustehenden jura superioritatis und „derselben Folgen gemacht werden, und daß da„her die Agnaten zu demjenigen, was über die „vorigen Recesse diesem Vertrage neuerdings „beigerückt worden, verbunden.“ (Das Gutachten ist in: Spittler's Sammlung einiger Urkunden und Actenstücke zur neuesten Würtembergschen Geschichte S. 97 bis 132, Göttingen 1790) abgedruckt. Bekanntlich versagte der Kaiser die Bestätigung bis zur Beibringung des Agnatischen Consenses. Soviel den Mecklenburgischen Landesgrundvergleich von 1755 betrifft; so ward zu demselben ebenfalls der Consens und die Unterschrift sämmtlicher Agnaten und des Vormundes der Minderjährigen erfordert. So sind auch in andern Ländern die Recesse und Verträge mit den Landständen von den Agnaten mit vollzogen, z B. des Churfürsten Joachim I. von Brandenburg Receß wegen der Schulden und Steuern von 1534: „Und Wir Joachim der „Jüngere und Johannes Gebrüder Marggrafen zu Branden„burg ꝛc. bekennen — für Uns und Unsere Nachkommen, daß „solches mit Unserm guten Willen, Wissen und Vollworde ge„schehen und haben des zu Bekenntnus und Sicherheit Unser „itzlicher sein Insiegel zu Unsers freundlichen lieben Herrn und

„selbst angreifen, Veräußerungen und folglich für den Nach-
„folger unverbindlich sind.“

„Vaters Insiegel das alles wie oben geschrieben ist, zu hal-
„ten, also wohlbedächtiglich und wissentlich lassen hangen (Mylii corp. const. marchicarum T. VI. S. 317). Des Chur-Prinzen Johann Sigismund's Revers vom 12. März 1602: „Vor Unß und Unsere Erben alß der Durchl. 2c. Jo-
„hann Friedrich Churfürst 2c. Unser gnädiger Herr Vater de-
„nen sämmtlichen Landständen der Chur- und Marck Br. nicht
„allein die alten Reverse und Privilegia — confirmiret, son-
„dern auch den Revers in ettwas erweitternde und erklährende,
„des soll es alles mitt Unser guten Willen und Wissen zuge-
„gangen. Wir wollen auch dasselbe alles, was Jhro 2c. verspro-
„chen und zugesaget, auch für Unser Person halten und dem-
„selben nachkommen (daselbst S. 170). Des Chur-Prinzen Revers Donnerstag nach Oculi 1602: „Demnach der
„— Herr Joachim Friedrich 2c. Churfürst — aus erheblichen und
„bewegenden Ursachen dem Punkt, darinn von Einlagern und
„Leistungen — den neuen Revers inseriren lassen, Bedenken
„getragen und aber weil die Landstände allerseits darauff gar
„hart gehalten, sich gnädigst erklähret, daß nicht minder J. G.
„in der Chur- und Marckgr. Brandenburg wollten die Einla-
„ger und Leistungen ungehindert gestatten, auch die Landstände
„um mehrerer Gewißheit willen, darüber einen Schein gesucht
„und gebethen, — daß Wir ihnen denselben allerseits hiemit er-
„theilet haben. Es wird auch J. G. derselbigen erfolgten
„Erklährung wohl nachkommen“ (ebendaselbst S. 170). Revers des Churfürsten Johann Sigismund an die Landstände der Mark Brandenburg vom 5. Februar 1615: „Haben die Anwesenden von Ständen Jhro Churfürstl.
„Gnaden gebeten, daß J. C. G. nebenst Dero freundlichen
„geliebten elttern Sohn ihnen die vorigen Reverse und pri-
„vilegia von wordten zu wordten an izo confirmiren wolten,
„alldieweil den J. Ch. G. solch suchen und Bitten der Stände
„vor recht und billig erachtet; so sollen demnach jetzt berührte
„Reverse und privilegia hiemit und in Craft dieses alles ih-
„res Inhalts, wie auch insonderheit der Religion halb, der-

Da die hier angeführten Grundsätze nicht allein während der Reichs-Verfassung sowohl vom Reich und von den Reichs-Gerichten, als in den einzelnen deutschen Ländern angenommen, sondern auch in der Bundes-Verfassung wesentlich erhalten sind, auch diejenigen sind, nach welchen die Zulässigkeit der Erweiterung der landständischen Einwilligung in Steuern zu beurtheilen ist; so schien eine Bezugnahme auf dieselbe angemessener, als eine ausführlichere besondere Erörterung dieses Gegenstandes.

§. 25.

4. Grenzen des landständischen Einwilligungs-Rechts.

Die Erhaltung, der Schutz und das Wohl des Volkes und des Landes ist dem Regenten, seinem Gewissen, seiner Fürsorge und Weisheit von dem Herrscher aller Herrscher anvertrauet, und er demselben zur Verantwortung und zur Rechenschaft verpflichtet.

Bei einem so hohen Beruf und einer so schweren Verantwortlichkeit ist dem Regenten die Ansicht und der

---

„gestalt erneuert, confirmiret und bestättigt sein," (daselbst S. 259). In eben dem Sinne erklärte der Churfürst Friedrich Wilhelm den Landständen unterm 15. März 1668: „Weil die Zollgerechtigkeit als ein sonderliches hohes Regale „von der Römisch Caiserl. Majestät Sr. Churfürstl. Durch„lauchtigkeit dem sämptlichen Chur-Hause Brandenburg er„theilt worden, daher Sr. Churfürstl. Durchlauchtigkeit zu „Nachtheil Dero Churhauses hierüber nichts nachgeben, noch „verhängen können" (daselbst Tom. IV. S. 105).

Rath erfahrener Männer allerdings Bedürfniß. Wenn aber ihre Ansichten und Rathschläge mit der Ueberzeugung des Regenten nicht übereinstimmen und er auch nach ihrer reiflichen Prüfung noch die gewissenhafte Ueberzeugung hat, daß durch die von ihnen vorgeschlagenen Maaßregeln allein die dem Lande drohenden Gefahren von demselben nicht abgewendet werden können; so kann von der Ausführung einer mit des Regenten Ueberzeugung in Widerspruch stehenden Maaßregel die Rede nicht sein. Wenn aber vollends der Regent eine Maaßregel für nothwendig für das Wohl und die Erhaltung des Landes oder die Unterlassung derselben nachtheilig für dasselbe hält und bei der Nähe der Gefahr der Rath oder die Zustimmung derer, deren Zustimmung für Anordnungen in Gegenständen, welche ihre eigenen und der übrigen Unterhanen Privatrechte betreffen, nach der Landes-Verfassung erforderlich ist, nicht eingeholt werden kann?

Die oberste Staats-Gewalt ruhet allein in der Hand des Fürsten — es giebt Verhältnisse, in welchen das dominium oder das imperium eminens sich äußert; selbst ganze Verfassungen oder wichtige Bestimmungen derselben oder Rechte einzelner Klassen der Unterthanen sind wegen des Staatswohls nicht aufrecht erhalten, eine weit geringere Abweichung von der Verfassung würde es aber sein, wenn in diesen, für die Erhaltung des Landes und der Unterthanen dringend gefahrvollen Verhältnissen, der Regent, da mit Beobachtung der verfassungsmäßigen Form die Gefahr vom Lande nicht abgewendet werden kann, das, wodurch sie abgewendet werden kann, aus landesherrlicher Machtvollkommenheit anordnet.

In Deutschland fehlt es nicht allein nicht an Beispielen, in welchen dies geschehen ist, sondern es war auch in Fällen, in welchen den Ständen ein Einwilligungsrecht zustand, in der Wirklichkeit desselben nicht ein so absolutes, weil nach deutscher Verfassung der Landesherr berechtigt war, die Ergänzung der Einwilligung derselben bei einem der höchsten Reichsgerichte zu bewirken.[92])

So viel insonderheit das Besteuerungsrecht betrifft; so hat „der Herrschaft und des Landes Noth" bereits in den ältesten Zeiten zu den Fällen, in welchen der Landesherr berechtigt war, auch ohne Bewilligung der Stände Steuern auszuschreiben, also zu den nothwendigen Steuern gehört.[93]) Dieser Grundsatz hat in der weiteren Ausbildung der Reichs-Verfassung sich nicht allein erhalten, sondern auch überhaupt die Versagung der Einwilligung durch die Unterwerfung derselben unter die Prüfung und Entscheidung des Kaisers eine dem Wohl des Landes angemessene Richtung erhalten, und dasselbe vor den Nachtheilen einseitiger und befangener Ansichten ver-

---

[92]) Pütter inst. jur. publ. §. 204 ff. Leist Lehrbuch des deutschen Staatsrechts §. 208. Moser Landeshoheit in Steuer-Sachen S. 798. Schnaubert Staatsrecht der gesammten Reichslande §. 290.

[93]) Vergl. §. 5. und 6., auch in einzelnen Ländern, z. B. im Neumärkischen Landtags-Abschied von 1611: „kündliche der Herrschaft in des Landes Noth."

sichert [94]), und war daher die Ergänzung der Einwil-

---

[94]) Moser von der Reichsstände Landen S. 841. Es ist möglich, daß man nicht Zeit hat, erst Landtage auszuschreiben und auf selbigen zu handlen: aber davon ist (hier) die Frage nicht, sondern ob wirklich eine solche Noth vorhanden oder nur zum Vorwande genommen werde? Moser von der Landeshoheit im Steuer-Wesen S. 442. Gleichwie es aber überhaupt heißt: necessitas non habet legem, so geht es auch mit dem Besteuerungsrecht in Nothfällen, zumahl in Landen, wo der Regent nicht selbst gegenwärtig ist oder sonst in Ausübung seines Regentenberufs durch eine feindliche Uebermacht gehindert ist, — da dürfen und müssen die Landes-Vorsteher anch hierinn zugreiffen. — Eines gleichen Rechtes aber bedient sich sodann auch der Landesherr in dergleichen Fällen, mittelst einseitiger Ausschreibung der Nothdurft ohne Zuziehung der Landstände, doch im Uebrigen auf eine der Landes-Verfassung gemäße Weise S. 589. Neue Steuern oder der alten Erhöhung — kann — nur — — auf allgemeinen Landtagen — und nicht von Ausschüssen bewilligt werden — doch können sich zwei Umstände ereignen, da ein Ausschuß weiter gehen kann, nemlich 1) eine unvermeidliche Noth und Gefahr des Vaterlandes, wo in der Eile oder sonst nach Beschaffenheit der Umstände kein Landtag zusammengebracht werden kann, da es dann heißt necessitas non habet legem und wie solchen Falls ein Landesherr selbst, ohne sich eines gerechten Vorwurfs auszusetzen, mehr als zu andern Zeiten thun darf, als solch ein Ausschuß, nur muß es eine wirkliche, nicht aber bloß angegebene und eine nahe Gefahr sein, welche nicht einmal eine Rückfrage bei dem Landtage verstattete. Reichshofraths-Conclusum vom 17. Febr. 1673, in Sachen der Fürsten von Ostfriesland wider die dortigen Landstände (Moser in Steuer-Sachen S. 90.) und Reichshofraths-Urtheil v. 1. Oct. 1688, daß in Collecten und Steuern, wenn solche anzulegen vonnöthen, jederzeit das Ausschreiben auch dem Landtage undisputirlich zukomme, jedoch daß ohne auf den Landtägen erforderlichen Consens und Bewilligung der Landstände (welchen sie gleich-

ligung der Landstände nicht blos auf den Fall der Noth,

wohl in denen die allgemeine Wohlfahrt und vor Augen stehende Landesgefahr betreffenden, viel weniger in dem Ihro Kaiserl. Majestät zur Defension des Rechts oder andern Nothdurften bewilligten Anlagen nicht verweigern sollen), keine Collecten, Steuern rc. angelegt werden sollen. (Moser a. a. O. S. 92.) Reichshofraths-Conclusum in Sachen der Landstände von Jülich und Berg wider den Churfürsten von der Pfalz vom 6. Mai 1686: Denn der ganze Streit flösse hauptsächlich daher, daß die Stände vermeinten, in Einwilligung zur Landesnothdurft eine ganz unbeschränkte Freiheit zu haben, eine solche unbeschränkte Freiheit sei aber mit der Reichsverfassung, dem Westphälischen Frieden und den übrigen Reichsgesetzen nicht zu combiniren, sondern denenselben und sonsten aller Regierungsform und allgemeiner Observanz schnurstracks zuwider, und wollten Ihro Kaiserl. Majestät die Stände von diesem ganz irrigen Princip abzustehen hiermit nochmals ermahnet haben — und so wie sie ungeachtet aller Vorstellungen des Churfürsten — durch ihre unerklärliche Erfüllung zu einseitiger Ausschreibung des zur Bestreitung der keinen Verzug leidenden Landes-Vertheidigung und Erfordernisse quanti postulati den Churfürsten selbsten veranlaßet, folglich dieses alles ihrer eigenen Schuld allein beizumessen haben, als- besonders J. K. M. bei dem bereits ausgeschriebenen quanto und deshalb anerbotenen Revers provisorie und dergestalt sein Bewenden habe, daß es ihnen in ihren sonstigen Gerechtsamen allerdings nie nachtheilig sein solle — — es bedürfe daher keines weiteren Processes mehr, sondern die Landstände werden, da bei ihnen weder die so oft ergangenen Ermahnungen zur Güte, noch auch des Herrn Churfürsten Willfährigkeit, nichts verfangen wolle und man sich ihrer Seits in puncto collectarum nur immerfort auf eine ganz unbeschränkte Freiheit berufe, vom Landtag wegen unzulänglicher und sonsten unanständiger Instruc-

sondern auch bei dem des Wohls des Landes zugelassen.[95])

---

tion gehen, mithin die Landtags-Negotia theils verzogen und theils gar gestecket, dadurch aber nur viele Diätengelder umsonst verursachet und sonsten auch zum Theil mit ganz ungeziemender Animosität sich aufgeführt, als wollten Ihro Kaiserl. Majestät sie nochmals Reichsväterlich und alles Ernstes hiermit vermahnt haben, Dieselbe hierinnen nicht ferner zu behelligen — hingegen friedliebende Deputirte zu gebrauchen und der von ihrem Landesherrn zur Güte und Sanftmuth bisher bezeugten landesväterlichen Neigung, wie auch pro Bono patriae tragenden Sorgfalt mit geziemendem schuldigem Respect, Liebe und Gehorsam, gleichwie es treuen Unterthanen obliegt, zu begegnen und Ihm, wie es aller Orten gebräuchlich, mit denen zu Erhaltung von Leut und Lande erforderlichen Mitteln willfährig an die Hand zu gehen. (Moser a. a. O. S. 154.) Auch in Sachen der Landstände des Stifts Basel gegen den Fürstbischof erkannte der Reichshofrath am 10. Januar 1736: Daß, das Recht private gebotene Mandaten betreffend, der Herr Bischof, wie jedem Reichsfürsten vi superioritatis territorialis zusteht, in casibus necessitatis publicae das jus collectandi alleinig ohne der Landstände zu erfordern habenden Consens ungehindert zu exerciren habe — und sei es eine Narrensache, daß sie als Unterthanen ihrem Landesherrn so keck droheten, es von dem Hauptquantum der Steuer abzuziehen oder ihm die Ersetzung der Steuer aufzubürden, so werde ihnen solche Anmaßung verwiesen und alles Ernstes untersagt. (Moser a. a. O. S. 175. So schrieb der Churfürst von der Pfalz 1722 die pro defensione patriae im Herzogthum Jülich und Berg erforderliche und vom Kaiser provisorie gebilligte Summe von 600 Thalern, nachdem er über drei Monat auf den Entschluß der Stände gewartet, aus landesherrlicher Macht aus. (Moser Landeshoheit im Steuerwesen S. 145 und 145, auch S. 256.)

Auch unter der Reichs-Verfassung hat, psychologisch wohl erklärbar, besonders in kleinen Ländern auf Landtagen es nicht an Mitgliedern gefehlt, welche ihren Duodez-Land tag und in demselben sich vorzugsweise berufen wähnten,

[95]) Vergl. Schnaubert Staatsrecht der gesammten Reichslande §. 289. Außerdem kann dem Landesherrn kein unbeschränktes und unbedingtes Besteuerungsrecht, auch wenn die Beiträge zum Wohl des Landes verwendet werden sollen, eingeräumt werden, sondern es kommt auf die Verwilligung der Unterthanen dabei an. Sollten jedoch diese aus bloßem Eigensinn zum wahren Schaden des gemeinen Wohls, zu dessen Erhaltung die Steuern hie und da in Ermangelung eines andern Mittels wirklich vonnöthen sind, versagt werden; so kann auf Ansuchen des Landesherrn die Einwillignng der Landstände und Unterthanen von einem Reichsgerichte nach reiflicher Untersuchung der Sache supplirt werden. Leist teutsches Staatsrecht §. 208. „Gehören Steuern nicht weder nach Reichs- noch Bundesgesetzen und Observanzen zu den nothwendigen; so können sie den Unterthanen wider ihren Willen nicht aufgebürdet werden und diese haben Schutz und Beistand gegen ihre Landesherrschaft bei den höchsten Reichsgerichten zu gewärtigen. Sollte indessen eine Steuer für das gemeine Beste unumgänglich nothwendig sein und dennoch Landstände und Unterthanen ihre Einwilligung verweigern; so kann diese von den höchsten Reichsgerichten allerdings ergänzt werden.“ Steuben Unterricht in Regierungs- und Instanz-Sachen Sect. III. §. 13. und Nebenstunden Thl. II. S. 453. Gönner Teutsches Staatsrecht §. 457: Steuern können in Territorien, welche Landstände haben, nicht ohne deren Beistimmung vom Landesherrn ausgeschrieben werden, doch müssen sie das Nothwendige bewilligen und ungerechte Verweigerungen berechtigen den Landesherrn nicht nur den Consens von einem Reichsgericht ergänzen zu lassen, sondern auch ein Provisorium zu treffen, damit nicht aus Mangel der Finanzen die Staatsverwaltung ins Stocken gerathe.

eine verbesserte Ausgabe der goldenen Bulle, des Westphälischen Friedens-Schlusses und der Kaiserlichen Wahl-Capitulation herauszugeben, und die Reichstags-Versammlung zu erleuchten. Die Nachtheile, welche nicht blos für einzelne Länder, sondern für Deutschland überhaupt aus solchen einseitigen und beschränkten Richtungen hervorgegangen sind, liegen in der deutschen Geschichte, in den Verhandlungen über die neuesten Kaiserlichen Wahl-Capitulationen, in den Archiven der Reichsgerichte und in den Verhandlungen in mehreren Ländern über die Aufbringung der Mittel zu den Reichskriegen und den von Seiten der Stände darüber hin und wieder erhobenen Zweifeln und Ansprüchen vor, die zum Theil so weit gingen, daß, während Hannibal vor den Thoren stand, erst ein förmlicher Landtag hätte ausgeschrieben und Prälaten, Ritter und Städte zu demselben hätten einberufen werden müssen, um quaestionem an et quomodo Hannibal zu vertreiben? verfassungsmäßig zu berathen und zu beschließen.

Obgleich der Grundsatz, daß wenn dringende Noth oder Abwendung einer bedeutenden Gefahr vom Staate eine Maaßregel und die dazu erforderlichen Mittel so dringend erfordern, daß die Beobachtung der, dazu in ruhigen, gefahrlosen Zeiten durch die Verfassung vorgeschriebenen Form durchaus unmöglich ist oder den Zweck vereitlen würde, der Landesherr vermöge seiner Landesherrlichen Pflichten und Rechte ohne Rücksicht auf diese unerreichbare Form die Noth des Landes abzuwehren berechtigt ist, schon im Begriff und Beruf des Regenten und des Staates und selbst der gesunden Vernunft liegt; so ist derselbe dennoch in mehreren Ländern in der Verfassung und in den Landesgesetzen wenigstens so weit ausdrücklich anerkannt, daß in solchen Fällen es des Landtages nicht bedürfe, sondern die Mitwirkung eines ständischen Ausschusses genüge.[96]) Die Veranlassungen zu dieser schriftlichen

---

[96]) Schon in den Mecklenburgischen Landes-Reversalen von 1572 verheißen die Herzöge den Landständen, „die Landräthe in den Land-Sachen in fürfallenden Nöthen zu Rathe zu ziehen" und in den Landes-Reversalen von 1621 Art. 22. „Und wollen wir auch vermöge des Anno 1572 den Landständen gegebenen Assecurations-Reverses die Landräthe zu den Landsachen in fürfallenden Nöthen zu Rath ziehen und gebrauchen" und Art. 37. „Wenn wir uns mit Jemand in Conföderation und Bündniß absonderlich einlassen würden, dazu Unser Landschaft Contribution von Nöthen, wollen Wir die Landräthe alsdann mit dazu ziehen." Da diese Zusicherung einige mahle in dringenden Fällen nicht erfüllt worden und die Landstände darüber beim Reichshofrath geklagt hatten; so erkannte derselbe durch das Conclusum vom 19. Oct. 1724: „Wird authoritate caesarea der Herzog von Mecklenburg angewiesen: in Zukunft — zu den Landsachen die Landräthe in fürfallenden Nöthen und in specie bei Conföderationen und Bündnissen, dazu der Landstände Contribution zu Rathe zu ziehen und zu gebrauchen, da im widrigen Fall die Landschaft dahin etwas zu contribuiren unverbunden sein solle, und wird — authoritate caesarea — weiter verordnet, daß in Zukunft keine allgemeine Landesordnungen ohne der Ritter- und Landschaft oder wenigstens, wenn periculum in mora, derer Landräthe und Engern Ausschusses vorgängige Zuziehung zu errichten. (Auch in dem vom 1. Oct. 1738.) Landesgrundvergleich von 1755. §. 195. — Keine allgemeine Verordnungen zu erlassen, ohne Ritter- und Landschaft auf öffentlichem Landtage oder wenigstens, wenn periculum in mora, die Landräthe und den ganzen Engern Ausschuß darüber mit ihrem Erachten zu vernehmen, und §. 317. (Hagemeister Meckl. Staatsrecht §. 52.: „Bei

Anerkennung waren zwar mannigfaltig, allein so weit ging doch nirgend die Verirrung, daß vom Landesherrn gefor-

---

wichtigen Vorfallenheiten, bei denen wegen Eile die Stände nicht gefragt werden können, sollen doch die Landräthe befragt und zu Rathe gezogen werden.“) Als die Gefahren des dreißigjährigen Krieges dem Niedersächsischen Kreise sich zu nähern droheten und ein Defensionswerk beschlossen ward, forderten der König Christian und der Herzog Friedrich von Holstein 1623 auf dem Landtage zu Kiel die Schleswigischen und die Holsteinischen Stände auf: „aus ihrer Mitte gewisse „Personen zu benennen, welche als ein Plenipotens ver„sehener Ausschuß im Fall erheischender Nothdurft erfor„dert, und von wegen des Landes Wohlfahrt fürfallenden „consultationibus adhibirt werden konnten, und werden, im „Fall dieses nicht geschehe, wenn denn gleichwohl der König „und der Herzog wegen des gemeinen Wesens etwas an„ordnen, es betreffe gleich ferner Contribution, die gleich„wohl außer Nothdurft nicht gefordert werden soll oder an„ders, die Stände sich darauf nichtsdestoweniger gehorsamlich „zu bezeigen wissen.“ (Lünig Collectio nova ꝛc. T. II. S. 934.) Die Stände stellten hierauf den Landesherrn anheim: „Auf begebende eilige Nothfälle mit Zuziehung der „Statthalter und der Landräthe nothwendige und solche An„ordnung zu machen, wie es dem gemeinen Vaterlande er„träglich und erspieslich.“ (Das. S. 941.) Der Herzoglich Braunschweigscher Landtags-Abschied von 1770 eröffnete den Landständen: „Als während des Krieges im Jahre „1758 die damaligen Zeitumstände die Communication mit den „Ständen unmöglich gemacht und zu Abwendung der sonst unver„meidlichen militairischen Executionen eine Vorschußsteuer ausge„schrieben, dadurch aber die Besorgniß erreget ist, als ob dabei „die der getreuen Landschaft aus den Landtagsabschieden zu„stehenden Verwilligungsgerechtsame außer Acht gelassen sei; „so wird von Seiten Seiner Durchlaucht — versichert, daß „künftighin alles dasjenige, was wegen Ausschreibung der „onerum auch in casu belli defensisivi festgestellt werde, ge„halten — und in solchen Nothfällen, wenn Zeit und

dert worden wäre, entweder, aller Unmöglichkeit ungeachtet, förmliche Landtage zu versammlen und in denselben über die gegen den unaufhaltsam in das Land vordringenden Feind zu nehmenden Maasregeln zu berathen und inzwischen demselben und seinen Verwüstungen, Verheerungen und Erpressungen Land und Leute Preis zu geben. Eben so wenig erhob sich der unverständige Zweifel, daß es einen Landesherrn geben werde, der diese letzte Alternative wählen und nicht vielmehr in solchen dringenden, eiligen Nothfällen die zum Schutz und zur Rettung des Landes erforderlichen Maasregeln auch ohne die unerreichbare Form anordnen und benutzen werde. Als im sechs- und siebenzehnten Jahrhundert, um den Schwierigkeiten und Nachtheilen der damals häufiger werdenden Landtage vorzubeugen, für minder erhebliche Gegenstände oder zur Vorbereitung wichtigerer in den mehrsten Ländern ständische Ausschüsse aufkamen, wurden dieselben auch zur Stellvertretung der Landstände in den erheblichern eiligen Gegenständen bevollmächtigt und diese Vollmacht, um da-

---

„Umstände es leiden, einen Landtag auszuschreiben, und wenn „dieses nicht möglich, der größere Ausschuß mit herbeigezogen „und wenn auch dieses nicht möglich ist, der Engere Ausschuß „und der Theil des größeren Ausschusses, welcher in der Nähe „wohnt, mit zugezogen werden soll" (Moser Landeshoheit in Steuer-Sachen S. 603.) Vergleich zwischen dem Herzoge von Würtemberg und dessen Ständen von 1770. §. 5. „Und soll nach Inhalt des Landtagsabschieds von „1739 bei nicht versammletem allgemeinen Landtag allemahl „der größere Ausschuß zusammen berufen werden, um in selbigen mit ihm nach den Zeitläuften auch Umstände des Landes zu vergleichen."

runter jeden Zweifel zu beseitigen, in den Landes-Urkunden um so mehr ausdrücklich ausgesprochen, als derselbe sich schon in den Ländern geäußert hatte, in welchen Landstände die Landtage mehr bezogen, um den Landesherrn zu critisiren, als um ihn in seinem schweren Beruf zu unterstützen. (Anmerk. 94 ff.) Der Grundsatz selbst ist aber stets für gegründet und nothwendig gehalten und haben die Unterthanen und vollends die Landstände das Versprechen des Landesherrn, daß, wenn die Verhältnisse ihm die Berathung mit seinen gesammten Landständen nicht gestatten, er wenigstens einen von denselben selbst gewählten Ausschuß aus ihrer Mitte zu Rathe ziehen wolle, dankbar anerkannt. Als die Ereignisse nach der Auflösung der deutschen Reichs-Verfassung ganze Länder so zersplitterten, daß ihre bisherige Verfassung in den, unter verschiedene Regenten gekommenen, einzelnen Landes-Segmenten nicht mehr bestehen konnte und ihnen allen, die nun einer bestimmten Verfassung beraubt waren, eine neue gegeben werden mußte; so ward die Nothwendigkeit herbeigeführt, diese abgelösten Partikeln in ein gemeinschaftliches Land zu verschmelzen und diesem oft aus den heterogenesten Theilen zusammengesetzten Lande eine gemeinschaftliche Verfassung zu geben, also eine Operation vorzunehmen, die zwar hier unter solchen Verhältnissen nothwendig und ausführbar war, die aber unter entgegengesetzten alle bestehenden Verfassungen auflösen würden und dennoch von vielen für ausführbar gehalten wird, welche den großen Unterschied zwischen zersplitterten Staatsmassen zuzusammen zu fügen oder anzufangen, einen längst geordneten Staat von neuem an zu construiren, nicht begreifen. Das Bestreben der neuen Landesherrn bei diesen neuen gemeinschaftlichen Verfassungen, das Gute und Anwendbare aus den bisherigen Verfassungen dieser einzelnen Länder-Theile beizubehalten, geht auch daraus hervor, daß sie derselben kundige Männer aus diesen einzelnen neuen Landestheilen um so mehr zu Rathe zogen, als ihnen selbst jene Verfassungen nicht genau bekannt sein konnten.

§. 26.

Es bedarf wohl nicht der Bemerkung, daß die Aufbringung der Mittel zur Bestreitung der Staatsbedürfnisse, das Besteuerungs-Recht, und die Mitwirkung der Landstände bei derselben, bei der Abfassung dieser neuen Constitutionen besonders berücksichtigt ward und daß dabei auch der Fall zur Sprache kam, wie es bei dieser Mitwirkung gehalten werden solle, wenn dringende Eile, Noth oder andere Gründe die Zusammenberufung sämmtlicher Stände zu einem allgemeinen Landtage ohne Nachtheile und Gefahren für den Staat nicht gestatten? Wenn schon unter der Reichsverfassung dem Landesherrn gestattet war, in den Fällen, in welchen verfassungsmäßige Beschränkung der Landeshoheit schlechthin unausführbar war und also auch in Fällen, in welchen die Stände nicht versammlet werden konnten, vermöge seiner Landeshoheit ohne ständische Mitwirkung sein Land zu schirmen; so würde er dazu unter der Bundes-Verfassung vermöge der Souveranität und selbst seiner Pflichten gegen den Bund noch mehr berechtigt sein. Um so dankbarer ward daher der Beweis des Vertrauens der Landesherrn anerkannt, daß sie in den Fällen, in welchen ihnen die Berathung mit allen ihren Landständen nicht gestattet sein würde, die vorgängige Rücksprache mit einem bevollmächtigten Ausschusse derselben und dessen Mitwirkung der landesherrlichen Anordnung der, zur Sicherheit des Staats erforderlichen Maaßregeln vorzogen. Daher ward die Zusicherung dieses schon unter der Reichs-Verfassung geltend gewesenen Verfahrens auch in neuern, schriftlich abgefaßten Constitutionen der einzelnen deutschen Länder dankbar anerkannt.

So bestimmt die Königliche Baiersche Verfassungs-Urkunde von 1818 Lit. VII. §. 15. In außerordentlichen Fällen, wo drohende, äußere Gefahren die Aufnahme von Kapitalien dringend erfordern und die Einberufung der Stände durch äußere Verhältnisse unmöglich gemacht wird, soll diesem Commissarius — nach §. 14. hat jede Kammer das Recht, einen Commissarius zu ernennen, welcher gemeinschaftlich bei der Schuldentilgungs-Commission von allen ihren Verhandlungen genaue Kenntniß zu nehmen und auf die Einhaltung der festgesetzten Norm zu wachen hat — die Befugniß zustehen, zu diesen Anleihen im Namen der Stände vorläufig ihre Zustimmmung zu ertheilen. Sobald die Einberufung der Stände möglich wird, ist ihnen die ganze Verhandlung über die Capitalaufnahme vorzulegen, um in das Staatsschuld-Verzeichniß eingetragen zu werden. Königlich

Sächsische Verfassungs-Urkunde von 1831. §. 105. „Ohne Zustimmung der Stäude kann kein Anlehen gültig gemacht werden. Wenn in außerordentlichen, dringenden und unvorhergesehenen Fällen schleunige finanzielle Maaßregeln erfordert werden, zu welchen an sich die Zustimmung der Stände nothwendig ist; so ist eine außerordentliche Stände-Versammlung einzuberufen. Sollten jedoch äußere Verhältnisse eine solche Einberufung durchaus unmöglich machen, so darf der König, unter Verantwortlichkeit des betreffenden Ministeral-Departements, das zur Deckung des unumgänglichen Bedürfnisses unumgänglich Nöthige provisorisch verfügen, auch erforderlichen Falls ausnahmsweise ein Anlehen aufnehmen; es sind aber die getroffenen Maaßregeln, sobald irgend möglich, der Stände-Versammlung und spätestens bei dem nächsten ordentlichen Landtage vorzulegen, nm deren verfassungsmäßige Genehmigung zu bewirken, auch ist selbiger über die Verwendung der erforderlichen Summen Nachweisung zu geben verpflichtet. §. 106. Um die Regierung für unvorhergesehene Ereignisse mit den außerordentlichen Hülfsmitteln zu versehen, ist ein Reservefond zu bilden, welcher in das Budjet aufgenommen und jedesmal bewilligt wird." Das Königlich Hannoversche Grundgesetz von 1833-§. 147: „Anleihen behufs der aus der Generalkasse zu bestreitenden Ausgaben können nur nach erfolgter Bewilligung der allgemeinen Stände-Versammlung gemacht werden. Sollte jedoch wegen außerordentlicher Umstände die ordentliche Einnahme der Kasse so bedeutende Ausfälle erleiden, daß die bewilligten Ausgaben nicht gedeckt werden könnten, oder sollten schleunige Kriegsrüstungen nothwendig geworden sein, — so hat der König, wenn die Stände nicht vorhanden sind, das Recht, auf den Bericht des ganzen Ministerii und nach Anhörung des geheimen Raths-Collegii eine Anleihe zu bestimmen. — Die Verhandlungen über solche außerordentlichen Anleihen sollen jedoch der allgemeinen Stände-Versammlung bei ihrer nächsten Zusammenkunft vorgelegt und derselben nachgewiesen werden, daß die Anleihe nothwendig gewesen und zum Besten des Landes verwandt ist, und soll der Betrag in die Landesschulden-Etats aufgenommen zu werden.“ Hannoversches Landes-Verf.-Gesetz von 1840 §. 122. „Außerordentliche, ihrer Natur nach der ständischen Mitwirkung bedürfende, aber durch das Staatswohl, die Sicherheit des Landes oder die Erhaltung der ernstlich bedroheten Ordnung dringend gebotene gesetzliche Verfügungen, deren Zweck durch Verzögerung vereitelt würde, gehen vom Könige allein aus, dieselben dürfen jedoch eine Abänderung der Verfassungs-Urkunde nicht enthalten und müssen außer Kraft gesetzt werden, sobald die Gefahr beseitigt ist, welche das Gesetz veranlaßt hat. Bei Verkündigungen derselben ist der Grund ihrer Ausnahme von der ständischen Mitwirkung zu erwähnen, auch sind solche den allgemeinen Ständen bei ihrer nächsten Zusammenkunft behufs Wahrnehmung ihrer verfassungsmäßigen Rechte in Beziehung auf das Fortbestehen des Gesetzes, vorzulegen. §. 163. Sollte wegen außerordentlicher Umstände die ordentliche Einnahme der Landes-Casse so bedeutende Ausfälle erleiden, daß sie die bewilligten Ausgaben zu bestreiten nicht vermöchte, oder sollten schleunige Kriegsrüstungen nothwendig werden, zu deren Bestreitung die etwaigen Vorräthe der Kriegscasse nicht hinreichend wären, so hat der König, wenn die Stände alsdann nicht versammelt sind, das Recht, auf den Antrag der zuständigen Minister nach zuvor erfordertem Bericht des Schatzcollegiums und nach Anhören des Staatsraths zur Deckung der bewilligten Ausgaben der Landes-Casse, oder zur Bestreitung der Kosten nothwendiger Kriegsrüstungen Anleihen bis zum Gesammtbetrage von höchstens einer Million Thaler auf den Credit der Landes-Casse zu machen. Die Verhandlungen über solche Anleihen sollen der allgemeinen Stände-Versammlung bei ihrer nächsten Zusammenkunft vorgelegt und ihr nachgewiesen werden, daß dieselben nothwendig gewesen und zum Nutzen des Landes wirklich verwendet worden sind. „Die Königl. Würtembergische Verfassungs Urkunde von 1819. §. 119. „Die Staats-„schuld ist unter der Garantie der Stände gestellt. „§. 187. So lange die Stände nicht versammelt sind, „besteht aus Stellvertretern derselben, ein Ausschuß für „diejenigen Geschäfte, deren Besorgung von einem Land-„tage zum andern zur ununterbrochenen Repräsentation „des Landes nothwendig ist. §. 189. Dagegen kann der „Ausschuß auf Steuerverwilligungen, Schulden-Uebernah-„men und Militairaushebungen nicht anders, als auf „eine vorbereitende Weise sich einlassen.“ (Der Fall der Dringlichkeit und der Unmöglichkeit, die Landtags-Versammlung zeitig genug zusammen zu rufen, ist nicht ausdrücklich erwähnt, und würde daher das unveräußerliche landesherrliche Recht, das imperium eminens eintreten.) Großherzogl. Badensche Verfassungs-Urkunde von 1818. §. 57. „Ohne Zustimmung der Stände kann kein Anlehen gültig gemacht werden. Ausgenommen sind diejenigen Anleihen, wodurch etatsmäßige Einnahmen zu etatsmäßigen Ausgaben nur anticipirt werden, so wie die Geldaufnahmen der Amortisations-Kasse, zu denen sie vermöge ihres Fundations-Gesetzes ermächtigt ist. Für Fälle eines unvorhergesehenen dringenden Staatsbedürfnisses, dessen Betrag mit den Kosten einer außerordentlichen Versammlung der Stände nicht im Verhältnisse steht und wozu das Credit-Votum der Stände nicht reicht, ist die Zustimmung der Mehrheit des Ausschusses hinreichend, eine Geldaufnahme gültig zu machen; dem nächsten Landtage werden die gepflogenen Verhandlungen vorgelegt.“ §. 63. „Bei Rüstungen zu einem Kriege und während der Dauer eines Krieges kann der Großherzog zur schleunigen und wirksamen Erfüllung seiner Bundespflichten, auch vor eingeholter Zustimmung der Stände gültige Staatsanleihen machen oder Kriegssteuern ausschreiben. Für diesen Fall wird den Ständen eine nähere Einsicht und Mitwirkung in der Art eingeräumt 1) daß der alsdann zusammen zu berufende Ausschuß zwei Mitglieder an die Ministerien der Finanzen und des Krieges 2c. abordnen darf, um darauf zu sehen, daß die zu Kriegszwecken erhobenen Gelder auch wirklich und ausschließlich zu diesem Zweck verwendet werden, und daß derselbe 2) zu den wegen Kriegsprästation aufzustellendne Commissarien

Marsch-, Verpflegungs-, Lieferungswesen u. s. w. Mitglieder erneune." Die Chur-Hessische Verfassungs-Urkunde von 1831. §. 94. "Ohne Einwilligung der "Stände kann weder das Staatsgebiet überhaupt, noch "ein einzelner Theil desselben mit Schulden, oder auf son- "stige Art belastet werden." Die Großherzogl.-Hessische Verfassungs-Urkunde von 1820. Art. 71. "In "außerordentlichen Fällen, wo drohende, äußere Gefahren "die Aufnahme von Kapitalien dringend erfordern, die "Einberufung der Stände aber, oder eine vorläufige Be- "rathung mit denselben durch äußere Verhältnisse unmög- "lich gemacht wird, kann die Staatsregierung die erfor- "derliche Summe lehnbar aufnehmen, vorbehaltlich der "Nachweisung ihrer Verwendung und der Verantwortlich- "keit der obersten Staatsbehörde." Sachsen Coburgische Verfassungs-Urkunde von 1821. §. 75. "Eine "Vermehrung der Staats-Schulden soll ohne Einwilli- "gung der Stände nicht vorgenommen werden. §. 105. "Angelegenheiten, welche nicht bis zum nächsten Landtag "ausgesetzt werden können, sind nach vorgegangener Geneh- "migung des Landesherrn zur Ersparung der Kosten eines "Landtags, von dem Ausschuß auf dem Wege geschäftlicher "Circulation an sämmtliche [(17), oder nach Abzug der Mit- "glieder(13)] der Landes-Deputation zur Abstimmung zu brin- "gen." Der §. 65. enthält die Bestimmung: "Ohne Beirath "und Zustimmung der Stände können Gesetze, welche die "persönliche Freiheit oder Eigenthum betreffen, nicht gege- "ben werden." — Dagegen können einzelne Verfügungen in dringenden Fällen, so wie diejenigen besondern

Anordnungen ohne Beirath der Stände getroffen werden, welche sich auf einzelne Fälle — der vorübergehende Ereignisse beziehen, jedoch gelten diese Verfügungen nur für den besondern, dringenden oder einzelnen Fall. §. 66. — und überhaupt in allen Fälleu das Nöthigste zur Sicherheit des Staats vorzukehren. (Der §. 74. Ausnahmen in Ansehung der Bundes-Verbindlichkeiten.) Das Herzoglich Sachsen-Meiningensches Grundgesetz von 1829 §. 42. „Neue Landesschulden, „d. h. solche, wodurch die Masse der bestehenden ver„mehrt, oder die verfassungsmäßige, fortgehende Tilgung „wieder aufgehoben wird, sind ohne ausdrücklichen Con„sens der Landstände ungültig." Herzoglich Braunschweigische neue Landschaftsordnung vom Jahre 1832. §. 180. „Ausnahmsweise müssen ohne Bewilligung der Stände diejenigen außerordentlichen Lasten und Leistungen von dem Lande aufgebracht und getragen werden, welche erforderlich sind, 1) außerordentlicher Weise zur Abwendung einer plötzlichen, allgemeinen Landesgefahr 2) zur Erfüllung der Bundes-Verpflichtungen, wobei dem ständischen Ausschusse die Gründe der diesfallsigen Ausschreiben stets vorgelegt werden müssen. §. 187. Staats-Anleihen können nicht ohne Einwilligung der Stände contrahirt werden. Ueber den Betrag, die Bedingung und die Rückzahlung ist mit den Ständen eine Vereinbarung zu treffen. §. 190. Wenn außerordentliche Ereignisse die zeitige Versammlung des Landtags unthunlich machen, oder wenn Gefahr mit dem Verzuge verbunden ist, und die ordentlichen Bewilligungen und Geldmittel zur Erreichung des Staatszwecks und zur Erhaltung des Staatswohls unzureichend sind, können mit Bewilligung des ständischen Ausschusses 1) die Steuern erhöhet, und neue Steuern auferlegt werden, jedoch nicht länger als auf 6 Monate, und 2) Staatsanleihen bis zum Betrage von 100,000 Thalern geschlossen werden. *) Alle, in Folge einer solchen Uebereinkunft von der Landesregierung getroffenen Maaßregeln und deren Zwecke, sind indeß so bald als thunlich der Stände-Versammlung von der Landesregierung vorzulegen. — Staatsanleihen dieser Art sind gültig, jedoch kann, ehe eine Bewilligung bis zu dem angegebenen Betrage erfolgt ist, ein neues Anlehn, bevor die Stände-Versammlung zusammen berufen worden, nicht gemacht werden.**) Darüber: ob die Versammlung der Stände unthunlich, oder ob Gefahr im Verzuge sei? entscheidet die Landesregierung, jedoch unter Verantwortlichkeit sämmtlicher stimmführender Mitglieder des Staats-Ministeriums, von welchen allen die zu erlassenden Verfügungen zu contrasigniren sind." Die Schwarzburg-Sondershausensche landständische Verfassungs-

*) In wiefern hierbei auf den Betrag des Anlehns und nicht vielmehr auf die Dringlichkeit der Hülfe, auf die nothwendige Stärke derselben und auf die Größe der zu besorgenden Gefahr Rücksicht zu nehmen sei und überhaupt ein maximum bestimmt werden könne, möchte dahin stehen.

**) Wenn aber der Fall der Dringlichkeit und der Unmöglichkeit den Landtag zu versammeln aber wiederkehrt? wie würde jeder Privatmann wünschen, daß sein Bevollmächtigter in einem solchen Falle handelte? etwa daß er lieber den Hof abbrennen ließe, als das in der Instruction bestimmte Quantum des Anlehns überschritte?

Urkunde von 1830 §. 8. №. 5. „Neue Landesschulden können ohne ausdrückliche Genehmigung der Landes-Versammlung nicht gemacht werden, es sei denn, daß die neue aufzunehmende Anleihe zur Bezahlung einer frühern Schuld verwendet werde, oder ganz besondere, dringende Umstände solche erheischen. Wenn der Fall dieser Einwilligung eintreten sollte, soll jede auszustellende Obligation von den drei Mitgliedern des Ausschusses signirt und die Abschrift bei dem nächsten Landtage vorgelegt werden;" — (nach № 4. soll in der Zwischenzeit von einer Lantags-Versammlung zur andern ein Ausschuß von 3 Mitgliedern bestehen.") Die Fürstl. Hohenzollern-Sigmaringensche Verfassungs-Urkunde von 1833 §. 69. "Die Landstände haben das Recht, mit landesherrlicher Genehmigung zu Deckung außerordentlicher Bedürfnisse die Aufnahme von Anleihen auf die Landes-Casse zu bewilligen, so daß ohne ihre Bewilligung keine, die Staatsschuld vermehrenden Darlehne aufgenommen, noch andere die Landes-Kasse beschwerende und nicht durch den bereits genehmigten Etat herbeigeführte Verpflichtungen und Verträge eingegangen werden sollen. Bei Rüstungen zu einem Kriege und während der Dauer eines Krieges kann der Landesfürst zu schleuniger und wirksamer Erfüllung seiner Bundes-Pflichten auch vor eingeholter Zustimmung der Stände gültige Landes-Anleihen machen, oder Kriegssteuern ausschreiben. Für diesen Fall wird jedoch ungesäumt eine Nachweisung über die Verwendung der Gelder der Stände-Versammlung mitgetheilt, und dieselben in außerordentlicher Menge, sobald nur immer möglich, einberufen werden.“ **Fürstlich Waldeckischer Landes-Vertrag von 1816 §. 22.** „Der engere Ausschuß (Deputation) hat die Gewalt in Fällen, denen Gefahr vorzüglich unterliegt, oder die sonst eine eilige Entscheidung erfordern, im Einverständniß mit Uns zu beschließen, und erkennen sämmtliche Landstände dergleichen Beschlüsse als gültig und als von ihnen selbst ausgegangen.“

§. 27.

Eine nähere Erörterung dieses Grundsatzes dürfte bei der unverständigen Kritik der Königl. Preußischen Verordnungen vom 3. Februar 1847 in dem unten angeführten Pamphlet [97]) nicht überflüssig sein. Wir wollen uns mit

---

[97]) Annehmen oder Ablehnen? Die Verfassung vom 3. Februar 1847 beleuchtet vom Standpunkt des bestehenden Rechts von **Heinrich Simon**, Königl. Preuß. Stadtgerichtsrathe a. D. Leipzig 1847. Dagegen erschien aus der Feder einer der höchsten Preußischen Richter, die auf gründlicher Kenntniß der bestehenden Verfassung und der Geschichte gegründete: Widerlegung der Heinrich Simonschen Schrift: Annehmen oder Ablehnen? beleuchtet vom Standpunkt des bestehenden Rechts, welches wesentlich verschieden von demjenigen ist, welches Herr H. Simon dafür ausgegeben hat, **durch einen andern Preußischen Juristen**, (Berlin 1847), deren Resultat wir mit ihren eigenen, durch ihren Inhalt vollständigst gerechtfertigten Worten (S. 17), hier dahin ausheben: „daß der Verfasser rechtlich, wahr „und als treuer Unterthan gehandelt haben würde, wenn er „seine Schrift gänzlich ungeschrieben gelassen hätte, da sie „sowohl factisch, als rechtlich auf durchaus unrichtigen Vor„aussetzungen beruhet, und daher bei der als ihm beiwohnend „anzunehmenden Sach- und Rechtskenntniß ihres Verfassers

der Beurtheilung dieses Musters der Preßfrechheit nicht befassen, da jeder, der nicht ex officio sich damit befassen muß, diese unnütze Schrift mit Erstaunen und Unwillen, aber auch mit Bedauern aus der Hand legen wird und dieselbe überdem vollständig nur aus dem Standpunkte aller vier Fakultäten beurtheilt werden kann.

Wir würden derselben überall nicht erwähnen, wenn sie nicht mit der unverschämtesten Stirne eine so große Unkenntniß und einen solchen Leichtsinn verbände, daß es um so mehr nöthig ist, dem Publikum Beweise derselben vorzulegen, als der Verfasser sie nicht blos in Ansehung dieses Gegenstandes, sondern über den ganzen Inhalt jener Königlichen Verordnungen an den Tag legt, um gegen dieselben aufzureizen.

Wir beschränken uns indessen hier auf die Verirrungen des Verfassers in Ansehung der §§. 5., 6. u. 7. der erwähnten Verordnung und heben deren Inhalt hier aus.

Nachdem der §. 5. der Verordnung bestimmt:

Wenn neue Darlehne von der im §. 4. bezeichneten Art zur Deckung des Staatsbedürfnisses in Friedenszeiten bestimmt sind; so werden Wir solche ohne

---

„für eine absichtliche Verfälschung des richtigen Gesichtspunkts, „von welchem die Verordnungen vom 3. Februar d. J. auch „aufzufassen seien, erachtet werden muß, ein Unternehmen, „dessen höchst bedenkliche Folgen der Verfasser schwerlich er„wogen haben kann, welches aber, wenn er sie erwogen und „bezweckt haben sollte, ihn als den gefährlichsten Menschen „darstellen würde, vor welchem zu warnen, jedes Vernünftigen „Pflicht wäre.“

Zustimmung des vereinigten Landtags nicht aufnehmen lassen —

fährt der §. 6. fort:

Wenn dagegen im Fall eines zu erwartenden oder bereits ausgebrochenen Krieges zur Beschaffung des nöthigen außerordentlichen Geldbedarfs die in Unsrem Staats-Schatze und sonst vorhandenen Reservefonds nicht ausreichen und deshalb Darlehne aufgenommen werden müssen, die Einberufung des vereinigten Landtags aber von Uns in Berücksichtigung der obwaltenden politischen Verhältnisse nicht zulässig befunden werden sollte; so soll bei Aufnahme jener Darlehne die ständische Mitwirkung durch Zuziehung der Deputation für das Staatsschuldwesen ersetzt werden.

Den zu dem gedachten Zweck unter Zuziehung der Deputation aufgenommenen Darlehnen steht ebenfalls diejenige Sicherheit zu, welche in Artikel III. der Verordnung vom 17. Jan. 1820 den Staatsschulden beigelegt ist.

Demnächst ist in §. 7. bestimmt:

Ist ein Darlehn in der in §. 6. bezeichneten Weise aufgenommen, so werden Wir, sobald Wir das Hinderniß der Berufung des vereinigten Landtages für beseitigt erachten, denselben zusammenberufen und ihm den Zweck und die Verwendung des Darlehns nachweisen lassen.

So viel nun die obgedachte Schrift des Herrn Simon betrifft; so ist es nicht zum erstenmal, daß Herr Simon bei bevorstehenden Landtagen in seiner aufgeregten Phantasie Windmühlen erblickt und auf der Stelle, um gegen sie zu fechten, einen Kreuz- und Queerzug beschließt und denselben mit seinem bekannten Feldgeschrei, daß ohne ihn das Vaterland der Despotie erliege, beginnt, welchen er das letztemal an sämmtliche Landstände der Monarchie „ehrerbietigst“, jetzt aber, da er diese, weil sie nicht nach seiner Theorie zusammengesetzt sind, nicht für ordentliche Landstände anerkennt und durch eine Dedication anerkennen würde, gradezu „an jeden Preußen“ richtet und darin auch den Ton verändert, indem es früher nur schien, daß die Regierung die Verfassung verletzt habe, jetzt aber die Ehrerbietung, welche er das erstemal noch den Landständen jeder Provinz bezeigte, der Regierung rundaus versagend, ohne weiteres Federlesen und Umstände rundaus in seinem Feldgeschrei jedem Preußen zuruft: „die Regiernng handle gegen bestehendes Recht und „gegen bestehende Verfassung, sie nehme dem Volke, „ohne es zu hören, seine wenigen ständischen Rechte und „lege der Krone Rechte bei, welche sie nie gehabt; Herr „Simon werde dies nachweisen und seine An- „sicht darlegen, wie **das Volk sich hiergegen „zu verhalten habe.**“ (S. 7.) Wer kommt nicht immer auf die Verlegenheit zurück, aus dem Standpunkt welcher Fakultät der Mann am richtigsten zu beurtheilen ist?

Wir wollen indessen keiner vorgreifen, jede ist competent!, sondern hier nur die „Nachweisung und Ansicht, „welche der Verfasser im **Gesetz** für Recht und Frei- „heit in **Wahrheit** und **Liebe**“ (S. 7.) geäußert hat, vernehmen.

Auch aus den S. 135. ff. über den §. 6. vom Verfasser gemachten Bemerkungen [98]) beschränken wir uns hier auf die über die Bestimmung:

daß im Fall eines zu erwartenden oder bereits ausgebrochenen Krieges zur Beschaffung des nöthigen außerordentlichen Geldbedarfs Darlehne aufgenommen werden müssen, die Einberufung des vereinigten Landtags aber von Uns in Berücksichtigung der obwaltenden politischen Verhältnisse nicht zulässig befunden werden sollte, bei Aufnahme jener Darlehne die ständische Mitwirkung durch Zuziehung der (ständischen, aus 8 Personen bestehenden) Deputation für das Staatsschuldenwesen ersetzt werden solle.

Dies ist dem Verfasser eine so unerhörte Bestimmung und geht „vorzugsweise (S. 148.) so sehr gegen „das bestehende Recht und gegen die bestehende „Verfassung Preußens, nimmt dem Preußischen „Volk so sehr eines seiner wenigen ständischen Rechte und „legt der Krone so sehr ein Recht bei, welches sie nie ge-

---

[98]) Sie beruhen wesentlich theils auf des Verfassers fixer Idee, daß die Preußische Landes-Repräsentation überall nicht gesetzmäßig sei, weil sie nach Ständen und nicht nach Classen eingerichtet sei; über welchen, auf totaler Verwirrung der Begriffe beruhenden Unterschied im 1. Band dieser Abhandlungen einige Bemerkungen enthalten sind und dessen usus practicus dieses Unterschiedes, wie Herr S. ihn fingirt, darin bestehet, daß bei Classen auch er Landtagsfähig wäre, und theils auf seinen auffallend irrthümlichen Ansichten von Domainen. (Vergl. oben S. 81.)

„habt hat, daß der Verfasser sich gedrungen fühlt, dem „Volke seine Ansicht, wie es sich hiergegen zu verhalten „habe, mit dem Gesetz für Recht und Freiheit in Wahr„heit und Liebe darzulegen.“ (S. 7.)

Diese Ansicht faßt der Verfasser S. 142 mit wenigen Worten dahin:

„Das Volk kann daher nicht den **Leichtsinn** „haben, von jenen wenigen ständischen Rechten dieses „wichtige aufzugeben und auf den Vorschlag einzu„gehen, daß anstatt der Reichsstände, statt der Repräsen„tation des Volks, künftig acht, beziehungsweise fünf, „Personen die Berechtigung haben sollen, die Belastung „des Staats mit Schulden zu sanctioniren.[99]) Diese Be„stimmung des Verfassungs-**Entwurfs**“ (so verdreht und entstellt der Verfasser die Königliche Verordnung über den vereinigten Landtag!) „ist mithin vorzugsweise unter „der durch königliches Wort verbürgten Censur und kann „das Volk dieselbe nicht annehmen.“

Welches ist denn der unerhörte s. g. Vorschlag, dessen Annahme Leichtsinn wäre? Des Königs Bestimmung ist, daß, im Fall eines zu erwartenden oder bereits ausgebrochenen Krieges zur Beschaffung des nöthigen außerordentlichen Geldbedarfs die Reservefonds nicht ausreichen und deshalb Darlehne aufgenommen wer-

---

99) Der Verfasser hält, wie wir unten sehen werden, die Preußische, ständische Verfassung besonders deshalb für gesetzwidrig, weil sogenannte „lose Leute“ keine Landstandschaft haben. Die wären allerdings wohl zur Sanctionirnng der Belastung des Staats mit Schulden ganz besonders geeignet!

den müssen, die Einberufung des vereinigten Landtags aber vom Könige in Berücksichtigung der obwaltenden politischen Verhältnisse nicht zulässig befunden werden sollte, bei Aufnahme jener Darlehne die ständische Mitwirkung durch die ständische Deputation für das Staatsschuldenwesen ersetzt werden solle.

Also

1) Ein bevorstehender oder bereits ausgebrochener Krieg, machen einen außerordentlichen Geldbedarf durch ein Anlehn **nothwendig**.

2) Die Einberufung des vereinigten Landtags, ist in Berücksichtigung der obwaltenden polilischen Verhältnisse nicht zulässig.

3) Die Mitwirkung der Stände bei dem Anlehen soll in diesem Fall durch die 8 von den Ständen hinzu gewählten und bevollmächtigten Deputirten aus ihrer Mitte geschehen.

Dies anzunehmen, meint Simon, wäre Leichtsinn und müsse vielmehr vorzugsweise abgelehnt werden. Was aber geschehen soll? darüber äußert er sich nicht. Der Fürst muß die Versammlung des vereinigten Landtags schlechthin zulässig machen, darauf muß bestanden werden. Sechshundert Stimmen sind in regula zu einer Anleihe schlechterdings erforderlich, trotz ihrer heimathlichen Unentbehrlichkeit in Kriegszeiten, trotz der Unmöglichkeit und der dringenden Gefahr für den Staat, im geringsten Verzuge müssen sie, hilft alles nichts, sich in Berlin versammeln, und sollte dies wirklich unmöglich sein; so ist es Leichtsinn, durch acht die Rettung zu erreichen, welche durch sie eben so gut, und vielleicht noch besser, als durch 600 erreicht werden kann, so müssen wir vernünftigerweise das ganze Anlehn aufgeben, das ganze nothwendige, außerordentliche Kriegsbedürfniß unbefriedigt lassen und das Land dem Feinde Preis geben; mag Tilly Magdeburg, Steenbock Altona einäschern, alles besser, als Land und Städte durch Hülfe eines nur unter Mitwirkung von acht ständischen Deputirten aufgenommenen Darlehns zu retten, weil es doch gar leicht denkbar ist, daß die Regierung, um nur quovis modo Geld aufzunehmen, eine gar nicht vorhandene Gefahr vorspiegeln möchte. Also lieber Einäscherungen, Verheerungen, Erpressungen und Niederlagen, pereat mundus et fiat justicia! Wir können Herrn Simon nur einen Mann zur Seite stellen, nämlich den Kammerdiener Philipps III. von Spanien, der, als des Königs Kleider von Kaminfeuer ergriffen waren, ihn zur Hülfe rief, diese aber, weil nach der Hofconstitution nur ein Kammerherr berechtigt sei, den König zu entkleiden, versagte, den Kammerherrn rief, und den König lieber ersticken ließ, als den unerhörten Leichtsinn hatte, ihn hofconstitutionswidrig zu retten. Vollkommene Ebenbilde! Hier ein König, dort Land, Leute und Städte Opfer schroffer Ansichten! Wären aber nicht auch andere Fälle der Unzulässigkeit einer Berathung von fast tausend Männern über Anlehen zum Behuf nöthiger, außerordentlicher Kriegs-Bedürfnisse? Würde Friedrich II. im siebenjährigen Kriege überhaupt oder eher in Dresden haben sein können, als der Feind den vereinigten Landtag in Berlin überraschte, wenn der König ihn zur Berathung über die

Geldmittel herberufen hätte. Wie dankbar würde Napoleon dem Verfassen gewesen sein, wenn er seine, jedem Feinde so nützliche Ansicht, in den Jahren 1812 und 1813, zumal mit Oeffentlichkeit verbunden, hätte geltend machen können.

Wenn der Verfasser in den neuern Constitutionen, die er hier weislich verschweigt, aber wo es ihm frommt, anführt, also sehr wohl kennt, gefunden hat, daß die Bestimmung des §. 6. sich auch in neuern Constitutionen findet und in Ländern, in welchen gesammte Landstände in eben so vielen Tagen, vielleicht Stunden, zusammenkommen können, als in Preußen in Wochen, für dringende, nothwendige Staatsanleihen ständische Ausschüsse angeordnet sind; so hätte doch ein geringer Grad von Ueberlegung ihn auf den Gedanken bringen müssen, wie unentbehrlich und gebieterisch nothwendig sie in der Preußischen Monarchie, sowohl wegen deren ausgebreiteten Umfangs als wegen der geographischen Lage ihrer einzelnen Länder sein müssen.

Allein Herr Simon, anstatt auf die Pflicht der dankbaren Anerkennung dieses neuen Beweises der Königlichen Fürsorge und Neigung, den Rath der Stände, soweit derselbe zu ihm gelangen kann, zu hören, aufmerksam zu machen, läuft in seinem Pamphlet im Lande herum, erfüllt die Nation unwürdigerweise mit Besorgnissen und Mißtrauen gegen die Regierung, unterstützt dasselbe durch selbsterdachte, ganz unpaßende Beispiele, giebt die Bestimmung des Königs für einen Vorschlag aus, für eine Gesetzwidrigkeit, für eine Schmälerung der Rechte der Nation, für einen Vorschlag, welchen anzunehmen sie nicht den Leichtsinn haben könne, und fordert so daher auf, denselben abzulehnen. „Mit Wahrheit dem Volke seine Ansicht darzulegen, wie es sich hiergegen zu „verhalten habe", hat der Verfasser versprochen und sich daher als einen wahrhaften Mann ausdrücklich angekündigt (S. 7), obgleich dies ganz überflüssig war, indem es sich rechtlicher Weise von selbst versteht und häufig sogar die ausdrückliche Zusicherung solcher von sich selbst verstehenden Eigenschaften zum Voraus Bedenken erregt.

Da aber der Verfasser Wahrheit gelobt hat; so hätte er um so weniger so gröblich verletzen sollen. Die Krone hat, sagt er, nie das Recht gehabt in dringenden Nothfällen ohne Zustimmung der förmlichen Landtage Staats-Anleihen zu machen, dies wäre stets ein ständisches Recht des Volkes gewesen (S. 7)? Die ständische Mitwirkung in solchen Fällen durch Ausschüsse wäre etwas Unerhörtes? Warum verschweigt der Verfasser seinen Lesern, daß dies unter der Reichs- und der deutschen Bundes-Verfassung allgemeiner anerkannter Grundsatz war. (S. 25. u. s. f.) „Mit dem Gesetz" will hier der Herr Simon auftreten. Mit welchem Gesetz? Was den Gegenstand selbst betrifft, kann er nicht mit dem Gesetz gehen, weil es über Aufnahme von Staats-Schulden in dem hier in Frage stehenden Fall noch kein Gesetz — das heißt kein geschriebenes, sonst aber wohl das älteste, begreiflichste und weiseste, jetzt im §. 6. des Patents vom 3. Februar schriftlich abgefaßte Gesetz der gesunden Vernunft — gab, der Verfasser aber nicht mit diesem, sondern vielmehr so geradezu gegen dasselbe geht, daß er dasselbe für Leichtsinn erklärt. Der Verfasser kann daher unter dem Gesetz, mit welchem er zu gehen verheißt, nur das Gesetz verstanden haben, innerhalb dessen Gränzen der Staatsbürger seine Zweifel und Bedenken gegen Gesetze und Anordnungen im Staate zu äußern berechtigt ist. Wenige Gesetzgebungen haben darüber so liberale Grundsätze, wie die Preußische, weil nach ihr diese Freiheit so weit reicht, wie die Redlichkeit; die Gränzen dieser Freiheit sind im Allgemeinen Landrecht Theil II. Tit. 20. §. 151. enthalten: Frecher, unehrerbietiger Tadel oder Verspottung der Landes-Gesetze und Anordnungen im Staate, Veranlassung von Mißvergnügen und Unzufriedenheit der Bürger gegen die Regierung, um so mehr also Aufwiegelung und Aufreizung zur Opposition gegen Landes-Gesetze und Anordnungen der Regierung, in welchem Fall das Phamphlet des Herrn Simon sich im hohen Grade befindet, und selbst falsche Angaben nicht verschmähet. Dasselbe unterstützt diese Aufreizung durch die Behauptung (S. 62.), daß im Mittel-Alter die Landstände berechtigt gewesen, „dem Landesherrn, wenn derselbe ihre „Freiheit verletzte, sich ungestraft gewaltsam zu widersetzen" und fährt fort: „Das Recht der Selbst-„hülfe des gesammten deutschen Volks gegen „unrechtmäßige innere Gewalt wurde noch durch „den Westphälischen Frieden Art. 17. §. 6. an-„erkannt." Dieser angegebene Inhalt des oben angeführten §. 6. ist aber **durchweg unterschoben und falsch, jeder Buchstabe des von Herrn Simon angeführten Inhalts ist unwahr und verfälscht** und wird der Verfasser daher ohne

Zweifel eilen, seine Leser hievon und zugleich zu benachrichtigen, **aus welcher Ausgabe des westphälischen Friedens-Schlusses** er den von ihm angeführten Inhalt des §. 6. genommen hat. Eine verfälschte Ausgabe des westphälischen Friedensschlusses ist bisher noch nicht bekannt, und ist es daher ein Unglück für Herrn Simon, daß er auf eine verfälschte Ausgabe gestoßen ist, obgleich wir ihm zu dem Besitz dieses bisher unbekannten unicum Glück wünschen und ihm dankbar jeden Preis für ein Exemplar des westphälischen Friedenschlusses zahlen werden, in dessen Art. 17. §. 6. auch nur ein einziges der von ihm angeführten Worte steht, der diesen Gegenstand auch nur auf das Entfernteste berührt und mit dem Mitgetheilten auch nur die mindeste Aehnlichkeit hat. Wer eine falsche Münze hat, nennt ja schon, um jedem Verdacht zu entgehen, denjenigen, von wem er sie erhalten. Aus Herrn Simons Feder haben wir einen verfälschten Inhalt des Westphälischen Friedens-Schlusses erhalten, das steht felsenfest, er wird uns daher die Quelle nachweisen, aus welcher er diesen falschen Inhalt entnommen hat, der von einem um so frechern Verfälscher herrührt, als diese §§. des W. F. Gewalt und Selbsthülfe auf das strengste selbst allen, schlechthin allen, Reichsständen bei Strafe des Landfriedensbruchs streng untersagen und sie mit ihren Klagen an die Gerichtshöfe weisen, des deutschen Volkes aber in dem ganzen Artikel nicht mit einem Jota gedenken und demselben also nicht ein Privilegium des Landfriedensbruchs gegeben haben können. Der wahre §. 6. bestimmt weiter gar nichts, als daß, wenn einer der Contrahenten des Westphälischen Friedens den, nach demselben in dessen Vollziehung obliegenden Verbindlichkeiten nicht genügt oder die Rechte eines Mit-Contrahenten verletzt und binnen drei Jahren die Sache weder der gütlichen Beilegung, noch der gerichtlichen Entscheidung übergiebt, sondern via facti verfährt, alle übrigen Contrahenten des Westphälischen Friedens den Beleidigten, auf dessen Anruf mit gemeinsamen Waffen gegen Verletzungen mit Vorbehalt des Rechtsweges schützen sollen. Dieser ist der so gewaltsam verfälschte §. 6. Doch Herr Simon wird ja wohl die so verfälschte Ausgabe bekannt machen und seine Leser von dem recht groben Irrthum, worin seine Schrift sie geführt hat, befreien. Da der Verfasser schon häufig durch ein unrichtiges Exemplar von Gesetzen und Friedens-Verträgen sich zu falschen Angaben und zu sehr übereilten Behauptungen hat verleiten lassen [100]); so möchte es doch wohl äußerst nothwendig sein, alle seine Allegate stets recht genau zu controlliren.

Wenn der Verfasser die verfälschte Ausgabe des Westphälischen Friedens nachweiset; so kommt er mit dem gerechten Vorwurf „eines recht argen Leichtsinns" wohl-

[100]) Wir führen beispielsweise die grobe Entstellung an, welche der Stockholmer Frieden von 1720 wegen der Abtretung eines Theils von Pommern in des Verfassers Preußischem Staatsrecht Th. 1. S. 133 u. f. f. erlitten hat, worüber in diesen Abhandlungen Bd. 1. S. 336 das Nähere bemerkt ist.

feil genug weg, mit der Kenntniß eines Gesetzes prunken zu wollen, welches derjenige ganz unmöglich jemals angesehen haben kann, der fähig ist zu glauben, daß ein solcher Unsinn, wie Herr Simon voraussetzt, im Westphälischen Frieden stehen könne.

§. 28.

4) Befreiungen von Steuern.

Der deutschen Verfassung Unkundige fanden in der ältern Steuer-Verfassung Steuer-Exemtionen. Es ist bereits §. 9. ff. aus den Reichsgesetzen selbst dargethan, daß es dieselben von Reichs-Steuern nicht gab. Von Landes-Steuern fanden sie eben so wenig Statt.

Daß die Person und die Familie des Landesherrn den Landes-Steuern nicht unterworfen und eben so wenig diese Steuern und andere Staats-Einnahmen und Staats-Eigenthum wieder durch eine andere Steuer ergriffen werden können, liegt auf bloßer Hand.

Da aber die Domainen Eigenthum des regierenden Hauses und nicht des Staats sind; so haben auch dieselben in allen deutschen Ländern zu den Landes-Steuern beigetragen, und ist hierbei nicht einmal darauf Rücksicht genommen, daß ihre Einkünfte zum größten Theil zur Bestreitung der Landesbedürfnisse verwendet und diese aus denselben größtentheils bestritten werden.

Soviel die Rittergüter betrifft; so beruht die behauptete Befreiung derselben von Steuern auf Unkenntniß der allgemeinen deutschen Verfassung. Der Adel besaß diese Güter gegen die Pflicht, das Vaterland mit seiner Person und seinem Schwerdt auf seine Kosten zu vertheidigen und dem Fürsten und dem Lande zu dienen, und konnte daher diese Pflicht nicht auch noch mit Steuern erfüllen, er war daher für sich und seine Familie von denselben frei. Von seinem Gute war nur der Rittersitz, dessen er bedurfte, um sich in stets wehrhaftem Stande zu erhalten, frei, der übrige Theil aber der Steuer unterworfen, welche von denjenigen, welchen der Ritter die einzelnen Höfe gegen Dienste oder andere Leistungen inne gegeben hatte, in Anrechnung auf letztere übernommen und erlegt wurden, wie dies nicht allein der Kaiser Maximilian S. 58. bezeuget, sondern auch in allen Ländern in Deutschland in der Notorität beruhet. Es ist daher die Behauptung, daß die Rittergüter nicht zu den Landes-Steuern und insonderheit die adlichen Gutsbesitzer dazu nicht beigetragen haben, durchaus ungegründet und unrichtig und beschränkt sich nur auf die Rittersitze, welche durch Ritterdienste versteuert wurden. Es ist bekannt, daß die Ritterdienste, nachdem sie ihre Nützlichkeit verloren hatten, in allen deutschen Ländern in eine feststehende, ordentliche Steuer verwandelt worden, die Rittergüter aber zu außerordentlichen Steuern noch besonders beitragen. Die Steuer der von Bauern inne habenden Theile der Rittergüter hat in ihrem frühern Verhältnisse sich erhalten, die Bauern entrichteten die auf ihren Hof fallende Steuer und rechneten ihren Betrag auf die dem Gutsherrn zu entrichtenden Pächte und andere Leistungen ab. Als in neuern Zeiten in mehreren Ländern die Gutsherrn einen Theil des bisherigen Bauer-Ackers zu ihrem Rittersitz zurücknahmen, den Bauern aber den Hof mit dem übrigen

Acker zum Eigenthum überließen, übernahmen letztere auch die auf den abgetrennten Ackertheilen des Bauern-Guts haftenden Steuern und wurden dafür durch die übrigen Ueberlassungs-Bedingungen entschädigt.

Exemtionen von der Steuer-Pflichtigkeit sind Beschränkungen des Besteuerungsrechts und können daher nur von demjenigen, welchem dieses zusteht und in dem Maaße, in welchem es ihm zusteht, ertheilt werden. Aus eben dem Grunde, aus welchem nach der Reichs-Verfassung die Landesherrn das, in der Landeshoheit enthaltene Besteuerungsrecht nicht schwächen konnten, waren sie, auch ohne Rücksicht auf die daraus entstehende Prägravation für die übrigen Unterthanen, nicht unbedingt berechtigt, dasselbe durch Entbindungen an der Steuerpflichtigkeit zu beeinträchtigen, eben weil das Besteuerungs-Recht selbst ein Recht der Landeshoheit und diese dem regierenden Hause, dem jedesmal regierenden Herrn aber nur die Verfügung über dessen Ertrage zusteht. [101]) (§. 21.)

---

[101]) Der König Friedrich Wilhelm I. von Preußen erklärte daher in dem Edict und Principia regulativa wegen der steuerbaren Aecker vom 1. Febr. 1718. §. VII. „Unter „die justos exemtionis titulos können wir die Privilegia et „Concessiones Antecessorum so schlechthin nicht passiren lassen, „allermaaßen unsere Vorfahren, so viel diese Steuern be„trifft, nur Administratores gewesen und daher von densel„ben nicht disponiren können. Wenn aber wegen sonderba„rer wichtiger dem Lande geleisteter Dienste Jemandem die „Immmunitas von Unsern Vorfahren verstattet worden, so „wollen wir uns dieser wegen, wenn solches zugänglich er„wiesen wird, weiter expliciren. (Mylii corp. const. Mar„chicarum. T. IV. Abth. III. S. 67.)

§. 29.

B. Gattungen der nothwendigen Steuern.

a. Reichs- und Kreis-Steuern.

Die nothwendigen Steuern in den deutschen Ländern hatten theils das Wohl des Reichs oder des Reichs-Kreises, theils des Landes selbst zum Zweck. Die erste Klasse ist bereits in den §§. 11 — 14 erörtert.

§. 30.

b. Landes-Steuern.

aa. Landes Defensions-Steuern.

Die Beiträge der Unterthanen zur Bestreitung der zum Wohl des Landes erforderlichen Ausgaben sind mit der Civilisation und den Ansprüchen der Unterthanen an die Regierung gestiegen. Schutz, Sicherheit und Vertheidigung des Landes und der Unterthanen gegen äußere Feinde war der älteste und dringendste Anspruch. Was später der Defensionsstand und jetzt Militair-Etat genannt wird, war daher schon in den ältesten Zeiten vorhanden und ward von den Unterthanen gestellt und erhalten. Das Heer war in steter Bereitschaft, die Reiterei auf dem Lande, das Fußvolk theils in den Städten, theils auch auf dem Lande, Revuen und Manöver (Musterungs-Tage) wurden jährlich gehalten, Veste, Burgen, Schlösser, Städte, Wälle, Mauern und Brücken wurden von den Unterthanen gebauet, befestigt, besetzt und bewacht, und auch ein Militair-Verdienst-Orden war in der Ritterwürde und Kriegs-Steuern in den Beeden vorhanden, durch welche auch besonders kostbare Landes-Defensions Anstalten, z. B. Mauern der Grenzfeste hergestellt wurden. Die Landesherren trugen von ihren Haus-Gütern zu diesen Lasten bei, standen an der Spitze der Landes-Defension und waren berechtigt für dieselbe in dringenden Fällen auch ohne Bewilligung der Stände Steuern auszuschreiben. (§§. 5 und 6.) ([102])

Diese Verfassung hat sich freilich in sehr veränderter Art bis heute erhalten. Sowohl die veränderten Verhältnisse der Unterthanen, als die veredelte Art der Kriegsführung hatten nach und nach eine Veränderung des frühern Landes-Defensions-Wesens, zeitweise Söldner-Miliz, Festungen rc. erfordert, ([103]) die fortwährenden Kriege,

---

[102]) Auch in andern, als den oben angeführten Ländern wurden diese Steuern ausgenommen. So versprach z. B. der Markgraf Wilhelm Cocles von Meißen auf dem Landtage zu Meißen 1385, daß er die Stände um Steuerbewilligung nicht mehr angehen wollte, es wäre denn, daß er mit den Seinigen im Felde oder in einer Feldschlacht oder sonst Unglück hätte. (Moser v. St.-W. S. 67. auch Anhalt casus reservati daselbst S. 194.) — Braunschweig (daselbst S. 204.) Auch in der Mark Brandenburg ward in dem Neumärkischen Landtags-Abschied von 1611 — wollen wir mit dergleichen Belegung und Steuern verschonen, „allein Aussteuer der Fräulein, Reichshülfen oder kündliche „der Herrschaft mit des Landes-Noth ausgenommen (Mylii C. C. March. T. IV. S. 233.)

[103]) Z. B. der Festungsbau zu Spandau ist bereits 1557 vom Churfürsten Joachim II. angefangen, und haben dazu die Chumärkischen Stände zweimal Geld aufgebracht, und die Altmärkischen 1562 6000 Gulden gewilliget. Gerken Diplomataria Vetens Marchiae Brandenburgensis. Tom. II. S. 675.

in welchen Deutschland im sechszehnten und siebenzehnten Jahrhundert verwickelt war, aber einen geordneten Zustand der Landes-Vertheidigung und der dazu erforderlichen Mittel nothwendig gemacht. Es lag von selbst vor, daß auf der einen Seite die Landesherrn, die überhaupt von ihren Unterthanen keine beständige Steuern erhielten, die Kosten dieser neuen Art der Landes-Vertheidigung auf ihre Kammergüter allein zu übernehmen, weder verbunden, noch vermögend waren, auf der andern Seite aber die Unterthanen dazu um so mehr verbunden waren, als sie durch diesen neuen Zustand nicht allein einen stärkeren Schutz gegen auswärtige Einfälle und Verheerungen erhielten, sondern auch von der bisherigen Last der Kriegsdienste befreiet wurden.

Daher ward durch den Reichstags-Abschied von 1654 eine allgemeine Anordnung zur Erhaltung des innern und äußern Friedens und der allgemeinen Sicherheit in Deutschland getroffen und dabei im §. 180 festgesetzt:

> Daß hiervon einiger Immediat- oder Mediatstand, Stadt, Landessaß und Unterthan nicht ausgenommen, s o n d e r l i c h a b e r s o l l e n j e d e s C h u r f ü r s t e n u n d S t a n d e s, L a n d s a s s e n, U n t e r t h a n e n u n d B ü r g e r z u B e s a t z- u n d E r h a l t u n g d e r e i n e m o d e r a n d e r n R e i c h s s t a n d z u g e h ö r i g e n, n ö t h i g e n V e r t h e i d i g u n g s-P l ä t z e u n d G a r n i s o n e n i h r e n L a n d f ü r s t e n, H e r r s c h e r n u n d O b e r n m i t h ü l f l i c h e m B e y t r a g g e h o r s a m l i c h a n H a n d z u g e h e n s c h u l d i g s e i e n.

Der Kaiser Leopold I. versagte zwar durch die Resolution

von 1627 [104]) dem Antrage des Reichstags, „daß die „Unterthanen nicht allein zur Landes-Defensions-Verfassung, „sondern auch zur Handhabung und Erfüllung der dem „Westphälischen Friedensschlusse nicht zuwider laufenden „Bündnisse, wie auch nicht nur zur Erhaltung und Be-„setzung der nöthigen, sondern indefinitive der Festungen, „Oerter und Plätze, auch zu Verpflegung der Völker und „andere hiezu gehörigen Nothwendigkeiten ihren Landes-„fürsten, Herrschaften und Obern die jedesmal erfordern-„den Mittel und folglich alles, was an sie, und so oft es „begehret wird, gehorsamlich und unweigerlich darzugeben „schuldig sein", die Genehmigung, bestätigte aber dagegen den Grundsatz:

> daß es nicht allein bei dem Artikel 180, und dem, denen Churfürsten und Ständen gegen ihre Unterthanen wegen der Reichs- und Creiß-Verfassung, wie auch der Reichs Anlagen gebührenden jure collectandi verbleiben, sondern auch jene Churfürsten und Stände, so ein mehreres, als im Art. 180 begriffen, gegen ihre Unterthanen und Landsassen rechtmäßig hergebracht, dabei geschirmet und gehandhabt, die Landsassen und Unterthanen aber zu allen denen zu contribuiren angewiesen werden, was das Reich pro securitate publica verwilligt, die Executions-Ordnung vermog und die **Landes-Defension contra quemcunque aggressorem**

---

[104]) In Schmaus corp. juris publici S. 1072.

dem Herkommen und erheischender Nothdurft nach erfordern.

Hierdurch ward der Verbindlichkeit der Unterthanen in allen deutschen Landen, zum Unterhalt des der zum Schutz und zur Vertheidigung des Landes erforderlichen Militairs und der Festungen so wie überhaupt der Landes-Defension beizutragen, reichsgesetzlich festgestellt, und gegen die in einigen Ländern von den Landständen erfolgte Berufung auf bisherige Imunität durch Erkenntnisse der Reichsgerichte aufrecht erhalten [105]).

In fast allen deutschen Ländern sind nach der Verfassung und übrigen Verhältnissen eines jeden derselben diese Gegenstände, der Beitrag der Unterthanen zur Erhaltung der Landes-Defension und die Art der Aufbringung der dazu erforderlichen Mittel und der übrigen Modalitäten entweder durch Verträge mit den Ständen, oder durch Anordnung der Landesherrn oder durch reichsgerichtliche Erkenntnisse theils zu einer Aversional-Summe [106]), theils in andern Beziehungen näher bestimmt [107]). Wie verschieden diese nähern Bestimmungen auch nach den Verhältnissen der Länder sind; so stimmen sie doch in den Hauptgrundsätzen darin überein, daß die Aufbringung der dazu erforderlichen Kosten allen Unterthanen obliegt und

---

105) Moser L.-H. in Steuersachen S. 87. (Ostfriesland) S. 254 ff. (Jülich und Berg) S. 235. (Mecklenburg) S. 327. (Würtemberg).

106) Mosers Cr. von der Landeshoheit in Steuersachen S. 93 ff.

107) Eine Uebersicht derselben gibt Moser a. a. O. S. 22 ff.

daß nach deren verschiedenen Verhältnissen die Mittel der Aufbringung bestimmt sind, fast allgemein jedoch für die Bewohner des platten Landes Grundsteuer oder Kopfsteuer, für die der Städte aber Nahrungs- oder Consumtionssteuer. Die, überhaupt so interessante Geschichte der nähern Ausbildung der Steuer-Verfassung in den einzelnen deutschen beweiset, wie sorgfältig jede der verschiedenen Gattungen derselben auch in den Ländern, in welchen ihre Benennungen außer Gebrauch gekommen und andre Namen erhalten haben, hierbei zur Grundlage genommen sind.

§. 31.

bb. Steuern zur Erhaltung der Ruhe und Sicherheit im Innern des Landes.

Schon nach allgemeinen und besondern Reichs-Gesetzen, insonderheit dem Landfrieden, der Reichs-Kreis-Ordnung, der Reichs-Executions-Ordnung und mehreren Reichs-Abschieden [108]), so wie durch die oben angeführte Kaiserliche Resolution von 1670 (§. 30.) sind die Unterthanen in den einzelnen deutschen Staaten verpflichtet, die zur Erhaltung der Ruhe und Sicherheit erforderlichen Steuern in denselben aufzubringen. Diese Verpflichtung ist in allen einzelnen Ländern nach deren Bedürfniß von der landesherrlichen Gesetzgebung näher bestimmt und erörtert.

---

[108]) Z. B. Reichs-Abschiede von 1555 §. 87., v. 1557 §. 71., v. 1559 §. 39., v. 1564 §. 1 ff., v. 1566 §. 6. ff., 13. 16. 41. 126., 1567 §. 51., 1569 §. 11., 1570 §. 17., §. 26 ff., v. 1654 §. 178 ff.

§. 32.

cc. Steuern zur Beförderung des Wohls des Landes.

Die Verpflichtung der Unterthanen, zu, zum Wohle und Besten des Landes gereichenden Zwecken Steuern zu entrichten, ist in thesi im Begriff des Staats so tief begründet, daß sie einer ausdrücklichen Feststellung nicht bedarf und sie daher auch weder in den Reichs-Gesetzen noch in Landes-Gesetzen erhalten hat. So fest diese Verbindlichkeit überhaupt feststeht, so schwierig ist ein allgemein gültiger Grundsatz für die Ausübung des Besteurungs-Rechts in Fällen dieser Art zu finden, da der bezweckte Nutzen, die Größe und der Grad desselben und sein Verhältniß zu den Kosten und den Steuern und andern Verhältnissen hierbei entscheidend sind [109]).

Für den vorliegenden Zweck genügt indessen der Grundsatz, daß, wenn der Landesherr das Wohl des Staats und das öffentliche Beste, welches nicht anders als durch eine Steuer bewirkt werden kann, für erheblich genug achtet, um die Steuer auszuschreiben, die Unterthanen zu

---

[109]) Leist teutsches Staatsrecht §. 208: „Gehören Steuern nicht zu den nothwendigen, ihre Bestimmung mag sein, welche sie will, so können sie den Unterthanen wider ihren Willen nicht aufgebürdet werden und diese haben Schutz und Beistand gegen ihre Landesherrschaft bei den höchsten Reichs-Gerichten zu gewarten. Sollte indessen eine Steuer für das gemeine Beste unumgänglich nothwendig sein und dennoch Landstände und Unterthanen ihre Einwilligung verweigern; so kann diese von den höchsten Reichs-Gerichten allerdings ergänzt werden."

deren Entrichtung verpflichtet, da ihnen über die Nützlichkeit der Sache selbst kein Urtheil zusteht.

In den Ländern, in welchen das, den Landständen zustehende Steuerbewilligungs-Recht sich soweit erstreckte, daß es hier hindernd eintreten würde, konnte, da die Landstände nicht berechtigt sind, ihre Zustimmung ohne Grund zu versagen und da ihre Gründe höheren Urtheilen unterworfen sind, die Ergänzung der landständischen Zustimmung bei den höchsten Reichs-Gerichten, deren Mitglieder in dieser Beziehung Senatores Imperii in den Reichs-Gesetzen genannt werden, nachgesucht werden. (S. 105.) [111]).

§. 33.

dd. Prinzessinnen-Steuern.

Die Prinzessinnen-Steuer ist eine der ältesten Steuern in Deutschland (§. 5. und 6.) und beruht daher die Behauptung, daß man vor dem sechszehnten Jahrhundert keine Spur davon finde und sie durch das römische Recht eingeführt sei [112]), offenbar auf einem Irrthum, da sie bereits in weit früheren Jahrhunderten vorkommt [113]). Die Ent-

---

[110]) Der Kaiser rescribirte 1727 dem Dom-Kapitel zu Cöln: daß diejenigen Verträge, welche der Stände Einwilligung erfordern, denselben keineswegs die Befugniß mittheilen, solche ohne erhebliche Ursachen zu versagen, mithin sie der Oberrichter anweisen könne, sie zu ertheilen. (Moser L.-H. in St.-S. S. 564. Struben Nebenstunden Thl. 1. S. 169.

[111]) Moser Landeshoheit im Steuerwesen S. 530. 564. 598.

[112]) Z. B. Häberlin Teutsches Staatsrecht Th. 2. S. 282.

[113]) A. B. C. Wiese diss. de origine et jure collectarum provincialium ad elocendas filias illustres (Rost. 1790) führt als die älteste urkundliche Bestimmung derselben die statuta Antiqua Angliae de Anno 1045 (bei Lucae Dacterius spicile-

richtung der Prinzessinnen-Steuer, wenn sie auch jetzt vielleicht in einigen Ländern außer Gebrauch gekommen sein mag, ward früher so sehr als eine in den Verhältnissen der Unterthanen zu ihrem Landesherrn liegende Verbindlichkeit angesehen, daß, als das Bisthum Cammin im Jahr 1648 säcularisirt und als weltliches Fürstenthum dem Churhause Brandenburg zur Entschädigung zufiel, auch in demselben „nach nunmehr angenommener weltlicher Qualität" die Erhebung der in Pommern gewöhnlichen Fräulein „als das wohlerlangte jus ducale der Landesherrn" eingeführt wird, wogegen aber die bei der Wahl eines Bischofs üblich gewesene Abgabe der Bischofs-Rechte aufhörte [113]).

gium T. 12. S. 570) und aus Deutschland mehrere schon aus dem dreizehnten Jahrhundert, wie über Mecklenburg oben Anm. 3. ebenfalls bemerkt ist.

[113]) Brandenburg-Hinter-Pommerscher Landtags-Abschied v. 1654 (in Dähnert Samml. Pommerscher Urkunden B. 1. S. 53.) Vergl auch Churfürst Johann Sigismund, Ausschreiben der Prinzessinnen-Steuer an die Altmärkischen Landstände von 1614: daß dem alten Herkommen und Gebrauche nach im Churfürstlichen Hause Brandenburg vor nach verflossenem Jahre (nach dem ehelichen Beilager) zwanzig Tausend Gulden oder funfzehn Tausend Thaler zur fürstlichen Heimsteuer und Mitgift sollen erleget und bezahlet werden und ist auch allbewußt, das solch Geld von Unser getreuen Landschaft ausbracht und zu Hauffen getragen werden mus, ihr sehet auch das die Zeith zum Zahltermin bestimt algemach heran nahet u. s. w. (Gerken Dipl. Veter. March. B. II. S. 684.) Neumärkischer Landtags-Absch. v. 11. Juni 1611 von Aussteuer der Fräulein — Unsrer geliebten Tochter, Schwester oder Muhmen Ausstattung (Mylii C. C. March. T. IV. P. 233.) Vgl. Scheplitz Consuet. Electoratus et March. Brandenb. Pars IV. Tit. 12.

Die nähern Verhältnisse dieser Steuer sind in den einzelnen Ländern durch Gesetze oder Herkommen bestimmt.

§. 34.

ee. **Außerordentliche** Noth des Landes und des Fürsten und seines Hauses.

Dieser Fall, zu welchem auch der Fall der Gefangenschaft des Fürsten gehört, ist bereits in den älteren Zeiten zu den der nothwendigen Steuern gerechnet (§§. 5. und 6.)

§. 35.

ff. **Staatsschulden** und deren Tilgung und Verzinsung.

Da die Tilgung und Verzinsung der Staats-Schulden ein hinreichender Grund zu Steuern ist; so ist der Begriff der Staats-Schuld näher zu erörtern.

Es sind dabei die verschiedenen, in der Person des Landesherrn vereinigten Eigenschaften in besonderer Beziehung auf das, in jeder derselben ihm zustehende Vermögen zu sondern. Der Landesherr ist

I. Regent und Fürst des Landes und die Herrschaft über Land und Leute, die Staatshoheit mit den in derselben enthaltenen Hoheitsrechten, Regalien und Staatsgütern das öffentliche und Staats-Vermögen; (früher theilweise auch Kammer-Vermögen (§. 37.)

II. Oberhaupt und Regierer seines Hauses. Das Haus-Vermögen seines Hauses nach Maasgabe der Haus-Gesetze — Haus-Vermögen;

III. Besitzer eines zum Haus-Vermögen nicht gehörigen Vermögens — Privat-Vermögen;

in Beziehung auf welches er in den Verhältnissen eines Privatmannes steht.

Nach diesen dreifachen Eigenschaften des Regenten sind auch dessen Verhältnisse und Handlungen, und insonderheit dessen Verbindlichkeiten verschieden. So lange es ein deutsches Staatsrecht giebt, ist dieser Unterschied beobachtet, und in allen Ländern festgehalten. Als der Staatshaushalt einfach, die Steuern der Unterthanen nicht feststehend, wenigstens unerheblich waren, und die Unterthanen die mehrsten Bedürfnisse der Landes-Verwaltung durch Dienste befriedigten (§. 1 u. s. f.), stellte das Schuldenwesen des Landes sich sehr einfach dahin, daß der Landesherr von dem Lande entweder zu nothwendigen Ausgaben, zu welchen die Einkünfte seines Kammerguts und der Regalien nicht hinreichten, die erforderlichen Mittel oder die Uebernahme der deshalb gemachten Schulden forderte. Bei erweiterten Staatsbedürfnissen und Staatshaushalt ward eben dieser Weg, jedoch in vergrößerten Schritten, gegangen. Staats-Schulden in unsrem heutigen Begriffe waren jedoch bis in das fünfzehnte Jahrhundert nicht üblich. Die lebende Generation hatte den Grundsatz, die Lasten ihrer Zeit selbst zu tragen und die Bedürfnisse derselben selbst zu befriedigen und weder jene, noch diese der Nachkommenschaft zu überlassen, an Statt der Anlehen traten außerordentliche Steuern. Der Landesherr trug daher für bevorstehende außerordentliche Ausgaben auf Bewilligung der zu ihrer Bestreitung erforderlichen Steuern an, oder er bestritt diese Ausgaben aus den Einkünften der nutzbaren

Regalien und seiner Kammer-Güter oder durch Anlehn, welche er zinsbar aufnahm und für welche er Regalien oder Kammer-Güter unterpfandlich verschrieb und demnächst vom Lande die Uebernahme dieser Schulden und die Befreiung seiner verpfändeten Güter von jenen Schuld- und Pfand-Verhältnissen forderte. Es ist in Deutschland kein Land, in welchem nicht auch hierin die Landstände wahrhaft ständische Gesinnungen, das Bestreben, den Fürsten und das Land nach dem wahren Bedürfniß beider zu unterstützen, und die Verhältnisse nach Theorien weder beurtheilend, noch den Beruf der Landstände in Beschränkung der landesherrlichen Gewalt setzend, bethätigt hätten. Redliche Schulden des Fürsten auf das Land zu übernehmen, war noch bis in das achtzehnte Jahrhundert allgemeiner Grundsatz in fast allen deutschen Ländern, weil angenommen ward, daß der Fürst diese Schulden nicht habe vermeiden können und sie auch dem Lande mittelbar oder unmittelbar nützlich gewesen seien. Die, zur Abtragung und Verzinsung der vom Lande übernommenen fürstlichen Schulden erforderlichen Mittel wurden durch außerordentliche Landes-Steuern aufgebracht, und in den mehrsten Ländern gemeinschaftlich von dem Landesherrn und den Ständen erhoben und zu ihrer Bestimmung verwendet.

In spätern Zeiten ist dieses Verfahren zwar wesentlich beibehalten, hat indessen häufiger den Charakter eines Anlehns erhalten, welches entweder zur Bestreitung des Bedürfnisses aufgenommen und entweder durch Steuern oder durch andre Staatsmittel verzinset und nach und nach abgetragen ward. Sowie Steuern nur für nothwendige oder dem Lande nützliche Zwecke zulässig waren; so wurden auch nur für gleiche Zwecke Schulden und Anlehen vom Lande übernommen. (**Landes-Schulden.**)

Die Fürsten waren indessen in der Landes-Regierung häufig genöthigt für die Bedürfnisse der Landes-Verwaltung und ihres Hauses und zur Erhaltung ihres fürstlichen Standes Anlehen aufzunehmen, welche nicht in die Kathegorie jener vom Lande zu übernehmenden Schulden gehörten, aber auch nicht bloße Privat-Schulden waren und die daher, dem zur Bestreitung der Regierungs-Bedürfnisse bestimmtem landesfürstlichem Staats-Vermögen und da auch die Kammergüter zu diesen Bedürfnissen beitragen, auch dem fürstlichen Haus-Vermögen zur Last fielen — **Regierungs-, Verwaltungs- und Kammer-Schulden.**

Die vom Landesherrn als Privatmann gemachten Schulden sind **Privat-Schulden,** sogenannte Chatoull- und Cabinets-Schulden.

Diese verschiedenen Gattungen von Schulden sind ihrer Natur nach eben so verschieden und von einander unabhängig, als die Eigenschaften, in welchen der Fürst sie gemacht hat und das Vermögen, auf welches sie fundirt sind. Die beiden ersten Gattungen der Schulden unterscheiden sich sehr bestimmt und wesentlich dadurch, daß für die Landesschulden der ganze Staat (§. 362) Schuldner ist und haftet, für die Regierungs-, Verwaltungs- und Kammer-Schulden aber das

Staats-Vermögen (S. 148) mit Zuziehung der Einkünfte der Kammergüter und insofern die Schulden lediglich diese betreffen, diese haften. Dieser Unterschied ist eben so tief in der Natur der Schulden gegründet, als bei dem früher allgemeinern Umfang des Ausdrucks Kammer-Vermögens, durch die Namen Landes- und Kammer-Schulden angemessen und klar bezeichnet und daher in den Reichs-Gesetzen und überhaupt in der öffentlichen Sprache allgemein angenommen.[114]) In spätern Zeiten ward indessen in mehreren Ländern die äußere Er-

---

[114]) Z. B. Reichs-Deputations-Hauptschluß v. 28. Febr. 1803 §. 77. Da auch wegen der auf den Entschädigungslanden haftenden Schulden zur Beruhigung so vieler Gläubiger Vorsehung geschehen muß, so versteht sich von selbst, daß bei solchen Ländern, welche ganz von einem geistlichen Regenten auf einen weltlichen übergehen, letzterer alle, sowohl Kameral- als Landesschulden eines solchen Landes mit zu übernehmen, mithin solche neue Kammer-Einkünfte und Steuern eben so zu verzinsen und abzuführen habe, wie es der geistliche Regent würde haben thun müssen. §. 78. Bei solchen geistlichen Landen hingegen, welche unter Mehrere vertheilt werden, kann sich zwar der Gläubiger, wenn ihm ein Special-Unterpfand versichert ist, an dieses Special-Unterpfand allerdings dergestalt halten, daß diejenigen Theilhaber eines solchen Landes, welche die Specialhypothek besitzen, ihm einstweilen die Zinsen fortentrichten müssen; es sind aber hiernächst dessen Schulden eben so wie diejenigen, welche nur eine Generalhypothek oder auch nur versionem in rem für sich oder endlich die ihre bisher gehabte Specialhypothek, z. B. die Zölle verloren haben, als allgemeine Landesschulden unter sämmtliche Theilhaber eines solchen Landes in verhältnißmäßige Theile und zwar

1) die **Kammer-Schulden** nach dem Domainen-Ertrage,

kennbarkeit dieser verschiedenen Gattungen von Schulden dadurch erschwert und oft Mißverständniß und Irrthum [115]) veranlaßt, daß der Ausdruck: „Staat" immer häufiger ward, und durch denselben die früher üblichen sehr bestimmten und prägnanten Bezeichnungen verdrängt wurden, indem dieser Ausdruck sowohl für den ganzen Staat im eigentlichen Sinn desselben, als für den Landesherrn und dessen Hoheitsrechte und übrige Verhältnisse und

---

2) die **Landes-Schulden** aber nach dem Steuer-Capitale

zu vertheilen.

[115]) Ein solcher auffallender Irrthum hat hin und wieder auch in Ansehung der Königlich Preußischen Verordnung wegen Behandlung der Staats-Schulden vom 17. Januar 1820 geherrscht, indem unter denselben alle und jede Schulden und selbst die der Verwaltung und sogar der Domainen verstanden wurden, obwohl der §. 1. der Verordnung den Begriff der Staats-Schuld eben so richtig, als bestimmt feststellt und die am nämlichen Tage erlassenen beiden andren Gesetze vollends genügt haben müßten, einem solchen Irrthum vorzubeugen. Vergl. diese Abhandlungen B. 1. S. 238 ff. In bekannten Pamphlets wird dieser Irrthum bekanntlich noch fortdauernd festgehalten, vermeintlich als Mittel eine Reichs-Repräsentation in ihrer Bedeutung als nothwendig darzustellen, für welche sie und insonderheit Herr Simon die vereinigte Versammlung aller Stellvertreter aller Einwohner aller Provinzen der ganzen Preußischen Monarchie noch immer nicht ansehen können, und letzterer von dieser fixen Idee in seinem obenangeführten verwerflichen Pamphlet bis zur Aufreizung des Volks, und zu dem Culminations-Punkt, auf welchem die Gesetzlosigkeit im Jahr 1789 in Frankreich stand, als die allgemeinen Stände sich auf eigene Hand für eine National-Versammlung erklärten, zu der frevelhaften Andeutung des Gedankens hingerissen wird, daß Landstände sich selbst für Reichsstände erklären müßten.

überhaupt für die öffentliche Autorität gebraucht ward, und daher so wie die Kammer-Güter des landesherrlichen Hauses Staats-Güter, so auch die Kammer-Schulden Staats-Schulden genannt wurden.

Da der Unterschied zwischen Landes- und Regierungs-Schulden besonders bei der Trennung der Landeshoheit von dem fürstlichen Haus-Vermögen hervortrat; so enthalten die Verträge zwischen den in Folge des Rheinbundes mediatisirten Reichsständen und den souverainen Fürsten darüber nähere Bestimmungen.

§. 36.

Staats-Schulden.

Eine Staats-Schuld ist hiernach diejenige Schuld, welche auf dem ganzen Staate selbst haftet und für welche alle Angehörigen desselben mit ihrem Vermögen haften [116]).

---

116) König Friedrich Wilhelms III. Verordnung wegen künftiger Behandlung des Staatsschuldenwesens vom 17. Januar 1820 §. 1. Diese allgemeinen Staats-Schulden sollen nicht nur von Uns, sondern auch von Unsern Nachfolgern in der Krone bis zu ihrer endlichen Tilgung unausgesetzt als Lasten des Staats und aller im Staats-Verbande befindlichen Glieder betrachtet werden. §. 3. „Garantiren Wir für Uns und Unsere Nachfolger in „der Krone mit dem gesammten Vermögen und Eigenthum des „Staats.“ König Friedrich Wilhelms IV. Patent v. 3. Februar 1847, die ständischen Einrichtungen betr. „An die im Wesen deutscher Verfassung begründete Zustimmung der Stände.“ König Friedrich Wilhelms IV. Verordn. v. 3. Febr. 1847 §. 4. Dem Vereinigten Landtage übertragen Wir die im Art. II. der Verordnung über das Schuldenwesen

Eine Staats-Schuld wird im Allgemeinen auf eben die Art, wie jede Schuld begründet. So wie überhaupt zur Begründung einer Schuld in der Regel zwar die Einwilligung des Schuldners erforderlich ist, dieselbe aber auch ohne dessen Einwilligung begründet werden kann; so ist dieses auch in Ansehung der Staats-Schulden der Fall. Denn auch sie können ebensowohl ohne Einwilligung, als mit der Einwilligung des Landes entstehen.

So viel

1. die Begründung einer Staatsschuld ohne Einwilligung des Landes und der Landstände betrifft; so vertreten letztere bei Aufnahme einer Staats-Schuld mehr die debitorischen Interessen und Rechte der künftigen Schuldner derselben und insonderheit deren Befugniß, die Uebernahme der Schuld zu genehmigen oder abzulehnen, als daß an deren, oft gar nicht zu ihrer Competenz gehörigen Zwecke theilzunehmen. Die Landstände haben mithin nur die Rechte, in so fern und so weit als dasselbe den Unterthanen selbst zusteht, folglich nicht in Ansehung derjenigen Staats-Anlehen, zu welchen es der Einwilligung des Landes nicht bedarf, sondern welche für dasselbe eine nothwendige Schuld ist, und in Ansehung deren die Unterthanen, zum Theil selbst der Landesherr, in eben dem Verhältnisse, wie zu nothwendigen Steuern sich befinden (S. 85 u. s. f). Die

---

v. 17. Januar 1820 vorbehaltene ständische Mitwirkung bei Staats-Anleihen, und sollen demgemäß **neue Darlehen, für welche das gesammte Vermögen und Eigenthum des Staats zur Sicherheit gestellt wird.**"

Eigenschaft einer nothwendigen Schuld beruht theils in der Staatsverfassung, theils in der Natur der Schuld selbst. Es mögen einige Beispiele angeführt werden.

Es gehört dahin

1) der Fall des, für das Land gültigen Beschlusses einer höhern Centralmacht, also in frühern Zeiten des Kaisers und Reichs und gegenwärtig der Bundes-Versammlung, vermöge dessen ein Bundes-Anlehn beschlossen und auf die einzelnen Bundes-Staaten vertheilt wird.

Eben so kann

2) für einen einzelnen Staat eine nothwendige Staats-Schuld aus Verhältnissen entstehen, an welchen das Land nach der Bundes- und Landes-Verfassung keinen Theil hat und der Regent allein seinen Staat vertritt, wie insonderheit der Fall in allen Verhältnissen zu auswärtigen Staaten ist, welche von der Theilnahme des Landes und der Landstände, die das Land überhaupt nicht nach außen, sondern nur bei dem Regenten repräsentiren [117]), ausgeschlossen sind. Dahin gehören auch die Staats-Schulden, die aus Friedens- und andren Verträgen mit auswärtigen Mächten entstehen, zu welchen ihrer Natur nach daher die Einwilligung der Stände erforderlich sein kann.

Auch

3) Zwang, Gewalt und Noth, welche nur durch ein Staats-Anlehn abgewendet werden können, wenn dasselbe in einer so kurzen Frist abgeschlossen wird, daß die nach

---

[117]) Vergl. diese Abhandlungen B. 1. S. 172 ff.

der Verfassung zu Staats-Anlehen erforderliche ständische Einwilligung binnen derselben schlechthin nicht erfolgen kann, gehören zu den Fällen, in welchen der Landesherr befugt ist, vermöge landesherrlicher Machtvollkommenheit als höchster Schützer und Schirmer seiner Unterthanen das Staats-Anlehn ohne ständische Einwilligung aufzunehmen. Es folgt schon aus den ersten Begriffen, daß, wenn eine Staatshoheit in dem Fall ist, wirksam sein zu müssen, die ihrer Wirksamkeit gegebene Bedingung aber nicht zu erreichen ist, sie deshalb nicht unthätig sein, sondern ohne jene Bedingung ihren nothwendigen Beruf erfüllen muß (S. 111 u. s. f.).

Auch in einem an sich für den Staat nicht bindenden Anlehn oder einer Handlung kann ein Umstand enthalten sein, wodurch sie auch ohne Einwilligung der Stände eine für den Staat verbindende, mithin eine Staats-Schuld wird.

Dahin gehören

4) die Fälle, in welchen der Regent um die Entrichtung einer dem Staate obliegenden Pflicht rascher oder zweckmäßiger, als auf gewöhnlichem Wege zu erfüllen, dies durch ein Anlehn bewirkt, indem dieses dadurch eine Staats-Schuld wird, deren Gläubiger der Landesherr ist. Eben dies tritt bei anderen Fällen der negotiorum gestio ein.

Auch

5) kann eine Schuld, die an sich nicht eine Staats-Schuld ist, eine solche werden, weil sie zum Nutzen und Vortheil des Staats verwandt worden und eine versio in rem vorhanden ist[118]), sowie entgegengesetzt auch

---

[118]) Reichs-Deput.-Hauptschluß v. 1803 § 78. — und sind: —

6) durch eine Handlung des Staats, welche für denselben eine Entschädigungs-Verbindlichkeit begründet [119]) und überhaupt auf alle Arten, auf welche Verbindlichkeiten entstehen können ohne ausdrückliche Zustimmuug des Schuldners. In allen diesen Fällen wird eine Staats-Schuld ohne Einwilligung der Stände begründet, und bedarf daher derselben zu ihrer Rechtsbeständigkeit nicht, unbeschadet der übrigen ständischen Mitwirkung, die indessen mehrentheils nur formeller Natur sein dürfte. Da die angeführten erstren Fälle ihrer Natur nach überall nicht zu ständischen Verhältnissen gehören, in den andren Fällen aber die Verbindlichkeit der Schuld für das Land und daher deren Eigenschaft als Staatsschuld bereits auf einem gesetzlichen Grunde feststeht; so liegt von selbst vor, daß sie nicht erst der Einwilligung des Landes zu ihrer Begründung bedarf und daher auf derselben nicht beruht.

Der Zuziehung des Landes entweder rathgebend, einwilligend oder sonst mitwirkend, bedarf es dagegen für

---

wenn sie auch nur eine General-Hypothek oder auch nur versionem in rem für sich haben, als allgemeine Landes-Schulden unter §. 81. nach dem 24. August 1802 Schulden contrahirt; so hängt deren Zahlung davon ab, ob wirklich der Nutzen oder das Bedürfniß des Staats solche Geldaufnahme noch erforderte.

[119]) Mosers Landeshoheit in Regierungs-Sachen Cap. 11 S. 119 und Landeshoheit in Cameral-Sachen S. 63 und 64.: Da von einigen Schulden (die dem Herrn von seinen Ständen nicht abgenommen sind) erweislich ist, daß sie zum wirklichen und wahren oder doch wenigstens intendirten Nutzen des Herrn oder des Landes gemacht worden sind. Leist teutsch. Staatsrecht §. 208: Kann eine Version bewiesen werden; so sind die Unterthanen zur Bezahlung der Kammerschulden verbunden.

alle diejenigen Schulden, welche allein durch diese Mitwirkung des Landes, als des Schuldners und der Landstände, als Vertreter desselben, eine Schuld des Landes werden, und deren Eigenschaft als Staats-Schuld mithin lediglich auf dieser ständischen Mitwirkung beruhet.

Der Umfang und die Art der ständischen Mitwirkung zur Begründung einer Staats-Schuld ist nach der Verfassung der einzelnen Länder verschieden. Aber auch wo sie in Einwilligung besteht, ist es doch nicht diese, sondern der landesherrliche Beschluß, worin die für das Land verbindende Kraft liegt, da Landstände nicht berechtigt sind, durch ihren Beschluß dem Lande und den übrigen Unterthanen eine Last aufzulegen. Auch in den Ländern, in welchen die Landstände die Erhebung und Verwaltung der Landes-Steuern haben, waren sie hierin schon nach den Reichs-Gesetzen und insonderheit nach der kaiserlichen Wahl-Kapitulation Art. XV. §. 3. der Oberaufsicht des Landesherrn unterworfen.

§. 37.

Kammer-Schulden.

Der Unterschied zwischen einer Staatsschuld und einer Kammerschuld liegt tief in ihrer beiderseitigen Natur, indem die erstere auf dem ganzen Lande selbst haftet und eine Last und Schuld desselben ist, für welche die Unterthanen mit ihrem Vermögen haften, die letzteren aber diejenigen Schulden des Landesherrn sind, für welche Land und Leute nicht haften, sondern welche auf seinem landesherrlichen und Haus-Vermögen ruhen. So lange als man die bestehenden Verhältnisse nach Geschichte und nach bestehenden Gesetzen, nicht nach staatsphilosophischen

Traumgebilden beurtheilte, verfiel Niemand auf die Ansicht, daß die deutschen Fürsten ihre Länder und ihre Landeshoheit von ihren Unterthanen erhalten hätten, Jeder wußte, daß die Landeshoheit mit den darin enthaltenen Rechten nach und nach verstärkte Ausflüsse der Kaiserlichen Hoheit war, und daß mithin die Erwerbungs- und Besitz-Titel derselben nicht in chimärischen und fabulosen contrats sociais, sondern in den Kaiserlichen und den eigenen Archiven der Fürsten ruhen, und daß daher die Landeshoheit mit allen darin enthaltenen Regalien dem regierenden Hause vom Kaiser verliehen und mithin zu dessen, vom Lande eben so wenig abhängigen Vermögen gehöre, als es von demselben während der unmittelbaren Herrschaft der Kaiser abhängig gewesen war. Die Einkünfte der Regalien und übrigen Theile der Landeshoheit und der bekanntlich besonders verliehenen Zölle bildeten daher in früheren Zeiten die Einkünfte der Fürsten als Landesherrn, aus welchen und den Einkünften ihrer Haus-Güter sie die Bedürfnisse der Regierung, insofern sie nicht durch Beden und Dienste der Unterthanen befriedigt wurden, bestritten. Der Grundsatz, welchen neuere Theorien als ihre Erfindung ausgeben, der Grundsatz, daß die Regierungs-Gewalt, die Staats-Verwaltung, ausschließlich dem Regenten zustehe, hat in Deutschland seit den ältesten Zeiten gegolten, und haben daher an derselben Landstände nie Theil gehabt und eben so wenig ihre Verhältnisse so sehr verkannt, daß sie eine Einmischung in dieselbe sich erlaubt, als dieselben sich hätten gestatten können, weil die Reichs-Gesetze und die Reichs-Gerichte die Landstände mit eben dem Ernste in ihren Rechten schützten, als in ihren Schranken hielten. Zu der, dem Landesherrn ausschließlich zustehenden Regierung und Verwaltung des Landes gehörte insonderheit die in späterer Zeit: Finanzhoheit oder Finanzgewalt benannte Ordnung des Staatshaushalts und Bestimmung über die zur Bestreitung der Staatsbedürfnisse vorhandenen Mittel, die eben deshalb, weil der Landesherr ohne Theilnahme der Stände und außer Landtagen nach seiner alleinigen Entschließung, gleichsam in seiner Kammer, darüber verfügte, mit dem Namen Kameral-Vermögen bezeichnet wurden. Diese Benennung übertrug sich auf alle hierauf sich beziehende Gegenstände: die in Folge der Zeit an die Stelle des frühern Kammermeisters getretenen Behörden wurden Kammern oder Kammer-Collegien, die dem Fürsten und seinem Hause gehörigen Güter das Kammergut oder die Kammergüter, die auf denselben befindlichen Einwohner Kammer-Bauern, die Einnahmen der Kammer Kammer-Intraden und die Schulden der Kammer Kammer-Schulden genannt. Zu den Einkünften der Kammer gehörten alle Einkünfte des Ladesherrn sowohl die Erträge nutzbaren Regalien und die Beden, als die Einkünfte der Kammergüter, und bildeten zusammen den Fond zur Bestreitung des gesammten, damals sehr einfachen Staatshaushalts. Als gegen Ablauf des fünfzehnten Jahrhunderts die Bedürfnisse desselben, besonders durch die Anforderungen des Reichs, so bedeutend gesteigert wurden und die Verbindlichkeit des Landes, einen Theil dieser Lasten zu übernehmen, erst später festgestellt ward, ward in allen deutschen Landen das fürstliche Kammer-Vermögen genöthigt, um so mehr Anlehn aufzunehmen und zu deren Sicherheit und Verzinsung Kammergüter und nutzbare Regalien zu verpfänden, als die Unterthanen durch die damaligen Verhältnisse meistens außer Stande waren, die dringend nothwendigen Hülfen für das Reich und das Land aufzubringen, das Reich aber bei dessen fortwährender bedrängten Lage sie von den Landesherrn forderte. Als die Landesherrn, nachdem der Zustand des Landes sich gebessert hatte, und vom Lande die Uebernahme der größtentheils für dasselbe gemachten Schulden und die Entfreiung ihrer Regalien und Kammergüter von denselben gefordert und die Stände diese billige Forderung anerkannt und die Tilgung dieser Schulden und die Erhebung der zu diesem Zweck bewilligten Steuern übernommen hatten, und nunmehr ein Theil der Kammer-Schulden Landes-Schulden geworden war, entstanden meistens im sechszehnten Jahrhundert zwei Gattungen öffentlicher Schulden; nämlich

Landes-Schulden [120]) und Kammer-Schulden, deren wesentlicher Unterschied von selbst in die Augen springt, indem die ersten Schulden des ganzen Landes und aller Unterthanen, die letztrre aber Schulden des Landesherrn und seines Kammer-Vermögens sind.

---

[120]) Von den auch mit diesem Namen bezeichneten Schulden der Landstände, als ständischer Corporation, ständischen Schulden, ist hier keine Rede.

Die Kammer-Schulden zerfallen indessen wieder in zwei Haupttheile, deren hier kürzlich gedacht werden muß, nämlich:

§. 38.

Regierungs- und Staats-Verwaltungs-Schulden.

Den ersten Haupttheil bilden die Schulden der Staats-Verwaltung, der Regierung, welche die Zwecke und Gegenstände derselben betreffen und sich auf dieselben beziehen. Sie sind zwar nicht minder Staats-Schulden, wie die im §. 36. gedachten, und unterscheiden sich von denselben hauptsächlich dadurch, daß sie nicht auf dem ganzen Lande und dem Vermögen aller Unterthanen haften, sondern auf der, dem Landesherrn ausschließlich zustehenden Regierung und Verwaltung des Staats und den dazu gehörigen Fonds, den Steuern, Regalien, Staats-Gütern und anderen Rechten, Anstalten und Quellen, mithin auf den Fonds und dem Vermögen der Staats-Verwaltung ruhen und eigentlich Schulden des Regenten, als solchen sind. Von den ersteren, den Staats-Schulden im strengern Sinn, die das Kapital-Vermögen des gesammten Staats afficiren, gehören einige ihrer Natur nach nie zu Verwaltungs-Schulden, andre waren aber ursprünglich Schulden der Verwaltung, mußten aber, da sie ihrer Größe oder andrer Verhältnisse wegen die Kräfte der Verwaltung überstiegen, entweder durch eine bedeutende Steuer gedeckt oder der Verwaltung abgenommen und auf das Land übertragen werden. Daher wurden Kammer-Schulden sehr angemessen als "diejenigen bezeichnet,

„welche einem Regenten noch nicht durch seine Land„stände und Unterthanen abgenommen worden sind, son„dern die derselbige auf sich selber stehen hat und dafür „haften muß, sie mögen nun, wenn ein Land mehrere Cas„sen hat, stehen, auf welcher sie wollen, z. B. auf Kammer-, „Chatoull-, Kriegs-, Forst- oder Amts-Cassen u. s. w. [121]).“

Nächst dem dafür verhafteten Fond liegt ein ausgezeichneter Unterschied zwischen den Schulden des Staats und denen der Regierung in der Befugniß, sie zu contrahiren. Landes-Schulden im eigentlichen Sinn, insofern sie nicht schon ihrer Natur nach zu denselben gehören (§. 36.), können in Ländern, deren Verfassung dazu die Zustimmung der Landstände als Vertreter der Schuldner erfordert, nicht von Regenten allein, sondern nur mit jener Zustimmung gemacht werden. Dagegen hat aber der Regent freie Befugniß, Staats-Verwaltungs-Schulden zu contrahiren, in so fern ihn die Rechte seines Regierungs-Nachfolgers darin nicht beschränken, wenigstens steht den Landständen überall kein Recht der Theilnahme und Mitwirkung oder sonst eine Befugniß in Ansehung dieser Gattung von Schulden zu. Sie sind lediglich Gegenstand der Staats-

---

[121]) Moser Landeshoheit in Cameral-Sachen S. S. 62. In neuern Zeiten ist ein, von Moser aber nicht angenommener Unterschied zwischen Kammer- und Cabinets-Schulden gemacht und derselbe darin gesetzt, ob die Schuld von der für den Gegenstand angeordneten Behörde oder vom Regenten unmittelbar gemacht ist. Hierauf kann es auf keinen Fall, sondern nur auf ganz andre Umstände ankommen, besonders auf die Stellung des Cabinets und die Beschaffenheit der Schuld selbst.

Verwaltung, welche nach einem fundamentalen Grundsatz der deutschen Verfassung ausschließlich in der Landeshoheit liegt und von der Theilnahme der Landstände ausgeschlossen ist, da die Mitwirkung derselben sich nur auf Gegenstände beschränkt, welche das Eigenthum und das Personen-Recht der Unterthanen und die Steuern derselben betreffen. Es würde aber unstreitig eine sehr grelle Theilnahme an der Verwaltung sein und in Mitregierung übergehen, wenn der Stände Einwilligung und überhaupt Mitwirkung zu der Disposition der Staats-Verwaltung über ihre eigene Mittel erforderlich wäre, und die Staats-Verwaltung, wenn sie zur Erreichung ihrer finanziellen oder andren gemeinnützlichen Zwecke, z. B. zur Beförderung der Communications-Mittel, und anderer nützlichen Anstalten oder zur Erfüllung jeder andrer ihrer Bestimmungen auf ihre Fonds Kapitalien aufnimmt, erst der Zuziehung oder gar der Einwilligung der Stände bedürfte. Es leuchtet ein, daß bei einer solchen Verfassung nicht allein eine selbstständige Verwaltung nicht bestehen könnte und in ihrer gemeinnützigen Wirksamkeit gehemmt werden würde, sondern auch daß diese ständische Mitwirkung auch ohne allen Grund und Zweck sein und mit der Verfassung im offenen Widerspruch stehen würde. Die ständische Mitwirkung zu Beschlüssen des Landesherrn beruht nicht darauf, daß die Sache seiner alleinigen Ansicht und Einsicht nicht überlassen werden könne, sondern noch erst der Prüfung der Stände auch dann bedürfe, wenn der Landesherr selbst sie nicht erfordern sollte, sondern sie beruht darauf, daß die Rechte und Interessen der Unterthanen in Rücksicht auf ihre Vermögens- und Personen-Rechte und Steuern dabei vertreten werden und daher ist die ständische Mitwirkung zu Staats-Anleihen, für welche das Vermögen der Unterthanen haftet, allerdings eben so nothwendig, als zu neuen oder erhöheten Steuern. Hiervon sind aber Regierungs-Schulden durchaus verschieden, indem sie die Unterthanen und ihr Vermögen überall nicht betreffen und von ihnen nicht vertreten werden, sondern lediglich auf dem mit der Landeshoheit verbundenen Staats-Vermögen des Landesherrn ruhen, und dieses aus Elementen besteht, welche der Landesherr mit der Landeshoheit und vermöge derselben durch Kaiserliche Belehnung oder andere Titel, jedenfalls aber nicht vom Lande erhalten hat und welche daher von demselben unabhängig sind und vom Landesherrn auch nach dem Grundgesetz des deutschen Bundes einem anderen regierenden Hause ganz oder theilweise abgetreten werden können. Daher ist die Behauptung, daß der Landesherr zu einem von ihm Behufs der Staats-Verwaltung für angemessen erachteten Anlehens auf Verwaltungs-Fonds, insofern dasselbe nicht eine eigentliche Staatsschuld werden und daher auch auf dem Vermögen der Unterthanen haften soll, die Einwilligung der Stände bedürfe, eine mit der deutschen Verfassung in so schneidendem Widerspruch stehende Behauptung, daß sie bisher noch nicht aufgestellt worden ist. Es kann schon dem oberflächlichsten Nachdenker nicht entgehen, daß dies eine Umkehrung aller Verhältnisse sein würde, indem, da das Land für diese Schulden nicht haftet, Landstände hierbei überall keine Rechte desselben zu vertreten haben, sondern hier allein von dem Vermögen des Landesherrn als Regenten die Rede ist, der Landesherr in der Regierung der Beaufsichtigung und Genehmigung der Landstände unterworfen und diese noch mehr als Mitregenten selbst in der Staats-Verwaltung sein würden, an welcher sie nach den Grundlagen jeder Staats-Verfassung durchaus keinen Theil haben können. Hier wird offenbar das constitutionelle System, das Traumgebilde eines Contract social, vermöge dessen das Volk die Landeshoheit dem Regenten übertragen, Controlle über denselben sich aber vorbehalten hat, auf die deutschen Staaten übertragen und verbreitet. Wenn Einige gradezu auffordern, daß deutsche Landstände und Landtage sich auf eigene Hand selbst zur Reichsrepräsentation und zu Reichsständen erklären oder einen größern Umfang von Attributionen beilegen, als diejenigen, mit welchen sie eingesetzt sind, mithin gradezu zum eigenmächtigen Eingriff in die Rechte der Krone und Umänderung der bestehenden Verfassung auffordern und selbst nur Landstände mit ihren Landesherrn darunter contestiren; so liefern Andere merkwürdige Beispiele der Unkenntniß der Geschichte und Verfassung. Nach der deutschen Verfassung, wird behauptet, sollen die Landstände zu allen Zeiten zur Beaufsichtigung der Staats- und Finanz-Verwaltung ihres Landesherrn berechtigt und dieser nicht berechtigt gewesen sein, ohne deren Einwilligung irgend ein Anlehen, auch nicht auf seine Kammerfonds, weder auf die landesherrlichen, noch auf die Domanialfonds, aufzunehmen, also alle Anlehen des Landesherrn, ohne Unterschied zwischen Landes- und Kammer-Schulden, der Einwilligung der Landstände bedurft haben und ohne dieselbe ungültig gewesen sein.

Man ist zweifelhaft, ob diese Behauptung im Ernst aufgestellt wird. Man möchte wohl diejenigen, welche eine solche Behauptung wagen fragen, ob sie jemals eine mit der landständischen Einwilligung versehene Kammer- — d. h. nicht auf dem ganzen Staat fundirte — Schuld-Obligation gesehen oder von ihr gehört haben? Ob sie versichern können, daß ihnen aus älteren und neueren Zeiten ein Land in Deutschland bekannt sei, für welches ihre Behauptung Wahrheit ist? Man kann einen jeden ohne Anstand auf das Beispiel seines eigenen Vaterlandes verweisen, insofern nicht in demselben vermöge besonderer Verfassung die Finanz-Verwaltung des Landes zwischen dem Landesherrn und den Ständen gemeinschaftlich ist.

Seit dem sechszehnten Jahrhundert haben in allen deutschen Ländern die Landesherren ihren Landständen angesonnen, eine, von zusammen tief in die Millionen Gulden betragende Summe von Kameral-Schulden, weil sie die Kräfte des Kameral-Fonds überstiegen, auf das Land zu übernehmen und die Landstände sie übernommen[122]). Diese Kameral-Schulden, die nicht mit Zustimmung der Stände gemacht waren, wären also wohl alle ungültig gewesen? In allen diesen und irgend anderen Verhandlungen, soweit sie bekannt sind, findet sich nicht die geringste Spur, daß Landstände der Verfassung so unkundig oder so anmaßend gewesen wären, ihre Mitwirkung zu Kameral-Schulden in Anspruch zu nehmen, und um nicht einzusehen, daß sie durch ihre Einwilligung das Land für die Schuld verpflichten haben würden, da diese Uebernahme einer Kammer-Schuld des Landesherrn auf das Land, nur der einzige Zweck ihrer Einwirkung und Theilnahme an der Kammer-Verwaltung sein konnte, und in einer Zeit war, in welcher Beförderung des Landeswohls und nicht Erweiterung eigener Gerechtsame und Beschränkung der Landesherrliche Character deutscher Landstände war.

„**Es gebührt keinen Landständen, sich „um die Kameral-Schulden seines Regenten „zu bekümmern, oder ihm darin Maaß und „Ziel zu setzen,** ist ein so anerkannter Grundsatz „des deutschen Staatsrechts, daß ein Regent, der „sich darin Beschränkungen durch die Stände un„terwirft, dadurch seinen Nachfolgern und Agna„ten nicht präjudiciren kann:“ dieser Grundsatz ward noch im Jahr 1770 auf das Gutachten des Reichshofraths bestätigt (S. 96.) und liegt überhaupt tief im deut-

---

[122]) Ausführliche Nachrichten von solchen Uebernahmen der Kammer-Schulden auf das Land giebt Moser in dem Werke: Von der Landeshoheit in Steuer-Sachen, in dem: Von den teutschen Reichs-Stände-Landen B. VI. Kap. 2. und in dem: Von der Landeshoheit in Cameral-Sachen Kap. IV.

schen Staatsrecht (§. 21.)[123]). Es kann daher ein Grund-

[123]) Als der Herzog Carl Leopold von Mecklenburg-Schwerin von Kaiser Karl VI. von der Regierung entbunden und zur einstweiligen Führung derselben der Regierungs-Nachfolger als Kaiserlicher Commissarius bestellt ward, wurden demselben zwei Landräthe zugeordnet; demselben aber, nachdem er zur Regierung gekommen, als regierendem Herrn das Cameralwesen allein und ohne der Landräthe Beistand und Zuordnung durch das Kaiserliche Rescript vom 9. Febr. 1748 überlassen. (Moser von der Landeshoheit in Cameral-Sachen S. 37.) — Moser, von der Landeshoheit in Cameral-Sachen S. 49: Eine jede Privat-Person und auch der geringste Unterthan hat Macht, in so weit, als die Landes-Gesetze ihn nicht einschränken, mit seinem Vermögen nach freiem Belieben zu schalten und walten und es zu seinem Besten oder Schaden anzulegen. Warum sollte denn ein großer Herr eingeschränkter sein, als sein Unterthan? Zumahlen da erwiesenermaßen dasjenige, was von der Natur der Stamm und Kammer-Güter gemeldet zu werden pfleget, ohne genügsamen Grund angeben wird. Es bleibt also vielmehr die Regel vest: Ein teutscher Reichsstand kann über die Gefälle und Einkünfte seiner Lande disponiren und seine Hof-Oeconomie und Cameral-Wesen führen und bestellen wie er will, in so fern ihm nicht auf eine rechtmäßige Weise die Hände hierin gebunden sind. Einschränkungen sind: 1. Die meisten und wichtigsten Reichslande seynd Kaiserliche und Reichslehne: Wenn also ein Reichslehnmann so wirthschaftet, daß seine Reichslehnbare Lande dadurch in schlechteren Stand gestellt werden, so ist der Kaiser als Lehnherr befugt, es zu verhindern, zumahl wann es einen Schaden betrifft, welcher in langen Jahren nicht zu ersetzen ist. 3. Durch Familien-Verträge kann ein Landesherr eingeschränkt werden, daß er seine Lande nicht mißbrauche und zum Schaden seiner Regiments-Nachfolger im schlechtern Stand stelle, noch seine Kammern mit unnöthigen Schulden beschweren, noch gar Güter, Rechte oder Gefälle veräußern, verpfänden oder sonst beschweren kan. 5. Eine

satz, der dem Wesen des deutschen Staatsrechts dergestalt widerspricht, daß das Zugeständniß desselben für die Nachfolger in der Regierung unverbindlich ist und als Verletzung des deutschen Staatsrechts verworfen ward, unmöglich ein Grundsatz eben dieses Staatsrechts sein kann, und Beschränkungen, welchen im Laufe von Jahrhunderten einige wenige, verschwenderische, tief verschuldete Fürsten sich unterworfen haben, als die Landstände unter dieser Bedingung die ganze Masse ihrer Schulden übernahmen, als Grundsatz des Staatsrechts und verfassungsmäßige Schranken der Landeshoheit angesehen werden.

Diese, angeblich in der deutschen Verfassung begründete Nothwendigkeit landständischer Einwilligung und Mitwirkung zu Regierungs- und Verwaltungs- und Ka-

---

gute Wirthschaft kommt auch dem ganzen Lande zu gut und eine schlechte schadet ihm und kann daher durch Landes-Verträge auf festen Fuß gesetzt werden, und kommt es, wo dergleichen Verträge vorhanden seynd, auf deren Sinn und Inhalt an. In dem folgenden §. führt der Verf. den Grundsatz aus: ein Regent kann wirthschaften wie er will, gut oder schlecht, aber nicht zum Schaden seines Hauses oder Landes. Könnte er etwas ersparen, thut es aber nicht, so ist er zwar ein übler Wirth, es entstehet aber dem Haus und Land dadurch kein Schaden, sondern es entgeht ihm nur ein Vortheil, wenn er aber ohnnöthige Schulden macht oder sonst schädliche Dinge vornimmt, so handelt er gegen die allgemeine natürliche Regenten-Pflichten und kann solchen Falls gegen ihn aus den Gründen der Natur und allgemeinen Staatsrechts gesprochen werden. — Jedoch ist es nicht überhaupt nöthig, daß die Landstände ihres Landesherrn üble Wirthschaft einem Reichsgerichte anzeigen, sondern — die Gläubiger — der Regent selbst erwirbt eine Debits-Commission.

meral-Schulden, welche nicht als Landes-Schulden auf dem Lande, sondern auf dem Staats- und Kammer-Vermögen des Landesherrn haften, ist daher eine Behauptung, die weder jemals von einem der deutschen Verfassung irgend kundigen Mann aufgestellt ist, noch aus der Reichs-Verfassung und dem deutschen Staatsrecht, noch aus der Praxis in einzelnen deutschen Ländern, sondern lediglich aus eigenen Ansichten, wie ein Staat eigentlich organisirt sein müsse, geschöpft ist.

Es wird in dieser Behauptung so weit gegangen, daß die Einwilligung der Stände selbst für diejenigen Anleihen gefordert wird, welche die Staats-Verwaltung auf kurze Zeit aufzunehmen für angemessen hält, z. B. wenn außerordentliche Zufälle den regelmäßigen Eingang etatsmäßiger Einnahmen hindern, Nachlässe oder Fristen zu bewilligen, außerordentliche Ausgaben, oder andre außerordentliche Fälle in Einnahmen und Ausgaben eintreten, und die Staats-Verwaltung dadurch sich veranlaßt findet, anstatt daß sie früher von den Ständen Vorschüsse auf die nächst oder wohl weiter hinaus fälligen Steuern *) oder Anlehn zu fordern [124]), auf ihre Fonds Anlehen aufzunehmen [125]).

*) Mosers Landeshoheit in Cameral-Sachen.

[124]) Moser Landeshoheit in Steuer-Sachen S. 627.

[125]) Selbst die landschaftlichen Ausschüsse und Verwaltungsbehörden sind in der Verwaltung der Landes-Gelder berechtigt zur Auszahlung der von ihnen oder den Gläubigern gekündigten Kapitalien anderweitige Kapitalien aufzunehmen. Moser L. in St.-S. S. 346.

Wird man dereinst glauben, daß die Ansicht hat aufkommen können, daß zu solchen Anlehen die Einwilligung der Landstände erforderlich sei?

§. 39.

Domanial- und Kammerguts-Schulden.

Wären die Behauptungen in den vorigen §§. einer Steigerung fähig; so würden sie dieselbe durch die Behauptung erhalten, daß die Anlehen des Landesherrn auf die Domainen und Kammergüter ebenfalls der Genehmigung der Landstände bedürfen. Diese Behauptung ist ein Wiederhall, der mit aller Geschichte und aller Verfassung in Widerspruch stehenden irrthümlichen Begriffe von Domainen (§. 20.), aus welchen indessen diese Behauptung auch nicht einmal folgen würde. Dieses letztere erkennen die Vertheidiger jener Theorie der Domainen selbst anscheinend an und halten sie nicht genügend, um die von ihnen behauptete Nothwendigkeit der ständischen Einwilligung zu Domanial-Anlehen zu begründen und führen ein anderes Fundament derselben an: ein condebitorisches Verhältniß. Landes-Schulden und andere Landeslasten müssen vom gesammten Lande und insonderheit von dem gesammten Grund-Vermögen, also auch von den Domainen getragen werden und haben in demselben das Gesammt-Unterpfand und, wird gefolgert, daher alle Gesammt-Schuldner ein Interesse, daß ein jeder von ihnen solvendo bleibt und ein Recht, ein Auge auf den Haushalt seines Mitschuldners zu haben. Obgleich die Fürstlichen Haus-Gesetze für die Unveräußerlichkeit und gegen unnöthige Verschuldung der Domainen hinreichend sorgen und dieselben, wenn sie veräußert würden, im Lande und für dessen Lasten verhaftet bleiben; so öffnet doch die Besorgniß für des Landes-Schuldenwesen jenen Schriftstellern einen neuen Weg zu ihrem Ziele. Die Domainen könnten, besorgen sie, unter der alleinigen Verwaltung des Landesherrn dermaßen veräußert, verschuldet und vernachlässigt werden, daß sie Landes-Lasten und Landes-Schulden nicht mittragen könnten und daher deren ganze Last auf die Unterthanen allein fallen würde. Daher hätten diese und ihre Vertreter ein gar wohlbegründetes condebitorisches Recht, vor dieser Gefahr sich zu bewahren, die Domanial-Verwaltung des Landesherrn zu controlliren und die Domainen mit zu verwalten, damit aus deren Einkünften die öffentlichen Bedürfnisse ferner bestritten werden können. Wir enthalten uns des Urtheils über dieses merkwürdige, allen staats- und privatrechtlichem Grundsatze widersprechende Argument und fragen nur: ob auf Seiten der Domainen nicht eben diese Besorgniß in Ansehung des Verfalls des Vermögens und Grund-Eigenthums der Unterthanen und vor der Gefahr nicht allein alle Lasten allein tragen zu müssen, sondern auch keine Steuern zu erhalten, vielleicht in noch weit größerem Grade vorhanden sei und ob daher der Domainen-Fiskus nicht berechtigt sei, das Vermögen und den Haushalt aller Einwohner des Staats zu controlliren und mit zu verwalten und zu ihren Anlehen die Einwilligung zu ertheilen?

Wenn der gegenwärtige Zustand in einigen Ländern den Landständen eine Theilnahme an der Verwaltung der Domainen einräumt; so beruht dieses lediglich auf einer in neuern Zeiten zwischen dem Landesherrn und den Landständen getroffenen besondern Vereinbarung, mithin überall nicht auf der Landstandschaft und deren Rechten. (§. 44.)

B. Freiwillige Steuern.
(Vergl. §. 21.)

§. 40.

Die Grundsätze in Ansehung der freiwilligen Steuern liegen so sehr in der Natur derselben und sind in Ansehung der Gegenstände derselben in den verschiedenen Ländern so abweichend, daß ihrer hier nur im Allgemeinen erwähnt wird. Der Bemerkung bedarf es kaum, daß Steuern oder andre Leistungen, welche in ihrem Ursprunge freiwillige waren und deren Namen beibehalten haben, z. B. Dons gratuits, nothwendige geworden sind, wenn die Befugniß des Landesherrn, sie zu fordern, auf rechtskräftige Art begründet worden ist.

Zwischen den nothwendigen und den freiwilligen Steuern standen die zur Befreiung des Landesherrn von drückenden Kammer-Schulden erforderlichen Steuern in der Mitte. Auf dem Grund der Geschichte aller deutschen Länder und durch dieselbe vollständigst unterstützt, behauptet Zachariä (in Göttingen): „Womit (mit der Bestimmung des fürstlichen Kammerguts „zur Bestreitung der Kosten der Landes-Regierung) die „trotz aller Verwahrungen der Landstände mehr und mehr „hervortretende Ansicht von einer Verpflichtung des „Landes nöthigenfalls zur Tilgung der Kammer-Schul„den beizutragen, oder das Kammergut von den im öf„fentlichen Interesse gemachten Schulden zu entlasten zu-

„sammenhängt *) (vergl. S. 27 ff.)“ Diese Verpflichtung beruhte zwar auf keinem Reichs-Gesetz, aber so sehr in den Verhältnissen und der Billigkeit, daß die Landstände sie nie verkannt haben, sondern einsahen, daß, wenn der Fürst die Einkünfte seiner Kammergüter zur Regierung des Landes verwendet und diese Güter dadurch mit Schulden belastet worden, das Land seiner Seits verpflichtet sei, sie von den Schulden zu entlasten. Diese Verbindlichkeit ward so sehr anerkannt, daß selbst der Kaiser durch das Rescript vom 24. Novbr. 1733 den Sachsen-Meiningischen Ständen eröffnete: „daß eines jeden Fürstenthums Landstände sich „so wenig de jure, als aequitate naturali entziehen kön„nen, ihrem angebornen Landesherrn in dergleichen casu „extremae necessitatis beizuspringen **).“ Aus eben dem Grunde wurden in mehreren den Landesherrn bei schwachem Kameral-Vermögen vom Lande sogenannte **Kammerhülfen** regelmäßig bewilligt ***).

---

*) H. A. Zachariä im deutschen Staats- und Bundesrecht (Göttingen 1845) Abth. III. §. 180. Pfeiffer Geschichte der landständischen Verfassung in Kurhessen S. 88.

**) Moser Landeshoheit in Cameral-Sachen S. 104. (— es ist hierin eigentlich nur von einem Darlehn der Stände die Rede, allein der Grundsatz selbst anerkannt.

***) Moser Landeshoheit in Steuer-Sachen S. 345, 532, 535, 563 ff.

Dritter Abschnitt.

Das landesherrliche Besteuerungsrecht nach der Verfassung des deutschen Bundes.

Erste Abtheilung.

Vorbemerkungen.

§. 41.

I. Rheinbund.

Zwischen der deutschen Reichs-Verfassung und der deutschen Bundes-Verfassung lag der Rheinbund mit den von ihm niedergerissenen Trümmern der Reichs-Verfassung, zerstörter deutscher landständischer Verfassung, gänzlicher Mangel derselben oder carricatirter Nachbildung ausländischer auf Deutschland unanwendbarer repräsentativer Verfassungen, und an der Stelle wahrer deutscher Freiheit mit über und durcheinander zusammengeworfenen mit dem blendenden Anstrich sogenannter constitutioneller Freiheit übertünchten Materialien zur Willkühr-Herrschaft.

Sie betrafen zwar auch das Besteurungsrecht, wir übergehen sie aber hier, da dasselbe durch die Verfassung des deutschen Bundes anderweitig geordnet ist.

§. 42.

II. Deutscher Bund.

Es ist in einer der frühern Abhandlungen (B. 1. S. 64, 188 und 208) der Standpunkt, von welchem die deutschen Fürsten ausgingen, als sie 1815 in Wien unter einander den deutschen Bund schlossen, dargestellt. Durch die Auflösung des deutschen Reichs hatte Deutschland aufgehört Ein Reich zu sein, die Länder, aus welchen dies Reich bestand, waren ohne gemeinschaftlichen Vereinigungspunkt und hatten sich in eben so viele einzelne selbstständige Staaten aufgelöset; der Rheinische Bund hatte zwar die zu demselben gehörigen Staaten noch durch ein Bundesband zusammenhalten wollen, allein dasselbe war noch nicht geknüpft und nur in Napoleons Willen und Heere zu finden. Die Oesterreichischen und Preußischen Staaten, Holstein und Pommern gehörten nicht zum Rheinbunde und ein bedeutender Theil von Deutschland war mit Frankreich vereinigt. Mit der Auflösung der Oberherrschaft waren die deutschen Fürsten unabhängige Herrscher geworden.

Da die, in einzelne Staaten aufgelöseten Theile des deutschen Reichs nicht wieder in Ein Reich vereinigt, und das deutsche Reich nicht wieder hergestellt werden konnte; so vereinigten die 1815 zu Wien versammelten souverainen Fürsten der verschiedenen deutschen Länder sich zu einem Bunde, traten demselben mit ihren Ländern bei, und unterwarfen für die in dem Bundes-Vertrage angegebenen föderalen Zwecke und Gegenstände ihre Souverainetät dem gemeinsamen Bundes-Beschlusse. Die Bundes-Acte enthielt die Grundlage der Bundes-Verfassung, deren Erweiterung durch die nachher als Bundes-Gesetz publicirte Schluß-Acte der Wiener Ministerial-Conferenzen von 1820 und durch mehrere andere Bundes-Beschlüsse erfolgte. Die nähere Feststellung der Verfassung in den einzelnen Bundeslanden ward aber jedem Landesherrn unter der Maasgabe, daß sie den Bundes-Zwecken nicht entgegen sein dürfe, überlassen.

§. 43.

III. Landstände.

Unter die für alle Bundeslande gültigen Grundsätze gehörte insonderheit die landständische Verfassung, indem die Fürsten sich gegenseitig verhießen, daß in ihren Ländern eine landständische Verfassung bestehen solle, „so wie „die unbedingte Statthaftigkeit der landständischen Verfas„sung in allen deutschen Ländern und daher die Beibehal„tung, Wiederherstellung und Einführung derselben „in allen Bundes-Staaten", der Grundsatz des Wiener Congresses war, und aus den Verhandlungen und Bestimmungen, sowohl derselben als der Bundes-Versammlung auf das bestimmteste hervorgeht [126]). Die während des Rheinbundes in einigen Ländern aufgehobenen landständischen Verfassungen mußten daher mit zeitgemäßen Modificationen wieder hergestellt und dagegen die unter den Benennung repräsentativer eingeführten Verfassungen abgeschafft werden.

Die gänzliche Unvereinbarlichkeit dieser s. g. repräsentativen Verfassung mit der Bundes-Verfassung lag in dem Grundprincip der ersteren und der letzteren. Das Grundprincip der ersteren beruht auf dem, aus einer politischen Revolution hervorgegangenen Revolution der Begriffe erzeugten Grundsatze, daß das Volk seinen Fürsten sich selbst mittelst eines Contracts angenommen und ihm die Rechte, welche es für ange-

---

[126]) Eine nähere Geschichte und Erläuterung dieser Verhandlungen und Bestimmungen in diesen Abhandlungen B. 1. S. 64. ff. S. 188 und 208 ff.

messen erachtet, beigelegt, deren Ausübung jedoch auch seiner Zustimmung und Aufsicht, sowie die Souverainetät selbst aber über sich selbst sich selbst vorbehalten habe, also das Princip der Volks-Souverainetät. Dies Princip konnte wohl in Ländern als wahr angesehen werden und Eingang, Glauben und Achtung finden, deren Volk solche Fürstenwahlen und Einsetzungen selbst erlebt und mitgemacht hatte, nicht aber bei einem Volk, welches fast tausendjährige Urkunden und Geschichte belehren, daß diese angebliche Erwählung und Einsetzung seines Fürsten durch das Volk eine falsche Vorspiegelung, baare Unwahrheit und leeres und lächerliches Traum-Gebilde der Phantasie sei. Nach diesem Princip sind die Landstände nicht Vertreter der Unterthanen, sondern Vertreter des Regenten, nicht Berather der Landeshoheit, sondern Inhaber derselben. Welches deutsche Volk kann diese Ansicht fassen und begreifen? Welches Volk begreifen, daß es über seinem Landesherrn und zwischen demselben und Gott stehe! Wie hätte die zur Wiederherstellung eines geordneten, sichern Zustandes in Deutschland zusammengetretene Versammlung eine Verfassung dulden können, dessen Princip auf Unwahrheit, Phantasie und Chimäre beruht, wie, da die Grundlage der Bundes-Verfassung Befestigung der innern und äußern Ordnung, Ruhe und Sicherheit in Deutschland ist, eine Verfassung, deren Princip mit dieser Grundlage unvereinbar ist, und selbst, wo ihre Elemente sich auch nur sporadisch geäußert haben, dies hinreichend bestätigt hat.

Die Bundes-Verfassung hat sich indessen darauf beschränkt, die allgemeinen Grundsätze und Schranken, innerhalb welchen die landständische Verfassung in allen deutschen Ländern zwar hergestellt, aber auch gehalten werden solle, festzustellen, die näheren Bestimmungen derselben aber, und insonderheit die den Landständen zustehenden Rechte, den einzelnen Bundesfürsten überlassen.

Aus diesen allgemeinen Grundsätzen heben wir hier folgende aus:

1. Es sollen in den Bundesstaaten nur **landständische** Verfassungen Statt haben [127]) — also eine Vertretung nach Ständen. Wenn daher Jacobi, Simon u. A. einen Unterschied zwischen Ständen und Klassen machen und eine Vertretung nach Klassen für die verfassungsmäßige halten; so verdrehen sie entweder die Worte oder den klaren Sinn und die klare Vorschrift der Bundes-Acte und übrigen Bundes-Gesetze.

2. Die Bundesfürsten sollen bei Anordnung der ständischen Verfassung in ihren Ländern sowohl die früherhin bestandenen ständischen Rechte, als die gegenwärtig obwaltenden Verhältnisse berücksichtigen [128]), also auch daß die Kaiserliche und des Reichs Autorität nicht mehr vorhanden ist und daß daher die Regenten der einzelnen Länder eine desto größere Macht erhalten haben und derselben bedürfen und daß das monarchische Princip und der Grundbegriff des deutschen Bundes „als eines aus souverainen Fürsten bestehenden Bundes," und die entschiedene Verwerfung der, aus Volks-Souverainetäts-

---

[127]) Bundes-Acte Art. 13. Schluß-Acte von 1820. Art. 54.

[128]) Schluß-Acte Art. 58.

Elementen bestehenden Vertretung der Unterthanen die Grundlage des Landes sei u. s. w.

3. „Da der deutsche Bund, mit Ausnahme der freien „Städte, aus souverainen Fürsten besteht; so muß, den „hierdurch gegebenen Grundbegriffen zufolge, die gesammte „Staats-Gewalt in dem Oberhaupt des Staats „vereinigt bleiben und der souveraine Regent „kann durch eine landständische Verfassung nur „in der Ausübung bestimmter Rechte an die Mit„wirkung der Stände gebunden werden [129])." Die gesammte Staats-Gewalt, die Regierungs-Gewalt und Landeshoheit soll daher, wie in der Reichs-Verfassung, lediglich in dem Oberhaupt des Staats vereinigt bleiben; die Souverainetät soll also ferner im Landesherrn ruhen, mithin nicht im Volke. Wenn nun Jemand dem Volke vorspiegelt, daß nach der Verfassung, die er bald eine constitutionelle, bald eine repräsentative, bald eine reichsständische nennt, die Souverainetät im Volke ruhet und das Volk aufreizt, diese zu verlangen; so ist er entweder der Verfassung, über welche er schreibt, gänzlich und im höchsten Grade unkundig, oder ein arger Verdreher derselben und arger Aufwiegler wider sie.

4. Die gesammte Staats-Gewalt soll im Fürsten vereinigt bleiben, die Stände können daher auch nicht an einem Hoheitsrecht selbst Theil haben, weil dann der Regent nicht die gesammte Staats-Gewalt in sich vereinigen würde.

---

[129]) Schluß-Acte Art. 57. und Bundes-Beschluß v. 28. Juni 1832.

5. Der Landesherr soll aber nicht in der Ausübung der „gesammten Staatshoheit", sondern „nur in der Ausübung **bestimmter** Rechte" an die Mitwirkung der Stände gebunden werden können. Welche Rechte diese bestimmten sind: konnte in dem Bundesbeschluß nicht angegeben werden, weil ihre Feststellung und Anordnung in jedem Bundes-Staat dem Landesherrn überlassen ward. Klar liegt indessen vor, daß den Landständen nur in den ihnen überhaupt zur landständischen Theilnahme gestellten Gegenständen eine Mitwirkung zusteht, weshalb die neueren Constitutionen die zur landständischen Competenz gehörigen Gegenstände bestimmen [130]) und den Landständen untersagen, über andere als die von dem Landesherrn ihnen besonders zugewiesenen Gegenstände zu berathen [131]), und

---

[130]) Um Wiederholungen zu vermeiden, beziehen wir uns auf die Ausführung im ersten Bande dieser Sammlung von Abhandlungen S. 185. und die dort mitgetheilten Auszüge der Constitutionen.

[131]) Vergl. diese Abhandlungen Band 1. S. 185. ff. Z. B. Baiernsche Verfassungs-Urkunde v. 1818 Tit. 7. §. 1.: Die beiden Kammern können nur über jene Gegenstände in Berathung treten, welche in ihren Wirkungskreis gehören, welcher in den §§. 12. bis 19. näher bezeichnet ist. §. 19.: Die Stände haben das Recht, in Beziehung auf alle zu ihrem Wirkungskreise gehörigen Gegenstände dem Könige ihre gemeinsamen Wünsche und Anträge in der geeigneten Form vorzubringen. Königl. Sächsische Verf.-Urk. von 1831 §. 9.: Die Angelegenheiten, welche vor die Stände-Versammlung gehören, sind in dieser Verf.-Urkunde bestimmt verzeichnet. Die Stände-Versammlung darf sich nur mit diesen ihr zugewiesenen Angelegenheiten oder den vom Könige besonders an sie gebrachten

daher auch insonderheit das, eine Berathung, mithin Competenz voraussetzende Petitionsrecht näher bestimmen und dadurch vor dem hin und wieder damit getriebenen

---

Gegenständen beschäftigen. Würtembergische Verf.-Urk. v. 1819 §. 124.: Die Stände sind berufen, die Rechte des Landes in dem durch die Verfassung bestimmten Verhältnisse zum Regenten geltend zu machen. Vermöge dieses Berufs haben sie mitzuwirken bei der Ausübung der Gesetzgebungs-Gewalt durch ihre Einwilligung, in Beziehung auf Mangel oder Mißbräuche — bei der Staats-Verwaltung — dem Könige ihre Wünsche ꝛc. vorzutragen. Hannöversches Landes-Verfassungs-Gesetz v. 1840 §. 111.: Die allgemeine Stände-Versammlung ist berufen, die ihr in dieser Verfassungs-Urkunde beigelegten Rechte wahrzunehmen. §. 120.: Die Bitten der allgemeinen Stände können nur von beiden Kammern gemeinschaftlich ausgehen. Königl. Hannöversche Geschäfts-Ordn. für die allgem. Stände-Versammlung v. 10. Sept. 1840 §. 67.: Petitionen sind nur an die allgemeine Stände-Versammlung, also nicht an eine einzelne Kammer und zwar versiegelt einzureichen. Badensche V.-U. v. 1818 §. 50.: Die Stände können sich nur mit den nach gegenwärtigem Grundgesetz zu ihrer Berathung geeigneten oder vom Großherzoge besonders an sie gebrachten Gegenständen beschäftigen. §. 67.: Keine Vorstellung, Beschwerde oder Anklage kann an den Großherzog gebracht werden ohne Zustimmung der Mehrheit einer jeden der beiden Kammern. Großherzogl. Hessisches Verfassungs-Edict v. 1820 Art. 66.: Die Stände sind nur befugt, sich mit denjenigen Gegenständen zu beschäftigen, welche die nachfolgenden Artikel zu ihrem Wirkungskreise verweisen. Die Ueberschreitung dieser Befugniß ist eben so zu betrachten, wie eine willkührliche Vereinigung. Art. 79.: Die Kammern haben das Recht, dem Großherzoge alles vorzutragen, was sie vermöge eines übereinstimmenden Beschlusses für geeignet halten, um als eine gemeinschaftliche Beschwerde oder als ein gemeinschaftlicher Wunsch an ihn

Mißbrauch bewahren, indem sie dasselbe, nach richtigen staatsrechtlichen Grundsätzen auf Gegenstände der landständischen Competenz beschränken [132].

6. Endlich ward bestimmt, daß die im Bunde vereinten souverainen Fürsten durch keine landständische Verfassung in der Erfüllung ihrer bundesmäßigen Verpflichtungen gehindert werden dürfen [133].

Wir beschränken uns, so viel die landständische Verfassung in Deutschland, und insonderheit in Preußen betrifft, um so mehr auf diese Grundzüge, als dieselbe in mehreren Abhandlungen in dem ersten Bande ausführlich entwickelt ist. Es wird daher ein Gegenstand nicht erörtert, der uns, wir

---

gebracht zu werden (nähere Bestimmungen in den folgenden Artikeln). Holstein-Lauenburgisches Verf.-Decret v. 1831 §. 5., Nassauisches Verfassungs-Patent v. 2. Sept. 1814 — können nur verlangt werden, wenn sie die Zustimmung der Mehrheit in jeder Abtheilung erhalten haben ꝛc.

[132]) Durch diese und andere Constitutionen ward auch dem Uebelstande vorgebeugt, daß Landtage in die Kathegorie der ehemaligen Löwen in Venedig, in welche Jeder seine Verbesserungsgedanken und Vorschläge eintragen konnte, übergehen und daß nach der Menge der Petitionen angenommen werden müßte, daß die Gesetzgebung und Verwaltung zehn Jahre gänzlich geruhet haben, und die Landtage nicht allein ihrer Hauptbestimmung entzogen und als Beförderungsmittel von Anträgen, die der Staats-Verwaltung noch gar nicht vorgelegen, angesehen werden.

[133]) Schluß-Acte Art. 58. Bundes-Beschluß v. 28. Juni 1832.

möchten sagen, fortwährend in die Nothwendigkeit gesetzt haben würde, nicht Irrthümer, Unrichtigkeiten und Verdrehungen eines schon oft genannten unberufenen Schriftstellers nicht sowohl zu berichtigen, da sie auch den Unkundigsten einleuchten, sondern das Publikum auf die Zügellosigkeiten, Verdrehungen und unrichtigen Vorspiegelungen jeder Art aufmerksam zu machen, mit welchen derselbe versucht hat, das Volk über die Gesetze wegen der ständischen Verfassung in den Preußischen Staaten zu bethören und wider dieselben aufzuwiegeln, und sich nicht entsehen hat, seine — sie ist mit frechem Tadel und Schmähungen gegen den König angefüllt und wir sind daher äußerst nachsichtsvoll, wenn wir sie nicht mit dem Ausdruck des Allgemeinen Landrechts bezeichnen, sondern sie nur — verwerfliche Schrift nennen, einem „jeden Preußen“ zu widmen.

Eine bedauerliche, Gottlob seltene Erscheinung! in moralischer, philologischer und juristischer Beziehung bedauerliche Erscheinung! Ein geborener Preuße, ein Mann, der zweien Königen den Dienst-Eid und den der Treue und Verehrung geschworen hat, kaum ein Jahr auf sein Ansuchen aus einer Richterstelle entlassen, der seit einer Reihe von Jahren von zwei Ministerien fortgesetzt, sowohl im Dienst als außerhalb desselben ausgezeichnete Begünstigungen, die nach seinem, für den Schulden-Ausschuß (S. 228.) gebrauchten Ausdruck „in das Materiellste, in den Geldbeutel“ eingreifen — in dies Materiellste, in den Geldbeutel nicht eingegriffen, sondern nahmhaft eingebracht haben — und dem die

Regierung es noch vor einem Jahre übersehen hat, daß er sie den Landtagen denuncirte!

Wir heben hier noch eine Stelle aus S. 229. dieser verwerflichen Schrift, als Beweis ihrer ungezügelten Frechheit, aus:

Der Verfasser „legt in derselben dem Volke seine Ansicht „dar, wie das Volk sich gegen die gegen bestehendes Recht und „bestehende Verfassung erlassenen Königlichen Verordnungen „vom 3. Februar 1847 zu verhalten habe (S. 7.)" diese Ansicht in Ansehung der, in denselben vorbehaltenen Königlichen Bestätigung der von den einzelnen Klassen der Stände gewählten Deputirten zum vereinigten Ausschuß dahin vor, „daß diese Bestätigung vom Volke nicht „angenommen werden könne" (S. 228.) Diesen das Volk gegen das Gesetz aufregenden Rath unterstützt der Verfasser, nachdem er das Volk mit der Vorspiegelung, daß es das Recht die Verordnungen anzunehmen oder abzulehnen habe, hinter das Licht zu führen sucht, (S. 229.) durch folgende Aeußerung:

„Diese Bestätigung, die sich der König ausdrücklich vorbehält, hat **keinen Sinn**, wenn nicht den, daß der König sich das Recht vorbehält, jede mißliebige Person **nicht** zu bestätigen, vielmehr zu verlangen, daß dafür eine andere, eine persona grata, gewählt werde.

Was soll man dazu sagen, wenn ein politischer Körper gebildet wird, der nicht frei von den Grundbesitzern — wir können nicht sagen vom Volke — gewählt worden, sondern nur mit **Genehmigung** des Königs?[134]) (S. 234.) Wir enthalten uns hierüber absichtlich jeder weiteren Auslassung.

Der Herr Simon verbreitet daher im Volke nachstehende Verläumdungen:

Des Königs Anordnung und Gesetz hat **keinen Sinn,** und

Wenn sie einen Sinn hätte, so könnte er kein anderer, als die Absicht sein, die den Ständen bewilligte freie Wahl der Mitglieder des Ausschusses denselben **mittelbar zu entziehen und zu vernichten,** und in die Hand des Königs zu bringen.

Des Königs Anordnung kann keinen anderen, als einen **verwerflichen** Sinn haben.

Der König **kann** eine solche Absicht haben und hat **sie** gehabt;

und sucht diesen Verleumdungen durch die unwahren Vorspiegelungen, deren wir gleich erwähnen werden, leichtern Eingang zu verschaffen. Er verschweigt nicht allein den jedem vernünftigen Menschen klar vorliegenden Sinn und Zweck der Königlichen Bestätigung, nämlich die Aufrechthaltung der verfassungsmäßigen Vorschriften über Wahlform und passive und active Wahlfähigkeit, und unterschiebt demselben einen anderen als den nur allein

[134]) Wahlen, die einer höhern Bestätigung bedürfen, sind also nach des Verfassers Logik keine freie Wahl, also alle Wahlen geistlicher und weltlicher Korporationen keine freie Wahlen, an Eigenschaften und Vorschriften gebundene Wahlen keine freie!

gedenkbaren, „sondern verändert auch den gesetzlichen Ausdruck: „Bestätigung“ S. 233. in: Genehmigung des Königs, obgleich der wesentliche Unterschied zwischen beiden ihm schwerlich unbekannt sein kann und unterstützt auf diese Art die Verläumdung, daß die verheißene freie Wahl in eine, auf eine dem Könige genehme Person nothwendig gerichtete Wahl verwandelt sei, worüber der Verfasser, in tiefer, geheimnißvoller Weisheit S. 234. erklärt, „jeder weiteren Auslassung sich absichtlich zu enthalten“, also das, was er darüber noch in petto hat, wenigstens zur Zeit noch für sich behalten zu wollen.

Der Verfasser der S. 121. angeführten Schrift hat auf die Pflicht, vor der Verbreitung solcher unwürdiger Grundsätze zu warnen, mit so vielem Recht aufmerksam gemacht und sie selbst so gründlich erfüllt, daß auch wir, da die Schrift des Simon während der Ausarbeitung dieser Bogen zu unserer Kenntniß kommt, uns verpflichtet halten, von den verwerflichen Grundsätzen und Richtungen, von welchen sie durch und durch erfüllt und durchwebt ist, einige näher darzulegen und das Publikum darauf aufmerksam zu machen.

Wenn wir daher die eben ausgehobene Stelle prüfen; so ergeben sich folgende Resultate:

I. Sie beruht auf Unwahrheiten,

1) denn diese Ausschüsse, welche jetzt eine Vereinigung erhalten haben, sind erst 1842 eingeführt und zugleich die Königliche Bestätigung der Wahlen zu denselben vorbehalten;

2) es ist daher unwahr, daß das Volk bisher ein Recht gehabt habe, ohne Königliche Bestätigung zu wählen und unwahr, daß die Krone das Recht der Bestätigung nie gehabt hat, daß durch die Verordnung vom 3. Februar 1847 dieses Recht dem Volke, ohne es zu hören, genommen und der Krone beigelegt sei.

II. Sie beruht auf Täuschung des Volks. Denn

1) der Verfasser verheimlicht demselben nicht allein den jedem bekannten Grund und Zweck der obrigkeitlichen Bestätigung der Wahlen zu ständischen Versammlungen, nämlich die Aufrechthaltung der verfassungsmäßigen Wahlgesetze; sondern

2) versichert dasselbe, daß die vom Könige sich vorbehaltene Bestätigung keinen Sinn habe, bringt ihm

3) jedoch den Gedanken bei, daß, wenn dieser Vorbehalt einen Sinn haben könne, er der sein werde, daß der König sich das Recht vorbehält, jede mißliebige Person nicht zu bestätigen, vielmehr zu verlangen, daß dafür eine ihm gefällige Person (persona grata) gewählt werde, obgleich er doch wohl wissen sollte, daß aus dem Recht die Bestätigung zu versagen, das Recht zu verlangen, daß eine persona grata gewählt werde, keinesweges folgt.

4) Eine fernere Täuschung des Volks ist die Veränderung des gesetzlichen Ausdrucks: Bestätigung — in Genehmigung des Königs und

5) die Behauptung: daß es keine freie Wahl sei. Auch hier kann

6) der Verfasser eine durch sein ganzes Pamphlet laufende Täuschung — und mehr als Täuschung — nicht unterdrücken, nämlich die, dem Volke vorzuspiegeln, daß die angeordnete Landes-Repräsentation eigentlich nur aus Herrn und Rittern — bestehe, indem er auch hier (S. 233.) anführt, daß bei der Königl. Bestätigung „die Mitglieder nicht frei von den Guts„besitzern — wir können nicht sagen vom Volke — „gewählt werden."

Ueberhaupt ein Aberwitz, Gutsbesitzer vom Volke zu trennen, und von einem Manne, der in zwei Bänden ein Preußisches Staatsrecht geschrieben hat, ein doppelter Aberwitz, zugleich aber eine neue Aufforderung, dies Staatsrecht mit recht großer Vorsicht zu lesen.

III. Sie hat, wie das ganze Pamphlet, die determinirteste Absicht, Mißvergnügen mit den Gesetzen der ständischen Verfassung und Widerstand gegen dieselben zu erregen, und fordert dazu grade auf.

Der Verfasser erklärt öffentlich, daß die ständischen Gesetze vom 3. Februar 1847, gegen bestehendes Recht und gegen bestehende Verfassung erlassen, und daß sie dem Volke, ohne es zu hören, seine wenigen ständischen Rechte genommen und sie der Krone beigelegt habe. Er tritt öffentlich mit der Erklärung auf: Wir werden dies nachweisen und unsere Ansicht darlegen, wie das

Volk sich hiergegen zu verhalten habe. Winkelconsulent ist er hiernach nicht und will es auch nicht sein, hat aber doch in deren Richtungen consultirt. Er ist alle Artikel der drei Gesetze durchgegangen, hat zuvörderst versucht, zu der Ansicht aufzureizen, daß das Volk das ganze Gesetz in jedem Falle auf das entschiedenste ablehnen und eine allgemeine Deputirten-Versammlung, eine constituirende Versammlung und diese eine neue Verfassung berathen und fordern müsse und hat auch schon hierzu eine Instruction entworfen, fordert aber überdem noch bei jedem Artikel besonders auf, denselben abzulehnen, versichert daß die Nothwendigkeit dies erfordert, daß es Leichtsinn wäre, ihn anzunehmen, und weissagt, als eine Cassandra, Unheil und Unglück, wenn seine Rathschläge nicht befolgt werden.

Das Resultat ist daher Aufforderung nicht blos zur Auflehnung gegen die erlassenen Gesetze, sondern gegen das jetzt bestehende Recht und gegen die bestehende Verfassung, zu deren Beschützer der Verfasser sich angab. Dies ist nicht eine aus einer wissenschaftlichen Erörterung hervorgehende Aufregung, sondern eine in einer dazu eigends bestimmten und abgefaßten Schrift gradezu bezweckte Aufforderung zur Auflehnung gegen die bestehende Verfassung und Anordnung, die nicht blos durch die eben angeführten Täuschungen des Volks verstärkt, sondern sogar durch die S. 131. erwähnte Anführung eines verfälschten Inhalts des Westphälischen Friedens als gesetzmäßig und erlaubt dargestellt wird, indem dem Volke ein ihm vermöge desselben zustehendes Recht der Selbsthülfe gegen unrechtmäßige innere Gewalt vorgespiegelt wird.

IV. Der Verfasser begnügt sich aber nicht bei dem im Allgemeinen Landrecht (Thl. II. Tit. 20. §. 151. bezeichneten Vergehen: durch frechen, unehrerbietigen Tadel oder Verspottung der Landesgesetze und Anordnungen im Staate, Mißvergnügen und Unzufriedenheit der Bürger gegen die Regierung zu veranlassen (wobei es nach dem Gesetz von 1819 nicht darauf ankommt, ob dasselbe wirklich erregt worden, sondern darauf, ob sie geeignet sind, es zu erregen), obgleich das Allgem. L.=R. §. 153. schon solche Schriften „Schandschriften“ nennt und ihre Vernichtung und nach Umständen öffentliche Verbrennung vorschreibt — sondern verbindet damit auch die frechsten Verletzungen der Ehrfurcht für den Landesherrn (Allg. Landrecht §§. 199. und 200.). Wir enthalten uns, die zahllosen Fälle bisher noch nicht vorgekommener Ausgelassenheit anzuführen, und beschränken uns auf den vorliegenden Gegenstand. Es ist nicht blos Verletzung der Ehrfurcht, sondern freche, ehrenrührige Schmähung des Oberhaupts im Staat (A. L.=R. a. a. O. §. 199.) Wenn in der Kritik der Verordnungen vom Februar 1847 S. 229. behauptet wird:

> Die Bestätigung, die sich der König ausdrücklich vorbehält, hat keinen Sinn;

so ist Herr Simon wohl der erste und wird hoffentlich der letzte sein, der dem Volke öffentlich zuruft:

Des Königs Anordnung hat keinen Sinn!

Aber noch nicht genug, hinzufügt:

> **wenn sie einen Sinn hätte;** so könne es nur

der sein, „daß der König sich das Recht vorbehält (zu bezwecken, Simon sagt sogar:) zu **verlangen, daß eine ihm genehme Person gewählt werde"**

also die Absicht, die den Ständen mit der einen Hand verliehene freie Wahl mit der anderen Hand ihnen mittelbar zu entziehen und zu vernichten. Schmähungen, Verläumdung, Erregung von Mißtrauen und Mißvergnügen vereinigen sich in diesen wenigen Worten in einem seltenen Grade.

V. Schlißlich noch ein Wort über die verletzte Achtung für das Preußische Volk. Der Verfasser verletzt diese Achtung so sehr, daß er demselben, jedem Preußen, ein mit Schmähungen und Verläumdungen gegen den König und mit Aufreizungen gegen die Verfassung durchwebtes, gesetzlich zur Vernichtung und noch mehr bestimmtes Pamphlet, zueignet, ein Pamphlet, welches jeder Preuße, wenn er es ihm einzeln zugeeignet hätte, ihm mit Unwillen zurückgeschickt haben würde.

Wir bitten den Leser, diese Episode über diese Simonsche Schrift mit der Pflicht eines Jeden zu entschuldigen, die sich ihm darbietende Veranlassung zu benutzen, das Publikum auf die schädliche Richtung und den Gehalt dieses Pamphlets aufmerksam zu machen und vor demselben zu warnen, dies Urtheil über die Verwerflichkeit desselben wenigstens durch einige Fälle zu begründen.

§. 44.
IV. Domainen.

Die in der Verfassung der Reichs- und aller deutschen Länder begründete [135]) Eigenschaft der Kammer-Güter als Haus- und Patrimonial-Eigenthum des fürstlichen Hauses war so allgemein anerkannt, daß selbst der

---

[135]) Wir heben hier den Inhalt der beiden letzten Lehrbücher des Reichs-Staatsrechts aus: **Leist** teutsches Staatsrecht (Göttingen 1803) §. 22.: In den Kammer- (Domanial-) Gütern steht in den teutschen Erbstaaten das Eigenthum keinesweges dem Staate oder Lande selbst zu, sondern nur allein der landesherrlichen Familie, folglich müssen sie auch als Privatgüter der regierenden Familie, und nicht als wahre Staatsgüter (wovon der Staat selbst das Eigenthum, der Regent aber nur Besitz, Benutzung und Verwaltung hätte), oder als Domainen im eigentlichen Sinne betrachtet werden, wie dies die Geschichte ihrer Entstehung bewahrheitet und über allen Zweifel erhebt. Auch dadurch kann ihre rechtliche Beschaffenheit nicht verändert werden, daß ihre Revenüen zur Bestreitung des Regierungs-Aufwandes verwandt werden, daraus darf kein Schluß zum Nachtheil des Landesherrn und zum Vortheil des Landes gemacht werden. **Gönner** teutsches Staatsrecht (Landshut 1804) §. 449.: Nicht jedes Gut, welches sich in den Händen des Herrschers befindet, ist darum auch Staatsgut, vielmehr ist in der Regel nur dasjenige für wahres Staatsgut (im Gegensatz der Kammergüter) zu halten, was die Idee eines Staats als Bedingung voraussetzt. Dahin gehören die öffentlichen Flüsse, Alluvionen, Inseln, Landstraßen, Ererbung erblos verstorbener Personen, Güter der Klöster, milde Stiftungen und andere öffentliche Anstalten sind Eigenthum des Staats, doch hat ein Theil derselben durch einen Ausspruch der Reichs-

Rheinbund, der doch keinen Anstand nahm, einer Reihe von regierenden Geschlechtern ihre Landeshoheit und ihr Staats-Vermögen ohne Entschädigung zu entziehen und dasselbe mit dem ihrigen zu vereinigen, ihnen doch ihre Domainen als Haus-Vermögen ungekränkt ließ [136]), und daß auch die Rheinbundsfürsten in den mit ihnen geschlos-

---

gewalt die Eigenschaft eines Kammerguts erhalten, nach dem Reichs-Deput.-Schluß v. 1803 §. 34. bekanntlich die Güter der säcularisirten Dom-Kapitel-Klöster (S. 150.) §. 450.: Zwischen Staats- und Privateigenthum in der Mitte stehen die Kammergüter teutscher Fürsten. Ihre ursprüngliche Eigenschaft eines Privateigenthums der regierenden Familie haben sie durch Entstehung der Landeshoheit so wenig verloren, daß vielmehr die Reichsgesetze diese Qualität ausdrücklich anerkannt haben, theils durch die ursprünglichen Reichssteuern, wobei jeder Landesherr seiner Kammergüter wegen wie jeder Privatmann belegt war, theils durch den Befehl, die Landesherrn sollten sich eines Beitrags von ihren Kammergütern zu den Landesbedürfnissen nicht entschlagen, theils durch die den Landesherrn für verlorne Kammergüter geleistete Entschädigung, theils durch die scharf abgesteckte Gränze zwischen Kammer- und Landes-Schulden.

[136]) **Rheinbunds-Acte** d. d. Paris 12. Jul. 1806. Art. 26.: Les droits de Souveraineté sont ceux de legislation, de jurisdiction suprème, de haut police, de conscription militaire ou recrutement et d'impôt.

Art. 27.: Les Comtes et Princes actuellement regnans conserveront chacun comme proprieté patrimoniale et privée tous les domaines sans exception, qu'ils possèdent maintenant, ainsi que tous les droits seigneuriaux et féodaux non essentiellement inhéreans à la souveraineté et notamment les droits de basie et moyenne jurisdiction en matière civile et criminelle, de jurisdiction

senen Auseinandersetzungs-Verträgen und in anderen Anordnungen und Verfügungen [137]) diesen Grundsatz anerkannten. Mit diesem Grundsatz war Deutschland, wenigstens ein Theil davon, aus der Reichs-Verfassung in die Rheinbunds-Verfassung übergegangen, und aus dieser durch die deutsche Bundes-Verfassung erlöset. Daß die, die deutsche Verfassung erhaltenden und möglichst wiederherstellenden, dem Unfug subversiver Theorien vorbeugenden deutschen Fürsten denselben dies Opfer gebracht, und die Domainen für Staatsgüter und sich für deren Nutznießer erklärt haben, wird selbst auch dann nicht behauptet werden können, wenn die Bundes-Gesetze eben der Behandlung unterworfen würden, welche dem Westphälischen Friedensschlusse zu Theil geworden ist (S. 131.). Die Eigenschaft der Domainen, als Haus-Güter der regierenden Geschlechter, ward aber nicht blos durch

---

et de police forestière, de chasse, de pêche, de mines d'usines, de dimes et préstations féodales, de patronages et autres semblables et les révenues provenans des dits domaines et droits. Leurs domaines et biens seront assimilés, quant à l'impôt aux domaines et biens des princes de la maison sous la souveraineté de la laquelle ils doivent passer ou si aucun des princes de la dite maison de possedait d'immeubler aux domaines et biens de la classe la plus privilégiée, ne pourront les dits domaines et droits être vendus à un souverain étranger à la conféderation ni autrement alienés, sans avoir été préalablement offerts au prince sous la souveraineté du quel ils sont placés.

137) Vergl. D. Carl Vollgraff die teutschen Standesherrn (Gießen 1826) S. 276—393 und §. 5. S. 574.

die Bestätigung der oben angeführten Bestimmungen der Rheinbunds-Acte, sondern auch im Allgemeinen durch den deutschen Bund [138]) und die in Folge desselben geschlossenen Verträge, so wie durch die den einzelnen Bundes-Staaten gegebenen Verfassungs-Urkunden und einzelnen Verträge und Verordnungen bestätigt. Denn in keiner dieser Verfassungs-Urkunden ist der Grundsatz, daß die Domainen Staats-Güter sind und dem Landesherrn nur die Einkünfte derselben zustehen, angedeutet, sondern vielmehr das Gegentheil ausdrücklich ausgesprochen [139]) und wo er

[138]) Z. B. Königl. Preußische Verordnung, betr. die Rechts-Verhältnisse der vormals unmittelbaren Reichsstände v. 21. Juni 1815 §. 3.: Sollen sie nicht nur bei dem Besitz ihrer sämmtlichen Domainen und davon herrührenden Einkünfte geschützt — werden. Königl. Preußische Instruction, die Verhältnisse &c. betreffend, v. 30. Mai 1820 §. 24.: Die Standesherren genießen bei ihren Domainen, ohne Unterschied, ob dieselben in Dominial-Grundstücken oder Gefällen bestehen, wenn sie schon vor Auflösung des deutschen Reichs zu ihrem nunmehr standesherrlichen Stamm- oder Familiengute gehört haben und von ihnen steuerfrei besessen worden sind, die gänzliche Befreiung von ordentlichen Grundsteuern. Ist nicht auszumitteln, ob die Domainen dieser Art vor Auflösung des deutschen Reichs zu ihrem Stammgute gehört haben; so soll dies im Zweifel zu Gunsten der Standesherrn vermuthet werden. — Die Standesherrn bleiben verpflichtet, von ihren Domainen zu außerordentlichen Steuern, namentlich zu Kriegssteuern, beizutragen. — §. 60.: Auch — steht ihnen frei, ein Collegium als Rent- oder Domainen-Canzlei — zu errichten. — §. 64.: — Die Domainen- und Kammerschulden (der Standesherrn).

[139]) Z. B. **Königl. Sächsische Verfassungs-Urkunde** v. 1818 §. 22.: Die Civilliste ist als Aequivalent für die den

geäußert, ihm auf das bestimmteste widersprochen, wo er gar schon gewuchert haben sollte, für ungültig erklärt und vernichtet, wie dieses insonderheit im Königreich Hannover

---

Staatskassen auf die jedesmalige Dauer der Regierungszeit des Königs überwiesenen Nutzungen des Königlichen Domainenguts zu betrachten. **Königl. Hannoversches Landes-Verfassungs-Gesetz** v. 1840 §. 129.: Die Königlichen Domainen — so wie die Regalien bilden in seinem Gesammtbestande ein stets zu erhaltendes Fideicommiß, welches zugleich und unzertrennlich mit der Nachfolge in der Regierung dem Könige anfällt, und aus dessen Aufkünften die Bedürfnisse des Königs und der Landes-Verwaltung zunächst bestritten werden. §. 131.: Durch die Unveräußerlichkeit der Domanial-Grundstücke wird dem Könige die Befugniß nicht benommen, Domainen-Kapitalien zu kündigen — nur müssen sie — zum Besten der Domainen — wieder angelegt werden. §. 132.: Dem Könige verbleibt das Recht zur Bestreitung außerordentlicher Ausgaben und Ausfälle an Einnahmen anzuleihen, und dafür die Einkünfte der Domainen und Regalien zur Hypothek zu setzen. §. 135.: Die Verwaltung der Domainen und Regalien, so wie ihrer Aufkünfte, hängt allein vom Könige ab, die Stände können in dieser Hinsicht keine Art der Mitwirkung in Anspruch nehmen, in so fern nicht der König für einzelne Gegenstände eine solche Mitwirkung zeitweise einräumt. §. 137.: Die Aufkünfte aus den Domainen und Regalien sollen künftig nicht mit den Steuern und Chausseegeldern in eine gemeinschaftliche Casse fließen, sondern die bis 1834 bestehende Trennung der Königlichen Casse und der Landes-Casse wieder hergestellt werden und zu der ersteren die Einkünfte der Domainen und der Regalien, Lotterie, Intelligenz-Comtoir und Sporteln der Königl. Behörde fließen; die Königl. Casse ist allein vom Könige abhängig. §. 139.: Die Ausgaben für die Kosten der Landes-Verwaltung und sonstige Landes-Bedürfnisse sind

im Jahre 1840 der Fall war. In einigen Bundesländern sind zwar die Einkünfte der Domainen ganz oder theilweise, unbestimmt oder auf Widerruf des Regenten vom Landesherrn

---

nach bestimmten Gegenständen auf die Königliche und die Landes-Casse zu vertheilen. **Königl. Würtembergische Verfassungs-Urkunde** v. 1819 §. 102.: Sämmtliche zu dem vormaligen Herzoglichen Familien-Fideicommisse gehörigen, so wie die von dem Könige neu erworbenen Grundstücke, Gefälle und nutzbaren Rechte, bilden, mit Ausschluß des s. g. Hofkammer-Guts, das Königliche Kammergut. §. 103.: Auf demselben haftet die Verbindlichkeit neben den persönlichen Bedürfnissen des Königs, als Staats-Oberhaupt und der Mitglieder des Königlichen Hauses auch den mit der Staats-Verwaltung verbundenen Aufwand, so weit es möglich ist, zu bestreiten, es kommt ihm daher die Eigenschaft eines von dem Königreich unzertrennlichen Staatsgutes zu. §. 109.: So weit der Ertrag des Kammerguts nicht zureicht, wird der Staatsbedarf durch Steuern bestritten. **Großherzoglich Badensche Verfassungs-Urkunde** v. 1818 §. 59.: Ohngeachtet die Domainen nach allgemein anerkannten Grundsätzen des Staats- und Fürstenrechts unstreitiges Patrimonial-Eigenthum des Regenten und seiner Familie sind, und Wir sie auch in dieser Eigenschaft vermöge obhabender Pflichten als Haupt der Familie hiemit ausdrücklich bestätigen; so wollen Wir dennoch den Ertrag derselben, außer der darauf reducirten Civilliste und außer darauf haftenden Lasten, so lange als Wir Uns nicht durch Herstellung der Finanzen in dem Stand befinden werden, Unsern Unterthanen zu erleichtern, der Bestreitung der Staatslasten ferner belassen. **Churhessische Verfassungs-Urkunde** vom 5. Januar **1831** §. 139. Zum Staats-Vermögen gehören vornehmlich die bisher bei den Finanz- und anderen Staatsbehörden verwalteten oder nach erfolgter Feststellung dieses Vermögens, zur Staats-Verwaltung übergehenden Gebäude, unter mannigfachen Modificationen zur Erhebung und Verwendung zu den bestimmten Zwecken den Landständen überwiesen. Es würde aber ein großer Fehlschluß sein, wenn

---

Domanial- (Kammer-) Güter und Gefälle, Forst, Haiden, Fischereien, Hütten- und Salzwerke, auch Fabriken, nutzbare Regalien und Rechte, Kapitalien und sonstige Werth-Gegenstände, welche ihrer Natur nach als Staatsgut zu betrachten sind oder aus Mitteln des Staats und zum Staats-Vermögen erworben sein werden (?). §. 140.: Das Staats-Vermögen soll vollständig verzeichnet und bei dieser Feststellung der Inhalt der Vereinbarungen **mit** zum Grunde gelegt werden, welche hinsichtlich der Sonderung des Staats-Vermögens von Fideicommiß-Vermögen des Churfürstlichen Hauses, so wie hinsichtlich des Bedarfes für den Churfürstlichen Hof mit den dermal versammelten Landständen getroffen sind. §. 141.: Für den in der betreffenden Vereinbarung festgesetzten Bedarf des Hofes bleiben die dazu durch dieselbe vorbehaltenen Domainen und Gefälle auf immer bestimmt. Diese werden aber dessenungeachtet durch die Staatsfinanzbehörden ganz so wie das übrige Domanial-Vermögen, Vermögen, deren Ertrag fließt in die Staatskasse. **Großherzoglich Hessische Verfassungs-Urkunde** v. 1820 Art. 6.: Ein Drittel der sämmtlichen Domainen wird nach der Auswahl des Großherzogs an den Staat abgegeben, um mittelst allmähligen Verkaufs zur Schuldentilgung verwendet zu werden. Art. 7.: Die übrigen zwei Drittheile bilden das schuldenfreie unveräußerliche Familiengut des Großherzoglichen Hauses. Die Einkünfte dieses Familienguts, worüber eine besondere Rechnung geführt wird, sollen jedoch in dem Budget aufgeführt und zu den Staatsausgaben verwendet werden; die zu den Bedürfnissen des Großherzoglichen Hauses und Hofes erforderlichen Summen sind aber darauf vorzugsweise radicirt, und ohne ständische Einwilligung soll auch von diesem Familien-Vermögen nichts verhypothezirt werden. Art. 9.: Das Veräußerungs-Verbot des Art. 7. bezieht sich

man hieraus eine Anerkennung des Eigenthums des Landes an den Domainen folgern wollte, da diese Ueberlassung der Einkünfte und Behaltung des Eigenthums diese ganze

---

nicht auf die Staats- und Regierungshandlungen mit auswärtigen Staaten. — In allen diesen Fällen wird aber den Ständen eine Berechnung über den Erlös und dessen Wiederverwendung zum Grundstocke vorgelegt. Art. 10.: Eben dieses galt auch von den zum Staats-Vermögen gehörenden Domainen, wenn nach Abbezahlung der Schulden der Erlös nicht mehr zur Schuldentilgungskasse abzuliefern ist. **Herzoglich Sachsen-Coburgische Verfassungs-Urkunde v. 1821 §. 71.**: Die Ueberschüsse des Landes sollen — in wie fern die zunächst auf die Domainen radicirten Bedürfnisse des Herzoglichen Hauses und Hofes nicht aus den Domanial-Einkünften so vollständig, als die Würde des Landesherrn erfordert, bestritten werden können, treten Zuschüsse zu den Kosten des Hofstaats aus der Landeskasse zur Haupt-Domainenkasse ein. §. 76.: Die Domainenrevenüen sollen für die Erhaltung des Regentenhauses, für die Administrations-Kosten und den übrigen Bedarf verwendet werden. Zur Sicherheit und Erhaltung des dem regierenden Herzoglichen Hause eigenthümlich zuständigen Domanial-Vermögens will der Landesherr die Stände zur Berathung in Ansehung einer nützlichen oder schädlichen Verwendung dieses Vermögens zugezogen und die Stände als Garants von dem Domanial-Vermögen angesehen wissen, und die Stände sind daher gehalten, in solcher Eigenschaft der Garants keine Verminderung oder Veräußerung des Domanial-Vermögens zu gestatten. **Herzogl. Sachsen-Meiningisches Grund-Gesetz** v. 1829 Art. 38.: Das Domanial-Vermögen an Gebäuden, Kammer-Gütern, Waldungen ꝛc. ist Eigenthum des Herzoglichen Specialhauses, und bestimmt, davon zunächst die Kosten der Hofhaltung und der Unterhaltung der Herzoglichen Familie zu bestreiten. Dagegen sollen die jetzt noch

Bestimmung des Landesherrn dessen Eigenthum beweiset und überdem nicht auf der Staats-Verfassung, sondern auf einem besonderen Uebereinkommen

---

zur Domainenkasse fließenden directen und indirecten Steuern— Einkünfte aus Regalien und die aus der Uebung der landesherrlichen Gewalt entspringenden Gefälle — zur Landeskasse gegen verhältnißmäßige Uebernahme der Kosten der Staats-Verwaltung und temporairen auf der Domainenkasse haftenden Lasten überwiesen werden. Ueberschüsse in der Kammerkasse fallen der freien Disposition des Herzogs zu. **Herzogl. Sachsen-Altenburgisches Grund-Gesetz** v. 1831 §. 18.: Das jetzige und künftige Domanial-Vermögen an Gebäuden, Kammer-Gütern 2c. auch Regalien ist Eigenthum des Hauses. — Aus dem reinen Ertrag der in die landesherrliche Kammer fließenden gesammten Einkünfte und der landschaftlichen Bewilligung unterliegenden Kammerhülfe wird die Deckung der Kosten der Hofhaltung des Landesherrn und die Unterhaltung der Herzoglichen Familie verwiesen 2c. **Herzogl. Braunschweigische Landschafts-Ordnung** v. 1832 §. 162.: Die sämmtlichen Herzoglichen Domainen, Forsten 2c. sollen das Herzogliche Kammergut bleiben. §. 167.: Die Aufkünfte des gesammten Kammerguts sollen noch wie bisher zur Bestreitung der Bedürfnisse des Fürsten und des Landes verwendet werden. §. 169.: Der Bedarf des Landesfürsten und seines Hauses haftet zunächst und zuvörderst auf dem Reinertrage des Kammerguts. §. 170.: Die Ueberschüsse aus der Kammer-Verwaltung — fließen in die Hauptfinanzkasse und werden nebst den zur Deckung des Bedarfs bewilligten Steuern zur Bestreitung der Bedürfnisse des Landes verwendet. **Fürstlich Schwarzburg-Sondershausensche Landständische Verfassungs-Urkunde** v. 1830 §. 11.: In die Verwaltung Unserer Fürstlichen Kammer und deren Finanz-Administration und was damit in Verbindung steht, dürfen sich die Landstände durchaus nicht mischen. **Fürstlich Hohenzollern-Sigmaringische Verfassungs-Urkunde** von

zwischen dem Regenten und seinen Ständen beruht, und daher für seinen Nachfolger unverbindlich ist, da sie eine bloße administrative Anordnung ist, oder, wenn sie ein mehreres und gar eine Veräußerung der Domainen oder ihrer Einkünfte und der Verwaltung derselben wäre, die auf pactum et providentia majorum beruhenden Rechte des landesherrlichen Hauses verletzen und daher unkräftig sein würde. Sie findet auch nur in Ländern statt, in welchen die Domainen größtentheils aus Renten und andern Hebungen und die Staats-Einnahmen zum bei weitem größten Theil aus Steuern bestanden und diese von den Ständen erhoben und an die verschiedenen Verwaltungs-Behörden abgeliefert wurden. Es beruhete daher überall nicht auf jenem irrthümlichen staatsrechtlichen Princip, sondern auf dem der Ver-

---

1833 §. 72.: Die zum Fürstenthum gehörigen Domainen des jetzt regierenden fürstlichen Hauses werden als wahres Stamm- und Fideicommiß-Vermögen desselben unter nachfolgenden Bedingungen anerkannt. §. 73.: Der Ertrag dieser Domainen soll vorzugsweise für die Bedürfnisse des Fürstlichen Hauses und Hofes verwendet werden. §. 74.: Durch eine Uebereinkunft mit den Ständen soll festgesetzt werden, a) was als Bestandtheil des Domainen-Vermögens zu betrachten ist, b) welche Ausgaben aus denselben zu bestreiten, c) welche Leistungen auf die Hauptkasse zu überweisen, und d) was bei der Unzulänglichkeit des Domainen-Ertrages für die Bedürfnisse des Fürstlichen Hauses und Hofes aus den Mitteln des Landes beigetragen werden soll.

einfachung der Verwaltung, wenn den Ständen auch die Erhebung der Domanial-Gefälle neben der Erhebung der ihnen schon zugewiesenen Steuer-Gefälle übertragen wird. So zweckmäßig diese Einrichtung in solchen Ländern, z. B. in Baiern, sein mögte, so unzweckmäßig und unausführbar würde sie in Ländern sein, in welchen die Domainen aus großen und bedeutenden Herrschaften und Landgütern bestehen und ihre Einkünfte den größten Theil der Staats-Einnahme betragen und auch die Steuern nicht von den Ständen erhoben werden, und wo vollends die Domainen nicht in Hebungen aus fremdem Grund und Boden, sondern aus großen mit allen Rechten der Gutsherrschaft und Obrigkeit versehenen Landgütern bestehen, welche eine eigene obrigkeitliche und finanzielle Verwaltung und Oberaufsicht erfordern, für welche die Stände weder in den untern, noch in den obern — in der obersten würde ohnehin jedenfalls die landesherrliche eintreten müssen — in irgend einer Beziehung geeignet sind und Gutsherrn auf den Domainen des Landesherrn sein würden. Daher findet sich diese angeführte Theilnahme der Landstände an den Domainen auch nur nach dem Maaße dieser Verschiedenheit der letzteren. — Diese Verschiedenheit nimmt, von der Unerheblichkeit der Domainen an gerechnet, ihre Richtung von Süden nach Norden, und wird hiernach immer schwächer, je bedeutender das Domanial-Vermögen aus größerem Land-Eigenthum besteht, bis sie endlich in dem großen Domanial-Grund-Vermögen der fürstlichen Häuser im nördlichen Deutschland als unausführbar und nachtheilig ganz verschwindet und auch im Süden auf größere Domanial-

Herrschaften sich nicht erstreckt. Es ergiebt sich hieraus, daß Schlüsse von den Befugnissen der Stände in Ländern, in welchen besondere Abkommen dieser Art bestehen, auf die Befugnisse der Landstände in Ländern, in welchen solche Einrichtungen nicht sind, ihrer Natur nach Fehlschlüsse sind. In jenen Ländern haben die Landstände die Erhebung fast der gesammten Staats-Einnahmen, und bestehen letztere größtentheils aus den Steuern der Unterthanen, und müssen von denselben die Kosten der Staatsbedürfnisse durch Steuern aufgebracht werden, die daher veränderlich sind, und der Einwilligung der Stände bedürfen. Es liegt daher in der Sache selbst, daß die, für einen gegebenen Zeitraum erforderlichen, von den Unterthanen durch Steuern aufzubringenden Mittel zur Bestreitung der Staatsbedürfnisse zwischen dem Fürsten und den Ständen ermittelt und daher nach dem Bedürfnisse selbst geprüft werden müssen, damit die Steuern zu deren Befriedigung ausgeschrieben werden (Budget). Es würde aber offenbar ein großer Fehlschluß sein, wenn man hieraus gegen alle Grundsätze der Verfassung überhaupt in allen Staaten ein Recht der Stände ableiten wollte, den Staatshaushalt ihres Fürsten zu prüfen, zu moniren und zu ordnen und gar das s. g. Budget festzusetzen. Diese Controllirungs-Befugniß an sich ist den Grundsätzen des Staatsrechts durchaus entgegen, und in den Befugnissen der Landstände überall nicht enthalten (§. 37. ff.), und tritt nur dann ein, wenn der Fürst zum Staatshaushalt neue Steuern oder Abgaben seiner Unterthanen verlangt, zu welchen sie nicht verpflichtet sind, und ist in diesem Fall jenes Recht kein besonderes landständisches Recht, sondern eine natürliche Folge der verfassungsmäßigen Nothwendigkeit der ständischen Einwilligung zu neuen Steuern oder Staatsanlehen. Daher liegt es am hellen Tage, daß es durchaus gegen die ersten Begriffe der Verfassung verstoßen würde, wenn jene Theilnahme der Stände an dem Staatshaushalt des Landesherrn auch außer jenem Fall und auch dann für nöthig erachtet würde, wenn der Landesherr für denselben vom Lande überall keine neue Steuern oder Anlehen fordert und daher seine Staatshaushaltung die ständischen Befugnisse — Vertretung des Eigenthums und der Steuern der Unterthanen — überall nicht berührt, sondern nur in der ihm allein zustehenden Disposition über die bestehenden Regierungs-Fonds, also über die Einkünfte des Regenten eigenen Haus-Vermögens und seiner Regalien und aus den Steuern bestehen, welche die Unterthanen vermöge der Reichs-, oder Bundes-, oder Landes-Verfassung zu bestimmten Zwecken zu entrichten verpflichtet sind, oder freiwillig übernommen haben, besteht. Der große Unterschied, ja die gänzliche Verschiedenheit zwischen diesen Ländern, in welchen nicht allein die Kosten der Regierung größtentheils und die der landesherrlichen Haus- und Hofhaltung und aller und jeder Anstalten und Einrichtungen, für welche nicht besondere Steuern bestehen, allein aus des Landesherrn Kammer-Vermögen bestritten werden, und zwischen solchen Ländern, in welchen nicht allein die Kosten der Regierung, sondern auch die des Unterhaltes des regierenden Hauses und des fürstlichen Standes desselben zum bei weitem größten Theil durch Steuern der Unterthanen aufgebracht werden, und zu allen außerordentlichen Ausgaben, selbst zu neuen Apanagen der Mitglieder des fürstlichen Hauses, zur Wiederherstellung fürstlicher Schlösser &c. den Unterthanen neue Steuern auferlegt werden müssen, der Unterschied zwischen Ländern, in welchen jedes Mißverhältniß zwischen Einnahme und Ausgabe eine Landes-Schuld wird und solchen Ländern, in welchen nicht allein seit Generationen von den Unterthanen keine Deckung eines Deficits, keine Uebernahme einer Schuld der Verwaltung, keine Vermehrung der Steuern wegen einer außerordentlichen Ausgabe der Verwaltung gefordert, sondern dieses alles aus des Landesherrn Mitteln bestritten, der bei weitem größte Theil der Einkünfte seiner Domainen zur Bestreitung der Staatsbedürfnisse bestimmt ist, zu den Steuern, was so oft übersehen wird, auch die Einkünfte des dem Landesherrn nicht vermöge der Landeshoheit, sondern besonderer Kaiserlicher Verleihung zu stehenden Zollregals[140]) gerechnet werden (S. 99.)

[140]) Daher das Königl. Hannoversche Verf.-Gesetz von 1840 §. 158.: Da die Landzölle und Schiffahrts-Abgaben für jetzt mit den Eingangssteuern dergestalt verbunden sind, daß eine unmittelbare Erhebung der ersteren — nicht thunlich ist; so überläßt der König für die Dauer jener Verbindung die Benutzung seines Zollregals rücksichtlich der Landzölle und Schiffahrts-Abgaben der Landeskasse, welche hiefür jährlich die Summe von 230,000 Thlr. an die Königliche Kasse zu vergüten hat. Das Recht selbst, so wie für den Fall der Aufhebung jener Verbindung die anderweitige Bestimmung über dessen Benutzung behält sich der König vor.

die durch außerordentliche Landes-Calamitäten verursachten Schulden zum größten Theil aus den Domainen weit über deren Verhältniß zum übrigen Staats-Vermögen hinaus getragen [141]), oder in anderen Calamitäten ohne Belästigung der Unterthanen Unterstützungen, welche den Einkünften mancher Königreiche nahe kommen, bewilligt werden, und anstatt Landes-Schulden zu veranlassen, aus den Fonds der Staats-Verwaltung für außerordentliche Staats-Bedürfnisse Reserve-Fonds und ein Schatz erhalten werden, die den Unterthanen auf die ihnen nach der Verfassung obliegenden außerordentlichen Steuern zu Gute kommen sollen [142]).

Wohl mag es in Ländern, in welchen, wie in Frankreich und England, der Regent ohne eigenes Vermögen ist, und seinen und seines Hauses Unterhalt und die für seine Verwaltung erforderlichen Mittel, lediglich durch die mit Einwilligung der Stände erhobenen Steuern erhält, nicht auffallend sein, jetzt, wie in Paris und London, von Budget und Civilliste und von deren Feststellung und Bewilligung sprechen zu hören, da man dort seit Jahrhunderten von Landes-Nothdurft, status exigentiae, Kammerhülfen, Küchenhülfen, Dons gratuits zu Studien und Reisen, Besoldungshülfen u. s. w. und von den neuen Steuern dazu hat sprechen

---

[141]) So tragen z. B. nach dem Preußischen Gesetz vom 17. Januar 1820 zu dem jährlichen Fond (von 10,143,027) zur Verzinsung und Tilgung der Staats-Schuld bei: die Domainen 6,868,000 Thlr. und die Salzgefälle 3,275,027 Thlr.

[142]) Königl. Preußische Verordnung wegen Bildung des vereinigten Landtages v. 3. Febr. 1847 §. 6.

hören. Aber um desto auffallender und unerklärbarer würde die Erscheinung einer ständischen Prüfung, Berichtigung und Feststellung eines s. g. Budgets (Etats) und einer s. g. Civilliste — eines ohne Kenntniß des Ursprungs ganz unverständlichen Ausdrucks — in einem Lande, in welchem Anforderungen jener Art an die Unterthanen nie gemacht sind und auch jetzt nicht gemacht, sondern den Unterthanen Unterstützungen bewilligt werden, und die Etats bisher nicht die Summen enthielten, welche der Regent vom Lande fordert, sondern demselben aus den zu seiner freien Verfügung und Weisheit stehenden Verwaltungs-Fonds zufließen lassen wolle. Wo zu Hof- und Küchen-Ausgaben, zu Anschaffung von Schreib-Materialien für die Behörden rc. außerordentliche Steuern gefordert werden, kann in denjenigen, welche sie aufbringen sollten, wohl der Gedanke, daß mit den vorhandenen Fonds unordentlich gewirthschaftet werde und diese Wirthschaft einer Prüfung bedürfe, entstehen, wogegen er aber in Ländern Vorwitz und Verletzung der Verfassung sein würde, in welchen nicht allein keine neue Steuern gefordert werden, und der in allen Beziehungen segensreiche Zustand des Landes die Weisheit der Verwaltung beurkundet. Und selbst in Ländern, in welchen zu einem bestimmten, einzelnen Landes-Zweck neue Steuern vom Fürsten gefordert wurden, und zu denselben die Einwilligung der Landstände nothwendig sind, beschränkten die Landstände sich auf Prüfung der Nützlichkeit des Zweckes und der Ablehnung oder Bewilligung derselben, maßten sich aber nicht die Revision des landesherrlichen Etats und die censorische Prüfung an, ob durch Verbesserung des Haushalts der

Zweck auch ohne Steuern erreicht werden könne. Nur in Ländern, in welchen die Landstände die Verwaltung der Steuern hatten, ward für dieselben ein Etat gemacht. In allen diesen Fällen war die Theilnahme der Landstände von einer Prüfung und Kritik der Staats-Verwaltung, und insonderheit der Finanz-Verwaltung und Mitbestimmung der letzteren des s. g. Budgets und der Civilliste durchaus verschieden. Auch in den einzelnen deutschen Ländern, in welchen der Etat (Budget) den Ständen mitgetheilt wird, erfolgt das nur, wenn ihnen neue Steuern angesonnen werden, und auch alsdann nicht, um die Finanz-Verwaltung des Landesherrn ihrer Revision und Prüfung zu unterwerfen, und vollends nicht zur Begutachtung und Genehmigung, sondern in Beziehung auf die geforderte Steuer oder Anleihe [143]), und findet mithin bei nothwendigen

143) Z. B. Königl. Hannoversches Landes-Verf.-Gesetz v. 1840 §. 138.: Da Ständen zur Beurtheilung der Frage, in wie weit ständische Mittel in den Landes-Ausgaben zu bewilligen sind, von dem Zustand der Königl. Kasse Kenntniß zu geben ist; so soll der allgem. Stände-Versammlung bei Eröffnung eines jeden Landtags eine Uebersicht der Einnahmen und Ausgaben der Königl. Kasse in den seit der zunächst vorhergegangenen Mittheilung abgeschlossenen Rechnungs-Jahren zugestellt werden, welche sich gleichwohl in Hinsicht auf die Ausgabe, auf die Anlage N. N. und in Hinsicht auf die Einnahme auf die Rubriken N. N. beschränken kann. Würtembergische Verf.-Urk. v. 1819 §. 110.: Dem Ansinnen einer Steuerbewilligung muß jedesmal eine Nachweisung über die Nothwendigkeit oder Nützlichkeit der zu machenden Ausgaben, über die Verwendung der frühern Staats-Einnahmen und über die Unzu-

Steuern überall nicht Statt. Wenn man sich dagegen auf einzelne große und kleine Staaten berufen wird; so übersieht man, daß dies Staaten sind, in welchen die Einnahmen der Staats-Verwaltung ganz oder größtentheils aus Steuern bestehen, und diese, nicht wie in andern Ländern fortgehend, sondern nur auf einen bestimmten Zeitraum bewilligt und nach dessen Ablauf nach Maaßgabe der, alsdann vorhandenen Bedürfnisse verlängert, und daß mithin die ständische Genehmigung nicht so-

---

länglichkeit der Kammer-Einkünfte vorangehen. §. 111: Zu dem Ende hat der Finanz-Minister den Ständen zur Prüfung vorzulegen. Großherzogl. Sachsen-Weimarisches Grundgesetz v. 1816 §. 5.: Es stehen den Landständen folgende Rechte zu: 1) das Recht, gemeinschaftlich mit dem Landesfürsten und den von diesen beauftragten Behörden die Staatsbedürfnisse, so weit dieselben aus landschaftlichen Kassen und aus dem Vermögen der Staatsbürger zu bestreiten sind, zu prüfen und die zu ihrer Deckung erforderlichen Einnahmen und Ausgaben festzusetzen (Bestimmungen des Etats); 2) das Recht über jede Besteuerung oder andere Belästigung der Staatsbürger; 3) das Recht, die Rechnungen über bestrittene Staatsbedürfnisse der oben erwähnten Art zu prüfen und über die Verwendung von Einnahmen aus landschaftlichen Kassen und aus dem Vermögen der Staatsbürger Rechenschaft zu verlangen. Sachsen-Coburgische V.-U. v. 1821 §. 69: Das Recht, von dem Ministerium alle Subsidien zu verlangen, welche zu obigen Geschäften, insbesondere aber zur Prüfung des Etats und Rechnungen, so wie zur Uebersicht der Verwendung ihrer Verwilligung und endlich zur Beurtheilung derjenigen Mittel erforderlich sind, durch welche die Staatsbedürfnisse gedeckt werden sollen.

wohl die Bestimmung und Genehmigung der Finanz-Verwaltung des Landesherrn, als vielmehr Prüfung und Genehmigung der für dieselbe geforderten Steuern ist, und daher ganz mit Unrecht als Controlle der Finanz-Verwaltung und etwas anderes, als Ausfluß gehalten wird.

Zweite Abtheilung.

Besteuerungs-Recht.

I.

Nach den Bestimmungen der Bundes-Gesetze.

§. 45.

Die Bundes-Verfassung beschränkte sich auch in Ansehung des Besteuerungs-Rechts auf Feststellung der allgemeinen Grundsätze und überließ die nähern Bestimmungen desselben den Verfassungen der einzelnen Bundes-Staaten, unter der Bedingung, daß sie dem Geist und Zweck des Bundes, der Erhaltung der äußeren und inneren Sicherheit in Deutschland, entsprechen.

§. 46.

1. Besteuerungs-Recht.

Da der teutsche Bund, mit Ausnahme der freien Städte, aus souverainen Fürsten besteht; so muß, dem hiedurch gegebenen Grundbegriffe zufolge, die gesammte Staats-Gewalt in dem Oberhaupt des Staats vereinigt bleiben, und der Souverain kann durch eine landständische Verfassung nur in der Ausübung bestimmter

Rechte an die Mitwirkung der Stände gebunden werden. (Schlußacte der Wiener Ministerial-Conferenzen Art. 57.)

§. 47.

2. Landständische Mitwirkung.

Wenn gleich den Landständen durch die Bundes-Gesetze eine Theilnahme an der Steuer-Verfassung nicht ausdrücklich beigelegt worden, so liegt doch dieselbe unverkennbar in ihrer Absicht.

Der Umfang dieser Theilnahme ist in den Bundes-Gesetzen nur durch „Mitwirkung" bezeichnet (§. 46.).

Jedenfalls darf der Regent durch die landständische Verfassung in der Erfüllung seiner bundesmäßigen Verpflichtungen nicht beschränkt werden (Wiener Schluß-Acte Art. 58.).

Da nach dem Art. 57. der Wiener Schluß-Acte die gesammte Staats-Gewalt in dem Oberhaupt des Staats vereinigt bleiben muß und der Souverain durch eine landständische Verfassung nur in der Ausübung bestimmter Rechte an der Mitwirkung der Stände gebunden werden kann; so ist auch ein deutscher Souverain, als Mitglied des Bundes, zur Verwerfung einer hiemit im Widerspruch stehenden Petition der Stände nicht nur berechtiget, **sondern die Verpflichtung** zu dieser Verwerfung geht aus dem Zwecke des Bundes hervor (Bundesbeschluß vom 28. Juni 1832 Nr. I. — sogenannte sechs Artikel). Dieser Beschluß bestätigt das, was schon in der

Natur eines Staaten-Bundes liegt, daß kein Bundes-Mitglied berechtigt ist, als Souverain seinen Ständen Rechte zuzugestehen, welche mit der Bundes-Verfassung im Widerspruch stehen, mithin weder einen Antheil an dem Besteuerungs-**Recht** selbst, noch als Mitwirkung in der Ausübung eines bestimmten Rechts, sondern vermöge einer behaupteten allgemeinen Repräsentation des Volks, in so fern darunter größere Rechte, als in der landständischen Vertretung, enthalten sein sollten.

Die Stände dürfen in den ständischen Verhandlungen keine Anträge machen, welche mit den Verpflichtungen gegen den Bund in Widerspruch stehen (Bundesbeschluß vom 28. Juni 1832 Nr. IV.).

Eben so wenig dürfen sie Anträge machen, welche mit den durch die Bundesbeschlüsse garantirten Regierungsrechten in Widerspruch stehen (daselbst).

§. 48.

3. Verpflichtung der Landstände, Steuern zu bewilligen.

Die Bundes-Acte enthielt keine nähern Vorschriften über die Aufbringung der zur Bestreitung der Bedürfnisse des Bundes erforderlichen Geldmittel, sondern überließ die dazu in jedem Bundeslande erforderliche Anordnung dem Fürsten desselben. Spätere Ereignisse in Deutschland, und insonderheit die von Böswilligen oder Unkundigen verbreiteten unrichtigen staatsrechtlichen Theorien, unter welchen auch die war, daß die Bewilligung von Steuern lediglich von der Willkühr der Landstände abhänge, und die Benutzung der Steuer-Bewilligungen um unangemessene Richtungen zu verfolgen, mußten die Bundes-Versammlungen veranlassen, auch über diesen Gegenstand nähere Bestimmungen zu erlassen.

In dem oben angeführten Bundes-Beschluß vom 28. Juni 1832 wird daher bestimmt:

„Art. II. Da nach dem Geist des Art. 57. der „Schluß-Acte und der hieraus hervorgehenden Folgerung, welche der Art. 58. ausspricht, keinem deutschen Souverain durch die Landstände die zur Führung einer den Bundespflichten und der „Landes-Verfassung entsprechenden Regierung erforderlichen Mittel verweigert werden dürfen; so werden Fälle, in welchen „ständische Versammlungen die Bewilligung „der zur Führung der Regierung erforderlichen Steuern auf eine mittelbare oder unmittelbare Weise durch die Durchsetzung anderweiter „Wünsche und Anträge bedingen wollten, unter diejenigen Fälle zu zählen sein, auf welche die Artikel „25. und 26. der Schluß-Acte in Anwendung „gebracht werden müssen.“

Dieser Beschluß ward hervorgerufen durch die im ersten Bande dieser Abhandlung näher erörterte, in einigen deutschen Ländern in die Kammern eingedrungene, zum Theil in die beklagenswürdigsten Handlungen ausgebrochene Richtung, die Bundes-Verfassung und zunächst die landständische Verfassung in den einzelnen deutschen Ländern in diejenige Art repräsentativer Verfassung umzustalten, nach welcher die Souverainetät im Volke, und dessen Repräsentanten, Reichsständen und Volks-Repräsentanten ruhet, und diese daher nicht Vertreter der Unterthanen bei deren Landesherrn, sondern Repräsentanten des eigentlichen Souverains der executiven Gewalt gegenüber sind. Diese Richtung konnte freilich gradezu weder ausgeführt noch ausgesprochen und zugestanden werden, da nicht allein durch die Bundes-Gesetze, sondern auch durch die Gesetze aller Bundes-Staaten ausdrücklich eine landständische Verfassung eingeführt war (vergl. die Auszüge dieser Gesetze in diesem B. 1. S. 16. ff.) Es wird daher in angenommener Unwissenheit versucht auszuführen, daß ja die landständische Verfassung eine repräsentative sei. Allein als authentisch aus den Wiener Congreß-Verhandlungen dargethan war, daß der Ausdruck „ständische" grade, um die volksrepräsentative im republikanischen Sinn auch durch den Ausdruck auszuschließen, gebraucht sei, konnte diese Behauptung nicht weiter aufgestellt und daher kein anderer Weg eingeschlagen werden. Man fand, daß in ein oder den anderen Actenstücken der Ausdruck: Repräsentation des Volks, Reichsstände, Volks-Vertretung ꝛc. gebraucht war und hielt nunmehr Landstände nicht mehr für Synonimen, sondern für etwas ganz anderes; behauptete aber, daß jene Ausdrücke im modernen Sinn — selbst vom König Friedrich Wilhelm III. in dem Erlaß von 1815 genommen, obgleich der König in derselben selbst und in durch die Gemäßheit derselben erlassenen Gesetze hinreichend zu erkennen gab, daß er unter Repräsentation des Volks die deutsche und die in monarchischen Staaten allein nur denkbare verstanden habe. Es war indessen doch etwas, wenn auch nur Wort-Verdrehung, vorhanden, was mit Irrthum ausgegeben werden konnte, wenn behauptet ward, die Nation habe aus jenen zufälligen und unrichtig gedeuteten Ausdrücken ein wohlerworbenes Recht erhalten, welches die spätere Constitution ihm nicht entziehen könne. Auffallend ist es freilich im hohen Grade, wenn es Länder giebt, in welchen viele Hunderte landständische Deputirte, die vorzugsweise diese Sprache führen, als Deputirte diese Constitution beschworen haben. Es sind alle die Vorgänge erinnerlich, die in Verfolgung jener Richtung in Stände-Versammlungen vorfielen, — es haben Deputirte, die zu einem landständischen Landtage gewählt und einberufen waren, in des Landesherrn Souverainetät eingreifend, und sich und der Versammlung Rechte anmaßend, dagegen, daß die Versammlung ein Landtag und nicht eine repräsentative National-Versammlung sein solle, bei dem Landesherrn protestirt, und sich, als wenn Unberechtigte sich Rechte vorbehalten könnten, und dem Volke — als wenn dieses jenes Recht auf eine National-Versammlung hätte und der Deputirte zu dessen Verwahrung legitimirt wäre und die Legitimation hätte annehmen dürfen — ihr Recht vorbehalten. Andere Deputirte machten sogar den Vorschlag, daß die landständische Versammlung sich aus eigener Macht für die ihr beliebige Art von Versammlung erklären möge und überhaupt ward diese Richtung in einigen Ländern in den Stände-Versammlungen in einem die öffentliche Sicherheit so verletzenden Grade verfolgt, daß der Bundes-Tag im Jahre 1832 aus seiner Mitte eine besondere Commission, vor der Hand auf sechs Jahre niederzusetzen beschloß, „um von den ständischen Verhandlungen in den deutschen Bundes-Staaten fortdauernd Kenntniß zu nehmen, und die mit den Verpflichtungen gegen den Bund oder mit den durch die Bundes-Verträge garantirten Regierungsrechten in Widerspruch stehenden Anträge und Beschlüsse zum Gegenstand ihrer Aufmerksamkeit zu machen“. Schon früher hatten diese Richtungen einzelner Bundesländer die Aufmerksamkeit der Fürsten erregen müssen [144]). So weit war es damals ge-

---

144) Z. B. Königl. Baiersches Edict über die Geschäfts-Ordnung in der Kammer der Abgeordneten vom 28. Febr. 1825. — Sollten Mitglieder sich selbst persönliche Ausfälle gegen den Regenten, die Königliche Familie oder die einzelnen Mitglieder der Kammer erlauben, oder Anträge gegen die allgemeine Staats-Verfassung zu stellen unternehmen und, ungeachtet der vom Präsidenten gemachten Erinnerung, hiemit fortfahren; so ist derselbe berechtigt und verpflichtet, die Sitzung für diesen Tag auf der Stelle zu schließen und in der folgenden Sitzung über die Bestrafung des fehlenden Mitglieds der Kammer vorzutragen, welche entscheiden wird, ob dasselbe blos zum Widerruf oder zum zeitlichen oder Ausschlusse aus der Kammer zu verurtheilen sei. Hiernach soll der Präsident insbesondere auch beleidigende Ausfälle gegen die eigene Regierung und die Regierungsbehörden, gegen fremde Regierungen, gegen den teutschen Bund, gegen die Stände-Versammlung oder gegen eine einzelne Kammer niemals dulden, sondern mit Verweisung zur Ordnung und nach Beschaffenheit der Umstände der Sache, mit Untersagung der fernern Wortführung unverweilt und ernstlich einschreiten. §. 58.: Jeder Abgeordnete,. welcher in

kommen, daß die zur Erhaltung der bestehenden Landes-Verfassung berufenen und auf die treue Erfüllung dieses Berufs wie Männer von Ehre, vereidete Männer so begründete Besorgniß über die Ehrenhaftigkeit und Treue ihrer Bestrebungen erregten und zum Theil auch nur zu sehr bestätigten.

Diese Bemerkungen schienen zur Erläuterung des Bundes-Beschlusses vom 28. Juni 1832 erforderlich, da zur Erhaltung eines Staatenbundes nicht minder erforderlich ist, daß die in ihm verbundenen Staaten Pflichten gegen ihn erfüllen, als daß den letzteren von ihren Unterthanen die Mittel zur Führung einer dem Zwecke des Bundes entsprechenden Regierung gewährt werden.

§. 49.

Der Bundes-Beschluß berücksichtigt beide Gegenstände, indem er bestimmt:

öffentlicher Versammlung einzelne, durch die Strafgesetze verbotene Amtshandlungen der Staatsdiener anführt, ist schuldig, die Namen der Thäter bekannt zu machen und für die Wahrheit seiner Angabe der Kammer verantwortlich, welche, wenn die angegebene Thatsache falsch befunden wird, den Urheber der Angabe mit Mißbilligung zur Ordnung verweiset oder ihm die Wortführung auf einige Zeit untersagt, oder seine Ausschließung auf bestimmte Zeit verfügt. Auch Königl. Sächsische V.-U. v. 1831 §. 83. mit dem Zusatz: Wenn die gerügte Aeußerung ein besonderes Verbrechen oder eine persönliche Beleidigung gegen sich begreift, so kann das Mitglied, es mag dessen Ausschließung erfolgt sein oder nicht, deshalb noch vor seinem ordentlichen Richter belangt werden, und das Königl. Hannoversche Landesverfassungs-Gesetz v. 1840 §. 102., Würtembergische V.-U. v. 1819 §. 185., Kurhessische V.-U. v. 1819 (der Fall der Privat-Ehre ausgenommen) u. a. m.

daß die Landstände dem Souverain die zur Führung einer den Bundespflichten und der Landes-Verfassung entsprechenden Regierung erforderlichen Mittel nicht verweigern dürfen.

§. 50.

So viel die Bundespflichten und Verbindlichkeiten betrifft, so giebt der Bundes-Beschluß sie nur im allgemeinen an

negativ dahin, daß durch die innere Gesetzgebung den Bundeszwecken, namentlich der Erhaltung der innern Sicherheit, kein Eintrag geschehe und die Erfüllung bundesverfassungsmäßiger Verbindlichkeiten gegen den Bund und namentlich der dahin gehörigen Leistung von Geldbeiträgen nicht gehindert und diese geleistet werden.

§. 51.

Auch in Ansehung der innern Verhältnisse der einzelnen Bundes-Staaten bleibt der Bundes-Beschluß dem Bundes-Princip treu, nur die allgemeinen Grundsätze festzustellen, deren nähere Ausführung aber den einzelnen Bundes-Fürsten zu überlassen und bestimmt daher die Verbindlichkeit des Landes dahin:

dem Landesherrn die zur Führung einer den Bundespflichten und der Landes-Verfassung entsprechenden Regierung erforderlichen Mittel zu gewähren.

Wenn gleich der Bundes-Beschluß hierbei nicht in das Detail geht; so spricht er doch auf das bestimmteste, welche

Regierung es sein soll, welche in Bundes-Ländern geführt werden und zu deren Führung das Land dem Regenten die Mittel nicht verweigern darf. Sie soll die den Bundes-Pflichten und Bundes-Zwecken und der Landes-Verfassung entsprechende, „die in den einzelnen Bundesstaaten „zwischen den Regierungen und ihren Ständen bestehenden Verhältnissen gemäß zu handhabende", also auf dem monarchischen Princip gegründete und die „durch die Bundes-Verträge garantirte Regierungs-Rechte" erhaltende Regierung mit Landständen sein. Schwerlich also eine andere, „eine „mit diesen garantirten Regierungs-Rechten in Widerspruch „stehende" und insonderheit die sogenannten repräsentativen Verfassungen, auf welche in mehreren Ländern von einzelnen Stände-Mitgliedern selbst die zur Aufrechthaltung der bestehenden Verfassung wiederhergestellten landständischen Versammlungen Wünsche geäußert und Anträge gemacht wurden. Unter Napoleon's Dictatur über Deutschland wurden, um die Vernichtung deutscher Verfassung und Volksthümlichkeit zu befördern, die deutsche landständische Verfassung vernichtet und die Einführung der sogenannten Volks-Repräsentation bezweckt; Deutschland hatte die Wiederherstellung der ersteren und die Unstatthaftigkeit der letzteren als eine der Grundlagen seiner eigenen Wiederherstellung anerkannt und hätte selbst in Stände-Versammlungen, von welchen es feste Anhänglichkeit an der bestehenden Verfassung erwartete, und in welchem Vertrauen die deutschen Fürsten Beschränkungen ihrer Souverainetät sich unterwarfen, Wünsche und Anträge auf Auflösung wahrhaft ständischer Verfassung und Einführung oder Vorbereitung der von dem gesammten Deutschland verworfenen s. g. repräsentativen Verfassung dulden und gestatten können, daß diese verfassungswidrige Richtung das den Landständen bewilligte Recht der Einwilligung zu Steuern „auf „mittelbare oder unmittelbare Weise benutze, um ihre Wün-„sche und Ansichten durchzusetzen“ und die Erfüllung derselben „durch Bedingungen“ ihrer Steuerbewilligungen zu bewirken, und dadurch wenigstens ein Element jenes Systems nach dem andern in die bestehende Verfassung einzuschwärzen. Die Absicht der deutschen Bundes-Versammlung, den daraus entstehenden Gefahren und Nachtheilen vorzubeugen, die bestehende Verfassung aufrecht zu erhalten, geht aus allen Beschlüssen derselben, und insonderheit aus dem vom 28. Jan. 1847, auf das bestimmteste hervor. Selbst in dem Innern der Stände-Versammlungen, in welchen jene Richtung schon geäußert war, hatten sich die Vorboten desjenigen, was von derselben bei ihrer weiteren Ausbreitung für öffentliche Ruhe, Ordnung und Achtung, für Recht und Verfassung und selbst für die in jener Versammlung auserwählter Männer aller Stände vorausgesetzten Rücksichten zu besorgen sei, geäußert, daß die mehrsten Fürsten dadurch genöthigt waren, für diese Versammlungen Ordnungs- und Disciplinar-Vorschriften zu erlassen, deren es in frühern Zeiten überall nicht bedurft hätte.

Um diesem immer weiter um sich greifenden Uebel zu steuern „und die Würde und Gerechtsame des Bundes „und der den Bund repräsentirenden Bundes-Versamm-„lung gegen Eingriffe aller Art sicher zu stellen, zugleich

„aber in den einzelnen Bundesstaaten die Handhabung der „zwischen den Regierungen und ihren Ständen bestehenden „verfassungsmäßigen Verhältnisse zu erleichtern“, fand die Bundes-Versammlung sich genöthigt, „in ihrer Mitte selbst „eine besondere Commission vor der Hand auf sechs Jahre „mit der Bestimmung niederzusetzen, insbesondere auch „von den ständischen Verhandlungen in den teut- „schen Bundesstaaten fortdauernd Kenntniß zu „nehmen, die mit den Verpflichtungen gegen den „Bund oder mit den durch die Bundes-Verträge „garantirten Regierungsrechten in Widerspruch „stehenden Anträge und Beschlüsse zum Gegen- „stande ihrer Aufmerksamkeit zu machen und der „Bundes-Versammlung davon Anzeige zu thun, „welche demnächst die weiteren Erörterungen mit den dabei „betheiligten Regierungen zu veranlassen hat.“

§. 52.

Die Bundes-Versammlung bestimmt aber auch durch eben den Beschluß, daß, wenn in einzelnen Bundes-Staaten ständische Versammlungen die Bewilligung der zur Führung der Regierung erforderlichen Steuern auf eine mittelbare oder unmittelbare Weise durch die Durchsetzung anderweiter Wünsche und Anträge — mit den Bundes-Gesetzen, insonderheit dem Art. 57 der Schluß-Acte in Widerspruch stehender — bedingen wollten, die Artikel 25 und 26 der Schluß-Acte in Anwendung gebracht werden sollen.

Diese Artikel enthalten folgende Bestimmungen:

Art. 25. Die Aufrechthaltung der inneren Ruhe und Ordnung in den Bundesstaaten steht den Regierungen allein zu. Als Ausnahme kann jedoch in Rücksicht auf die innere Sicherheit des gesammten Landes und in Folge der Verpflichtung der Bundes-Glieder zu gegenseitiger Hülfsleistung, die Mitwirkung der Gesammtheit zur Erhaltung oder Wiederherstellung der Ruhe im Fall einer Widersetzlichkeit der Unterthanen gegen die Regierung, eines offenen Aufruhrs oder gefährlicher Bewegungen in mehreren Bundesstaaten Statt finden.

Art. 26. Wenn in einem Bundesstaate durch Widersetzlichkeit der Unterthanen gegen die Obrigkeit die innere Ruhe unmittelbar gefährdet und eine Verbreitung aufrührischer Bewegungen zu fürchten oder ein wirklicher Aufruhr zum Ausbruch gekommen ist und die Regierung selbst, nach Erschöpfung der verfassungsmäßigen und gesetzlichen Mittel den Beistand des Bundes anruft; so liegt der Bundes-Versammlung ob, die schleunigste Hülfe zur Wiederherstellung der Ordnung zu veranlassen. Sollte im letztgedachten Falle die Regierung notorisch außer Stande sein, den Aufruhr durch eigene Kräfte zu unterdrücken, zugleich aber durch die Umstände gehindert werden, die Hülfe des Bundes zu begehren; so ist die Bundes-Versammlung nichts desto weniger verpflichtet, auch unaufgerufen, zur Wiederherstellung der Ordnung und Sicherheit einzuschreiten. In jedem Fall aber dürfen die verfügten Maaßregeln von keiner längern Dauer sein, als die Regierung, welcher die bundesmäßige Hülfe geleistet wird, es nothwendig erachtet.

Die Erfahrungen, welche die Bundesfürsten seit dem

Jahre 1820 über die aus den in mehreren ständischen Versammlungen wuchernden verfassungswidrigen Richtungen und Bestrebungen und über die daraus für die innere Ruhe und Ordnung entstandenen und zu besiegenden Gefahren gemacht hatten, waren früher so erheblich, daß der Bund sich genöthigt sah, sie den oben angeführten Verbrechen gleichzustellen.

Der §. 27. der Schluß=Acte hatte überdem bereits bestimmt:

> Wenn die öffentliche Ruhe und gesetzliche Ordnung in mehreren Bundes-Staaten durch gefährliche Verbindungen und Anschläge bedrohet sind und dagegen nur durch Zusammenwirken der Gesammtheit zureichende Maaßregeln ergriffen werden können; so ist die Bundes=Versammlung befugt und berufen, nach vorgängiger Rücksprache mit den zunächst bedroheten Regierungen, solche Maaßregeln zu berathen und zu beschließen.

Der spätern Bundesbeschlüsse wider Verbreitung bundesverfassungswidriger Lehren, Versammlungen, Danksagungs- und Aufregungs= und anderer Adressen u. s. w. erwähnen wir hier nur im Allgemeinen.

II.

Nach den Verfassungs=Gesetzen einzelner Bundes=Staaten.

§. 53.

Das landesherrliche Besteuerungs-Recht, so wie es sich unter der Reichs-Verfassung historisch gebildet hatte, war so tief in allen deutschen Verhältnissen und Ansichten gegründet, daß es in seinen wesentlichen Grundsätzen auch in die der Bundes-Verfassung überging. Die deutschen Landesherrn waren freilich um so mehr souveraine Herrscher geworden, als unter dem Rheinbunde mit den Landständen selbst die bisherigen Beschränkungen ihrer Landeshoheit erloschen waren. Es ist aber bekannt, daß die zu Wien versammelten Fürsten freiwillig ihre Souverainetät durch Unterwerfung unter eine Central-Bundesmacht beschränkten und die Landstände mit möglichster Berücksichtigung ihrer frühern Verfassung wieder herstellten und die nähern Bestimmungen derselben sich vorbehielten. Das Besteuerungs-Recht blieb auf seiner bisherigen Grundlage, nämlich auf dem Grundsatz:

I. daß das Land verpflichtet sei, die Reichs-Steuern aufzubringen;

II. daß dasselbe auch verpflichtet sei, die nach der Landes-Verfassung nothwendigen Steuern aufzubringen;

III. daß zu anderen Steuern die Mitwirkung, Begutachtung oder Einwilligung der Landstände erforderlich sei;

IV. daß auch der Landesherr verbunden sei, aus den Einkünften seiner Domainen zur Bestreitung der Lasten der Regierung beizutragen.

Dies waren seit den ältesten Zeiten und werden bis in den spätesten Zeiten die materiellen Grundlagen des deutschen Besteuerungs-Rechts bleiben.

Auch die formellen Verhältnisse waren bis auf unwesentliche Abzweigungen darin übereinstimmend:

1) daß die Kammer-Einkünfte (Einkünfte der Domainen, der Regalien und anderer landeshoheitlichen Rechte) ursprünglich die nächste Quelle bildeten, aus welcher die Regierungslasten bestritten wurden;

2) daß später die ordentlichen und stehenden, meistens zu bestimmten Zwecken bewilligten Steuern hinzutreten;

3) daß der Staatshaushalt, die Finanzverwaltung lediglich dem Landesherrn ohne alle Mitwirkung und Kenntnißnahme der Landstände zustand. Es fiel jeder Grund zu deren Mitwirkung weg. Die Einnahmen des Finanz-Etats bestanden aus dem Staats- und aus dem Haus-Vermögen des Landesherrn, und die stehenden Steuern waren demselben längst bewilligt und bedurften daher keiner wiederholten Bewilligung, und die Verwendung der Steuern war Gegenstand der Regierung und nicht der ständischen Mitwirkung und Mitberathung. Daher haben auch Landstände ihre Stellung so sehr verkannt, daß sie eine solche Mitberathung in Anspruch genommen und den Gedanken sich erlaubt hatten, daß die Finanzverwaltung ihres Landesherrn derselben bedürfe. Die Landstände erhoben zwar in mehreren Ländern einen Theil der Steuern, lieferten sie aber entweder an die landesherrliche Finanzbehörde oder nach deren Anweisung an andere Behörden ab.

4) Auch die Bewilligung außerordentlicher Steuern zu bestimmten Zwecken gab keinen Grund zur Mitwirkung der Stände zur landesherrlichen Finanzverwaltung, sondern

nur zur Prüfung des Zwecks und der Rathsamkeit der Steuer-Bewilligung; allerdings hätten die Landstände, wenn ihnen die Versicherung ihres Landesherrn, daß die ordentlichen Finanz-Kräfte zur Erreichung des Zwecks nicht hingereicht hätten, eine nähere Darlegung dieser Unzulänglichkeit fordern können, obwohl dieser Fall wohl schwerlich vorgekommen sein mögte; allein keinesweges würden sie berechtigt gewesen sein, den Finanz-Etat zu prüfen und zu moniren.

5. Nur in einem einzelnen Fall ist unter der Reichs-Verfassung die Mitwirkung der Landstände an der Finanz-Verwaltung vorgekommen, nämlich in dem — seltenen — Fall, daß die Schuld- und Finanz-Verhältnisse des Landesherrn so sehr zerrüttet waren, daß temporaire Steuern, Anlehen, Veräußerung und andere Mittel ihnen aufzuhelfen nicht vermogten, sondern entweder eine Kaiserliche Debits-Commission und das — in der reichsgerichtlichen Sprache — Conturbations-Verfahren, oder eine Regulirung durch Agenten und Landstände, und in allen diesen Fällen der Landesherr auf die Competenz, wesentlich eine knappe Civilliste, gesetzt, die Schulden vom Lande übernommen und zu deren successiven Abtragung und Verzinsung eine Commission niedergesetzt, welche sowohl für diesen Zweck als für die Kosten der Verwaltung mit den Landständen für bestimmte Perioden den Etat und die zur Abtragung erforderlichen Fonds feststellte. Auch gehört hierher der analoge Fall, wenn das Land dem verschuldeten Fürsten, um dem

ebenerwähnten Fall zuvorzukommen, eine s. g. Kammerhülfe bis zu besseren Zeiten bewilligte, und sich bei der Regulirung seines Etats eine Stimme im Kapitel vorbehielt. Es giebt zwar Fälle, in welche Landstände bedeutende landesherrliche Schulden übernommen und die zu deren Verzinsung und Abtragung überwiesenen Fonds verwalteten; allein diese Fälle gehören nicht hieher, da sie dadurch keine Theilnahme an der allgemeinen Finanz-Verwaltung erhielten.

Alle diese Fälle der Theilnahme beruhen aber nicht sowohl auf landständischen Verhältnissen, als auf besonderen Verträgen.

In dem ersten Jahrzehnt des Bestehens des deutschen Bundes äußerten sich hin und wieder Richtungen, über welche, da die Bundes-Versammlung selbst sich darüber hinreichend ausgesprochen hat, wir uns hier nicht weiter einlassen wollen, als daß sie das Vertrauen, mit welchem die Fürsten die landständische Verfassung wiederherstellten, nicht allenthalben erwiderten.

Da in diesem Zeitraum die landständischen Verfassungen in mehreren Bundesländern entworfen wurden, so äußerten jene Richtungen auf sie ihren Einfluß [145]), sowohl gleich als später durch die fortgesetzte Festhaltung derselben. Insonderheit äußerte sich dieser Einfluß in mannigfacher Art auf die Verfassung des Staatshaushaltes in den Ländern, in welchen sogenannte Constitutionen schriftlich abgefaßt waren. Sie äußerten sich besonders in der Richtung,

[145]) Diese Abhandlungen B. 1. Abth. 1.

1) daß eine Theilnahme an der Verwendung der Einkünfte der landesherrlichen Domainen und des landesherrlichen Staats-Vermögens zur Bestreitung der Staats-Bedürfnisse zugestanden, ja sogar

2) in einigen Ländern für den Landesherrn und dessen Haus ein bestimmter Theil dieser Einkünfte (als sogenannte Civilliste) ausgesetzt, alles übrige aber in mehr oder mindern Umfange zwar seiner Verwaltung, jedoch nach der Vorschrift eines von den Landständen genehmigten s. g. Budgets mit der Verbindlichkeit, denselben darüber Rechnung abzulegen, überlassen ward;

3) daß den Ständen die Bewilligung der Steuern in einem ausgedehnteren Maaße zugestanden ward und

4) daß die Feststellung des Landes-Etats, zum Theil sogar auch der Civilliste und bestimmt die Bewilligung der Steuern nur auf einen gewissen Zeitraum erfolgte.

In einem anderen Theil der deutschen Staaten ist dagegen noch die Staatshaushaltung ohne diese Veränderungen geblieben.

Dieser Gegenstand ist zwar bereits S. 201 ff. erörtert. Diese Bemerkungen scheinen indessen zur Erläuterung der in den folgenden §§. angeführten Verfassungs-Urkunden rathsam, da dieselben sämmtlich die der erstgedachten Länder sind; es ist daher ein großer Fehlschluß und Mißgriff, wenn von denselben auf Länder, in welchen solche Constitutionen nicht vorhanden sind, geschlossen wird. Der negative Schluß, daß Beschränkungen des Regenten, die nicht einmal in jedem Lande bestehen, um so weniger in diesem Statt finden können, würde eher zulässig sein.

Ueber die wesentlichen Momente des Besteuerungs-Rechts beschränken wir uns hier den wörtlichen Inhalt der Verfassungs-Urkunden mitzutheilen, und enthalten uns weiterer Erläuterungen derselben.

§. 54.

1. Das Besteuerungs-Recht ist ein wesentliches Recht der Souverainetät und steht mithin ausschließlich dem Landesherrn zu.

Dieser Grundsatz ist in jeder monarchischen und insonderheit in der Bundes-Verfassung tief gegründet und gehört auf das bestimmteste zu denjenigen Grundsätzen, die nach der Bundes-Verfassung in keinem Bundeslande verletzt werden dürfen. Er ist daher in allen Landes-Constitutionen.

§. 55.

2. Die Unterthanen sind verpflichtet, die zur Bestreitung der Bedürfnisse der Regierung erforderlichen Mittel aufzubringen.

Wenn dieser schon im Wesen eines jeden Staats liegende Grundsatz in mehreren Landes-Verfassungs-Gesetzen ausdrücklich anerkannt worden ist [146]), so geschah dies nicht

---

[146]) Baiersche Verf.-Urkunde v. 1818 §. 13.: Die Theilnahme an den Staatslasten ist für alle Einwohner des Reichs allgemein. Königl. Sächsische V.-U. v. 1831 §. 38.:

sowohl in Ansehung der allgemeinen Unterthanen-Pflicht, als in Rücksicht auf die Pflicht, welche die Landstände für die Aufbringung der, zur Bestreitung der Regierungslasten

---

Alle Unterthanen haben zu den Staatslasten beizutragen. §. 97.: Die Stände haben die Verpflichtung, für Aufbringung des ordentlichen und außerordentlichen Staatsbedarfs durch Aussetzung der hiezu erforderlichen Deckungsmittel zu sorgen. Sie haben dagegen die Befugniß, hierbei die Nothwendigkeit, Zweckmäßigkeit und Höhe der Ansätze zu prüfen und deshalb Erinnerungen zu machen, auch sich wegen der Annahme der angesetzten Summen, die Art der Deckung, die Grundsätze und Verhältnisse, nach welchen die Abgaben auf Personen und Gegenstände zu legen und zu vertheilen sind, so wie über die Dauer und Erhebungsweise zu entschließen. §. 100.: In so fern die Stände auf Verminderung der verlangten Summe antragen, muß dieses unter bestimmter und ausführbarer Nachweisung der Gründe dazu so wie der Gegenstände, bei welchen die Art und Weise, wie ohne Hintansetzung des Staatszwecks Ersparnisse gemacht werden können, geschehen. Königl. Würtembergische Verf.-Urk. v. 1819 §. 21.: Alle Würtemberger sind zu gleichen staatsbürgerlichen Pflichten und gleicher Theilnahme an den Staatslasten verbunden. Königl. Hannoversches Landes-Verfassungs-Gesetz v. 1840 §. 34.: Alle Landes-Unterthanen sind nach gleichmäßigen Grundsätzen zur Tragung der allgemeinen Staatslasten verbunden. Kurhessische V.-U. v. 1831 §. 143.: Die Stände haben für die Aufbringung des ordentlichen und außerordentlichen Staatsbedarfs, so wie die übrigen Hülfsmittel zu dessen Deckung nicht hinreichen, durch Verwilligung von Abgaben zu sorgen. (§. 44.: Alle Lasten, welche die Erfüllung allgemeiner Verbindlichkeiten des Landes erheischen, müssen, in so weit nicht bestehende Rechts-Verhältnisse eine Ausnahme begründen, auch von dem gesammten Lande getragen werden.) Großherzogl. Hessische Verf.-Urk. v. 1820 Art. 30.: Alle Hessen sind zu gleicher Theilnahme an den Staatslasten verbunden. Sach-

erforderlichen Mittel zu sorgen, erhalten hatten, nachdem die Aufbringung fast aller dieser Mittel von ihrer Bewilligung abhing, und insonderheit nach den neuern Verfas-

sen-Hildburghausensche V.-U. v. 1818 §. 4.: Die Landstandschaft ist verpflichtet — die allgemeine Wohlfahrt, die Aufrechthaltung der Verfassung, insonderheit durch Aufbringung der nöthigen Mittel, zum beständigen Augenmerk zu nehmen. Sachsen-Meiningisches Grund-Gesetz v. 1829 §. 10.: Alle Unterthanen sind schuldig, zu dem Zweck des Staats beizutragen durch Steuern und Kriegsdienste. Vergl. auch §§. 50. 56. Sachsen-Altenburgisches Grund-Gesetz v. 1831 §. 74.: Zur Erhaltung der Staatseinrichtung und ihrer verschiedenen Zwecke sind gemeinsame Aufwände erforderlich; sie aus eignen Mitteln aufzubringen, ist eine ungetheilte Pflicht aller Landes-Unterthanen. §. 202.: Insbesondere wirken die Landstände mit bei der Regulirung der den Unterthanen obliegenden Pflicht, die zur Erhaltung der Staatszwecke erforderlichen Mittel aufzubringen. §. 204.: Die Landschaft ist verbunden, die zu anständiger Aufbringung (Dotirung) der erforderlichen und deshalb vor dem Einnahme-Etat festzusetzenden Ausgabesätze nöthigen Mittel zu bewilligen. Herzogl. Braunschweigische Landschafts-Ordn. v. 1832 §. 173.: Die Stände haben das Recht, daneben aber zugleich die Pflicht, die zur Erreichung des Staatszwecks erforderlichen Mittel zu bewilligen. Insbesondere dürfen sie nie die Deckung derjenigen Ausgaben verweigern, welche auf den Grund verfassungsmäßig entstandener Verbindlichkeiten aus den Staats-Kassen gefordert werden können. Schwarzburg-Sondershausensche landständische Verf.-Urkunde v. 1830 §. 8.: Die Bewilligung kann nie verweigert werden, wenn das zu deckende Staatsbedürfniß entweder zu Erfüllung der bundesmäßigen Verpflichtungen des Fürstenthums oder zur Führung einer wohlgeordneten, nach der Natur der Sache oder nach Sitte, Gebrauch und Herkommen eingerichteten Staats-Verwaltung erforderlich ist.

sungen die Steuern nur auf bestimmte Zeiträume bewilligt wurden, und es nicht an Beispielen gefehlt hatte, daß Stände in Verfolgung verfassungswidriger Richtungen und Zwecke die Bewilligung von Steuern entweder an dahin abzweckende Bedingungen geknüpft, oder verzögert, oder wohl gar versagt hatten, die Landesherrn aber, wie auch in dem Großherzoglich Hessenschen Verfassungs-Edict von 1820 wahrhaft fürstlich ausdrücklich ausgesprochen worden: „die Existenz des Staats und die Erfüllung „rechtlich bestehender Verbindlichkeiten nicht von „einer willkührlichen ständischen Verweigerung „der Steuerbewilligung abhängig machen dürfen." Wie allgemein und begründet die Nothwendigkeit, solchen Ausbrüchen dieser verfassungswidrigen anhaltenden Bestrebungen zu steuern, bestätigt nicht sowohl der im vorigen §. angeführte Bundes-Beschluß vom 28. Juni 1834, sondern die Allgemeinheit der in den einzelnen Landes-Constitutionen Verbote der Bedingungen und der Vorschrift, daß bei Verzögerungen der landständischen Bewilligungen neuer Steuern für das erste noch fortbestehen solle und anderer Maaßregeln.

Die Bedürfnisse, zu deren Bestreitung die Stände Steuern oder andre Mittel zu bewilligen verbunden sind, sind sowohl durch den Bundes-Beschluß v. 28. Jan. 1832 (§. 52.) „die, zur Führung einer den Bundes„pflichten und der Landes-Verfassung entspre„chenden Regierung erforderlichen Mittel," als durch die einzelnen Verfassungs-Gesetze so genügend bestimmt, als es in der Allgemeinheit ausgedrückt werden kann [147]).

Es gehören dahin nicht blos die Bedürfnisse des Staats und der Regierung desselben, sondern auch diejenigen, welche zur Erhaltung des landesherrlichen Hauses und des landesfürstlichen Standes desselben erforderlich sind. Die darüber unter der Reichs-Verfassung selbst in Ansehung der Uebernahme der landesherrlichen Schulden geltenden Grundsätze mußten sich in diesen Constitutionen um so mehr erhalten, je mehr nach denselben die Einkünfte des landesherrlichen Haus-Vermögens zur Bestreitung der Bedürfnisse des Landes herangezogen wurden. Es ward daher in diesen Verfassungen nicht allein anerkannt, daß die Domainen zunächst zur Erhaltung des landesfürstlichen Hauses und Hofes bestimmt sind, und daher diese Bedürfnisse in der Civilliste zunächst berücksichtigt, sondern auch die Verbindlichkeit des Landes anerkannt, im Fall daß diese Einkünfte dazu nicht genügen sollten, die dazu erforderlichen Mittel aufzubringen [148]), und

---

[147]) Die Fürstl. Schwarzburgische landständische Verfassungs-Urkunde v. 1830 §. 8. hat den Ausdruck „zu „Führung einer wohlgeordneten, nach der Natur der Sache „und nach Sitte, Gebrauch und Herkommen eingerichteten „Staats-Verwaltung."

[148]) Z. B. Königl. Sächsische Verf.-Urk. v. 1840 §. 144. ff. Königl. Würtembergische V.-U. v. 1819 §. 103. ff. Churhessische V.-U. v. 1831 §. 14. ff. u. a. m. Sachsen-Altenburgisches Grund-Gesetz v. 1831 §. 26. Herzogl. Braunschweigische Landschafts-Ordn. v. 1832 §. 171. ff.

insonderheit aus denselben die herkömmlichen Prinzessinnen-Steuern zu entrichten [149]).

§. 56.

3. Die Einwiligung der Landstände ist indessen zur Ausübung des landesherrlichen Besteuerungs-Rechts erforderlich.

a. in der Regel.

Ungeachtet die Landstände verbunden sind, die zur Führung der Regierung erforderlichen Mittel aufzubringen; so sind sie doch berechtigt, die Zwecke, zu welchen die Steuern gefordert werden, und die übrigen Verhältnisse zu prüfen und dem Landesherrn darüber ihre Ansichten vorzutragen, und können die Steuern nur mit Beistimmung der Landstände ausgeschrieben werden [150]).

---

149) Hannoversches Landes-Verf.-Gesetz v. 1840 §. 152.: Bei Vermählungen von Töchtern eines Königs oder von Töchtern der Söhne eines Königs werden die hergebrachten Ausstattungen jener Prinzessinnen auf den Antrag der allgemeinen Stände-Versammlung bewilligt und aus der Landes-Kasse bezahlt. Churhessische Verf.-Urk. v. 1831 §. 14. „in den herkömmlichen Beiträgen". Sachsen-Altenburgisches Grund-Gesetz v. 1831 §. 33. Herzogl. Braunschweigische Landschafts-Ordn. v. 1832 § 175. ff.

150) Bairische V.-U. v. 1818 Tit. 7. §. 3.: Die Zustimmung der Stände zur Erhebung aller directen Steuern, so wie zur Erhebung neuer indirecten Auflagen oder zu der Erhöhung oder Veränderung der bestehenden. Königl. Sächsische V.-U. v. 1831: Ohne Zustimmung der Stände können die bestehenden directen und indirecten Landes-Abgaben nicht verändert, auch dürfen dergleichen Abgaben ohne ihre Bewilligung, mit Ausnahme des §. 103. bemerkten Fonds, nicht

ausgeschrieben und erhoben werden. Hannoversches Landes-Verf.-Gesetz v. 1840 §. 114.: Bei Landes-Gesetzen über die Steuern, oder bei solchen, durch welche den Unterthanen oder einzelnen Klassen derselben neue Lasten oder Leistungen aufgelegt oder die bestehenden abgeändert werden sollen, hat die allg. Stände-Versammlung das völlige Recht der Zustimmung. K. Würtembergische V.-U. v. 1819 §. 109.: Ohne Verwilligung der Stände kann weder in Kriegs- noch in Friedenszeiten eine directe oder indirecte Steuer ausgeschrieben oder erhoben werden. Badensche Verf.-Urk. v. 1818: Ohne Zustimmung der Stände kann keine Auflage ausgeschrieben und erhoben werden. Churhessische V.-U. v. 1819 §. 113.: Den Ständen steht das Recht der Steuerbewilligung in der dafür (§. 143. ff.) festgesetzten Weise zu. §. 143.: Die Stände haben für die Aufbringung des ordentlichen und außerordentlichen Staatsbedarfs, so weit die übrigen Hülfsmittel zu dessen Deckung nicht hinreichen, durch Verwilligung von Abgaben zu sorgen; ohne landständische Bewilligung kann weder in Kriegs- noch in Friedenszeiten eine directe oder indirecte Steuer so wenig, als irgend eine sonstige Landes-Abgabe ausgeschrieben oder erhoben werden, unbeschadet §. 1. Großh. Hessische V.-U. v. 1820 Art. 67.: Ohne Zustimmung der Stände kann keine directe oder indirecte Auflage ausgeschrieben werden. Großh. Sachsen-Weimarisches Grund-Gesetz §. 5.: Es stehen den Landständen folgende Rechte zu: 1) das Recht, gemeinschaftlich mit dem Landesfürsten die Staatsbedürfnisse, so weit dieselben aus landschaftlichen Kassen und aus dem Vermögen der Staatsbürger zu bestreiten sind, zu prüfen und die zu ihrer Deckung erforderlichen Einnahmen und Ausgaben festzusetzen; 2) das Recht, über jede Besteuerung und andere Belastung der Staatsbürger — gehört zu werden, so daß ohne dieses Gehör und ohne ihre, der Landstände, ausdrückliche Verwilligung weder Steuern noch andere Abgaben und Leistungen im Lande ausgeschrieben, noch Anleihen auf die landschaftlichen Kassen

die Berathungen und Beschlüsse der Landstände, über die

---

gemacht, noch sonst Finanzmaaßregeln ergriffen werden dürfen, welche das Landeseigenthum oder das Eigenthum der Staatsbürger in Anspruch nehmen, oder die Gefährdung des landständischen Interesses nach sich ziehen könnten. Sachsen-Hildburghausensche V.-U. v. 1818 §. 2.: Der Landschaft stehen folgende Rechte zu: 1) das Recht, alle für den Staatszweck nöthigen Abgaben und Leistungen der Staats-Angehörigen zu verwilligen. §. 47.: Sollte ein Zweifel darüber entstehen, ob zu einer ergangenen Verordnung die Zustimmung der Landschaft erforderlich gewesen, so kann derselben bis zu ihrer Zurücknahme der verfassungsmäßige Gehorsam von Niemand versagt werden. Sachsen-Coburgische V.-U. v. 1821 §. 68.: Den Ständen steht die Steuerverwilligung und bei der Verwaltung der Landeskasse unter der Aufsicht des Regenten folgende Concurrenz zu. Sachsen-Altenburgisches Grund-Gesetz v. 1831 §. 74.: Zur Erhaltung der Staatseinrichtung und ihrer verschiedenen Zwecke — Aufwände aus eigenen Mitteln aufzubringen, ist eine ungetheilte Pflicht aller Landesunterthanen. §. 76.: Die Landesunterthanen haben gegenüber die Befugniß, durch ihre landständische Vertreter an der Regulirung der Abgaben Theil zu nehmen. §. 202.: Insbesondere wirken die Landstände mit bei der Regulirung der den Unterthanen obliegenden Pflicht, die zur Erhaltung der Staatszwecke erforderlichen Mittel aufzubringen. §. 203.: Sie erörtern den Bedarf der verschiedenen Kapitel des Staatsbedarfs gemeinschaftlich mit der Staatsregierung. Zur Feststellung des Finanz-Etats ist das Einverständniß beider erforderlich, so daß ohne Zustimmung der Stände kein Kapitel der laufenden Verwilligung dauernd erhöhet und ohne die Zustimmung der Staatsregierung dauernd vermindert werden kann. §. 204.: Die Landschaft ist verbunden, die zu anständiger Aufbringung der erforderlichen — Ausgabensätze nöthigen Mittel zu bewilligen, es kann aber auch ohne landschaftliche Verwilligung kein Auflagegesetz erlassen werden. Herzogl. Braunschweigische Landschafts-Ordnung von 1832 §. 174.:

Steuerbewilligungen sowohl überhaupt, als über einzelne Gegenstände, z. B. die Erfordernisse zu einem gültigen

Die Stände haben das Recht, aber auch zugleich die Pflicht, die zur Erreichung der Staatszwecke erforderlichen Mittel zu bewilligen rc. (S. 53. vergl. den vorigen §.) §. 174.: Keine allgemeine Steuer oder Landeslast kann ausgeschrieben, erhoben oder verordnet werden ohne ständische Bewilligung. §. 185.: Den Ständen steht das Recht zu, gemeinschaftlich mit der Landesregierung den Staatshaushaltungs-Etat nach den einzelnen Abtheilungen festzustellen. Die Verwendung und Vertheilung der für jede Abtheilung im Ganzen bewilligten Steuern bleibt jedoch der Bestimmung der Landesregierung überlassen und es kann, wenn die Verwendung nur für diese Abtheilung und ohne Ueberschreitung der feststehenden Specialität Statt findet, gegen eine von den einzelnen Positionen derselben eingetretene Abweichung an sich eine Erinnerung von Seiten der Stände nicht gemacht, wohl aber eine Nachweisung der Zweckmäßigkeit dieser Abweichungen verlangt werden. Schwarzburg-Sondershausensche V.-U. v. 1830 §. 8.: Das Recht der Berathung und Bewilligung aller zur Deckung der nothwendigen Staatsbedürfnisse auszuschreibenden Steuern: die Bewilligung darf jedoch nie verweigert werden (vergl. §. 57.). Fürstl. Waldeckischer Landes-Vertrag v. 1818 §. 25. Fürstl. Hohenzollern-Siegmaringensche V.-U. v. 1833 §. 68.: Die Bewilligung der Abgaben und Leistungen darf nicht an Bedingungen geknüpft werden, welche nicht das Wesen oder die Verwendung derselben betreffen.

[151]) Königl. Sächsische V.-U. v. 1831 §. 103.: Die Bewilligung wird übrigens nur dann als abgelehnt betrachtet, wenn in einer der beiden Kammern mindestens zwei Drittheile für die Ablehnung gestimmt haben. Königl. Würtembergische V.-U. v. 1819 §. 181.: Eine Abgabenverwilligung wird (zuerst) in der zweiten Kammer in Berathung gezogen und nach vorgegangener vertraulicher Besprechung mit der ersten, Beschlußnahme in der zweiten gefaßt. Dieser

ständischen Beschlusse [151]) und die Unzulässigkeit der Bewilligung der hinzugefügten Bedingungen [152]).

Beschluß wird sodann der ersten Kammer mitgetheilt, welche denselben nur im Ganzen ohne Aenderung annehmen oder verwerfen kann. Erfolgt das Letztere, so werden die bejahenden und verneinenden Stimmen beider Kammern zusammengezählt, und nach der Mehrheit sämmtlicher Stimmen wird alsdann der Ständebeschluß abgefaßt — bei Stimmengleichheit hat der Präsident der zweiten Kammer die Entscheidung. Großherzogl. Hessische V.-U. v. 1820 Art. 93.: Zu einem gültigen Beschluß gehört in der ersten Kammer die Abstimmung von wenigstens einem Drittel derjenigen Mitglieder, welche berufen werden mußten und hätten erscheinen können, in der zweiten Kammer die Abstimmnng von wenigstens 27 Mitgliedern und in beiden Kammern die Stimmenmehrheit. Bei Stimmengleichheit entscheidet der Antrag der Regierung, bei andern Gegenständen die Meinung für das Bestehende, und bei Beschwerden gegen öffentliche Behörden oder Einzelne die diesen günstigere Ansicht.

152) Baierische V.-U. v. 1818 Tit. 7. §. 9.: Die Stände können die Bewilligung der Steuern mit keiner Bedingung verbinden. Königl. Sächsische V.-U. v. 1831 §. 102.: Die ständische Bewilligung von Abgaben darf nicht an Bedingungen geknüpft werden, welche nicht das Wesen oder die Verwendung derselben unmittelbar betreffen. Königl. Hannoversches Landes-V.-Gesetz v. 1840 §. 151.: Die Bewilligung darf an keine Bedingung geknüpft werden, welche nicht das Wesen und die Verwendung der Steuern unmittelbar betrifft. Königl. Würtembergische V.-U. v. 1819 §. 113.: Die Verwilligung von Steuern darf nicht an Bedingungen geknüpft werden, welche die Verwendung der Steuern nicht unmittelbar betreffen. Badensche V.-U. v. 1819 §. 56.: Die Stände können die Verwilligung der Steuern nicht an Bedingungen knüpfen. Großherzogl. Hessische V.-U. v. 1820 Art. 68.: Die Bewilligungen (der Steuern) dürfen von keiner Kammer an die Bewilligung bestimmter Desiderien geknüpft werden. Sachsen-Cobur-

§. 57.

b. Ausnahmen.

aa. wegen Bundes-Verhältnisse.

So wie es unter der Reichs-Verfassung nothwendige, solche Steuern, zu welcher es der Bewilligung der Stände nicht bedarf, gab (§. 22.); so ist dies auch unter der Bundes-Verfassung größtentheils aus eben den Gründen, wie dort, der Fall. Zu diesen Gründen gehören vorzugsweise die Verhältnisse der deutschen Länder, mit welchen der Landesherr dem deutschen Bunde beigetreten ist und den Beschlüssen desselben sich unterworfen hat. Daß die von den Bundesfürsten gefaßten Beschlüsse der Bundes-Versammlung zu ihrer verbindenden Kraft für die einzelnen deutschen Länder nicht erst der Einwilligung der Landstände bedürfen, sondern für sie durch die Publication des Landesherrn erhalten, folgt so sehr aus den ersten Begriffen, daß es darüber einer besonderen Bestimmung nicht bedurft haben würde. Die bald nach Begründung der Bundes-Verfassung entstandenen gegen dieselbe gerichteten verderblichen Bestrebungen, deren wir so oft haben erwähnen müssen, waren indessen die Veranlassung, daß dieser

---

gische V.-U. v. 1821 §. 72.: — Die Stände dürfen ihre Verwilligungen nicht an Bedingungen knüpfen, welche den Zweck und die Verwendung derselben nicht selbst betreffen. Sachsen-Altenburgisches Grund-Gesetz von 1831 §. 204.: Die zur Dotation eines bestimmten Ausgabe-Erfordernisses von der Landschaft erfolgende Bewilligung eines Etatssatzes kann so wenig, als die Verwilligung neuer Ausgaben an Bedingungen geknüpft werden.

Grundsatz in die Verfassungs-Gesetze der einzelnen Bundesländer aufgenommen ward [153]). Wenn in mehreren

---

[153]) Königlich Sächsische V.-U. v. 1831 §. 9.: In Ausführung der von Bundestagen gefaßten Beschlüsse kann die Regierung durch die ermangelnde Zustimmung der Stände nicht gehindert werden. Sie treten sofort mit der vom Könige verfügten Publication in Kraft. Es müssen daher auch die zur Ausführung derselben erweislich erforderlichen Mittel aufgebracht werden, wobei jedoch die Mitwirkung der Stände in Ansehung der Art und Weise der Aufbringung dieser Mittel, in so weit dieselbe verfassungsmäßig begründet ist, nicht ausgeschlossen wird. Hannoversches Landes-Verf.-Gesetz v. 1840 §. 125.: Ueber die verbindende Kraft oder Rechtmäßigkeit der von der Bundes-Versammlung gefaßten Beschlüsse dürfen die allgemeinen Stände keine Berathung anstellen und Beschlüsse fassen. §. 150. Ausgaben, welche auf bestimmter, bundes- oder landesgesetzlicher oder auf privatrechtlicher Verpflichtung beruhen, darf die allgemeine Stände-Versammlung nicht verweigern. Königlich Würtembergische V.-U.. v. 1819 §. 3.: Alle organischen Beschlüsse der Bundes-Versammlung, welche die verfassungsmäßigen Verhältnisse Teutschlands oder die allgemeinen Verhältnisse teutscher Staatsbürger betreffen, haben nachdem sie vom Könige verkündet sind, auch für Würtemberg verbindende Kraft, jedoch tritt in Ansehung der Mittel zur Erfüllung der dadurch begründeten Verbindlichkeiten die verfassungsmäßige Mitwirkung der Stände ein. Badensche V.-U. v. 1818 §. 2.: Alle organischen Beschlüsse der Bundes-Versammlung, welche die verfassungsmäßigen Verhältnisse Teutschlands oder die Verhältnisse teutscher Staatsbürger betreffen, werden für alle Klassen der Landesgehörigen verbindlich, nachdem sie vom Staats-Oberhaupt verkündet worden. §. 63.: Bei Rüstungen zu einem Kriege und während der Dauer eines Krieges kann der Großherzog zur schleunigen und wirksamen Erfüllung seiner Bundespflichten auch vor eingeholter Zustimmung der Stände gültige Staatsanlehen machen oder

derselben in Ansehung der Art und Weise der Aufbrin-

Kriegssteuern ausschreiben. Für diesen Fall wird den Ständen eine nähere Einsicht und Mitwirkung in der Verwaltung in der Art eingeräumt, daß der alsdann zu berufende Ausschuß 1) zwei Mitglieder an die Ministerien der Finanzen und des Krieges abordnen darf, um darüber zu wachen, daß die zu Kriegszwecken erhobenen Gelder wirklich und ausschließlich zu diesem Zwecke verwendet werden und 2) in der — — Commission wegen Leitung der Marsch-, Verpflegungs- und Lieferungskosten Mitglieder ernennt. Großh. Hessisches Verf.-Edikt v. 1830 Art. 16.: Wenn die Stände die nothwendige Verwilligung für die Erfüllung einer durch Unsere Verpflichtung gegen den teutschen Bund begründeter Verbindlichkeiten, wie auch im Fall eines Krieges, verweigern sollten, so bleiben Wir zu der Ausschreibung der zu der Erfüllung dieser Verbindlichkeiten erforderten Summen, worüber Wir öffentliche Rechenschaft werden ablegen lassen, berechtigt. Großh. Hessische V.-U. v. 1820 Art. 2.: Die Beschlüsse der Bundes-Versammlung, welche die verfassungsmäßigen Verhältnisse Teutschlands oder die Verhältnisse teutscher Staatsbürger im Allgemeinen betreffen, bilden einen Theil des Hessischen Staatsrechts und haben, wenn sie von dem Großherzoge verkündet worden sind, in dem Großherzogthum verbindende Kraft. Hierdurch wird jedoch die Mitwirkung der Stände in Ansehung der **Mittel** zur **Erfüllung** der Bundes-Verbindlichkeiten nicht ausgeschlossen. Sachsen Hildburghausensche V.-U. v. 1818 § 5.: Gesetzliche Anordnungen und Beschlüsse des teutschen Bundes, wodurch dem Lande als Bundesgliede Verbindlichkeiten aufgelegt werden, sind von der landschaftlichen Einwilligung unabhängig. Nur bei der Ausführung hat die Landschaft mitzuwirken, insofern nämlich über die Art und Weise ihrer Vollziehung oder der dazu erforderlichen Mittel noch eine Frage Statt hat. Sachsen Coburgische V.-U. v. 1821 §. 2. und 74.: Der Landesherr ist übrigens dann, wenn die Stände die nothwendige Verwilligung für die Erfüllung neuer, durch Verpflichtungen gegen den teutschen Bund

gung der Mittel zur Ausführung der Bundesbeschlüsse die

---

gegründeter Verbindlichkeiten verweigern sollten, zur Ausschreibung der dazu erforderlichen, durch Ersparnisse nicht aufzubringenden Summen berechtigt, und es wird über deren Verwendung öffentliche Rechenschaft abgelegt. Sachsen Meiningische V.-U. v. 1829 — nur über das, was zur Erfüllung bundesgesetzlicher Pflichten nothwendig geleistet werden muß, steht den Landständen kein Verfügungsrecht zu. Herzogl. Sachsen Altenburgisches Grund-Gesetz v. 1831 §. 12.: Die Beschlüsse der Bundes-Versammlung sind ein Theil des Staatsrechts im Herzogthum Altenburg, und haben in demselben nach deren Verkündigung durch den Landesherrn verbindende Kraft. Hierdurch wird jedoch die Mitwirkung der Landstände in Ansehung der Aufbringung der Mittel zur Erfüllung der Bundes-Verbindlichkeiten, insoweit dieselbe verfassungsmäßig begründet ist, nicht ausgeschlossen. Herzogl. Braunschweigische Landschafts-Ordnung v. 1832 §. 7. ff. §. 12.: Allgemeine Anordnungen und Beschlüsse des teutschen Bundes erhalten dadurch Gesetzeskraft für das Herzogthum, daß sie von dem Landesfürsten verkündet werden. §. 180.: Ausnahmsweise müssen ohne Bewilligung der Stände diejenigen außerordentlichen allgemeinen Lasten und Leistungen von dem Lande aufgebracht und getragen werden, welche erforderlich zur Erfüllung der Bundespflichten; hinsichtlich der Art und Weise der Aufbringung der zu diesen Zwecken erforderlichen Mittel ist indessen die verfassungsmäßige ständische Mitwirkung erforderlich. Schwarzburg Sondershausensche V.-U. v. 1830 §. 8.: Die Landstände haben das Recht der Berathung bei allen Landesgesetzen — jedoch mit Ausnahme der Beschlüsse der Bundes-Verfassung — — die dann nach ihrer Verkündigung durch den Regenten Gesetzeskraft erhalten. — Die Bewilligung kann nie verweigert werden, wenn das zu deckende Staatsbedürfniß zu Erfüllnng der bundesmäßigen Verpflichtungen des Fürstenthums erforderlich ist. Hohenzollern-Siegmaringensche V.-U. v. 1833 — jedoch tritt in Ansehung der Mittel zur Erfüllung der (durch Bundes-

Mitwirkung der Stände, insoweit dieselbe überhaupt für den Gegenstand des Beschlusses verfassungsmäßig ist, vorbehalten worden; — so steht dies der Bundes-Verfassung nicht entgegen, weil nach derselben die Mittel zur Ausführung ihrer Beschlüsse in den einzelnen Ländern überhaupt dem Landesfürsten überlassen sind und die Landstände, wenngleich nicht zur Beurtheilung des Beschlusses selbst, doch zur Berathung des modi contribuendi geeignet und daher auch schon bei Reichs-Steuern zugelassen werden.

§. 58.

bb. Wegen schon begründeter Verbindlichkeit.

So wie es unter der Reichsverfassung der Einwilligung der Stände zur Erfüllung schon begründeter Verbindlichkeiten nicht bedurfte (S. 85. ff.), so bedarf sie derselben auch gegenwärtig nicht und war daher die in einer Stände-Versammlung aufgestellte Behauptung des Gegentheils, eine von jedem Grunde entblößte, selbst von

---

beschlüsse) begründete Verbindlichkeiten die verfassungsmäßige Einwirkung der Stände ein. §. 67. Abgaben und Leistungen, welche zur Erfüllung allgemeiner Bundespflichten erforderlich und in dieser Beziehung genüglich ausgewiesen sind, dürfen nicht verweigert werden. Wenn die Steuer-Bewilligung in solchen Fällen verweigert oder nur bedingt gegeben werden wollte, so bleibt der Landesfürst zur Ausschreibung der Steuern ohne andere Mitwirkung berechtigt, und es ist alsdann deren zweckmäßige Verwendung nachzuweisen.

keiner dieser Territorial-Constitutionen anerkannte Behauptung [154]).

§. 59.

cc. Wegen dringend zu besorgender Nachtheile und Gefahren für den Staat.

Land und Leute können durch Gefahren und Nachtheile bedroht werden, welche nur durch eilig und schleunigst sofort herbeizuschaffende Steuern oder andere Leistungen abgewendet werden können und bei einem Verzug den Staat treffen würden. Es sind Fälle, in welchen die Aufbringung der, zur Abwendung der Gefahr erforderlichen Steuern einem Zweifel nicht unterworfen ist. Wenn nach der Verfassung des Landes zur Auflegung von Steuern die Zustimmung der Landstände nothwendig ist, in den angeführten dringenden und eiligen Fällen aber die Zusammenberufung und Mitwirkung der Landstände oder des, für solche Fälle verfassungsmäßig bestehenden, Ausschusses nach der Dringlichkeit und übriger Lage des Falls unmöglich ist; so liegt von selbst vor, daß der Landesherr vermöge seiner obersten Staatsgewalt berechtigt und, wie wir glauben, in seinem Gewissen verpflichtet ist, ohne Zuziehung der Landstände und ihres Ausschusses die zur Abwendung der Gefahr erforderlichen Steuern anzuordnen und einzufordern. Wir haben zwar gesehen (S. 126 ff.)

---

[154]) Das Königl. Hannoversche Verfassungsgesetz v. 1840 verwirft sie ausdrücklich. §. 150.: Ausgaben, welche auf bundes- oder landesgesetzlichen oder auf privatrechtlichen Verpflichtungen beruhen, darf die allgemeine Stände-Versammlung nicht verweigern.

daß unrichtige Theorien auch bis zu der unvernünftigen Behauptung gesteigert werden, daß die landesherrliche Macht und der landesherrliche Schutz ruhen müsse, wenn sie nicht an der Hand der Landstände thätig sein und das Land lieber der drohenden Gefahr preisgegeben, als aus derselben ohne Hülfe der Stände gerettet werde. Die Rechte und Ansichten der Stände vermeinen solche einseitigen Schriftsteller zu vertheidigen, ohne zu ahnen, wie sehr sie die Achtung für dieselben verletzen, indem sie ihnen die Ansicht, daß Fürst und Land wegen der Landstände vorhanden, zutrauen.

Eine solche Verfassung hat es in Deutschland nie gegeben und hat es weder jemals noch gegenwärtig geben können und ist nach der Bundes-Verfassung kein deutscher Souverain berechtigt, seine Staatshoheit so weit zu beschränken. Die Bundes-Verfassung gestattet zwar den einzelnen Bundesfürsten die Verfassung seines Landes zu ordnen, schreibt aber ausdrücklich vor, daß (dabei) die ge„sammte Staatsgewalt in dem Oberhaupte des „Staats vereinigt bleiben **muß** und der Sou„verain durch eine landständische Verfassung nur „in der **Ausübung bestimmter Rechte** an die „**Mitwirkung** der Stände beschränkt **werden** „**kann** (Schlußacte Art. 57). Die Beschützung und Bewahrung des Staats- und der Unterthanen ist daher als Recht ein Theil der Staatsgewalt und als Pflicht eine Verbindlichkeit, die bei dem Oberhaupt des Staats bleibrn **muß** und die den Ständen nicht übertragen werden **kann** und bei welchen ihnen nur in Ansehung der **Ausübung** eine **Mitwirkung** zusteht. Diese Mitwirkung steht ihnen aber nicht in Ansehung der gesammten Regierungs-Gewalt, sondern nur „**bestimmter Rechte**" zu und unter diesen finden wir nirgend das Recht, den Staat gegen Ausland und Inland zu beschüzzen und vor Gefahren zu bewahren; sondern nur in der Mitwirkung zu den dazu erforderlichen Mitteln, insofern sie in Gesetzen und Steuern bestehen. Die Frage: ob die Gefahr beseitigt werden soll? gehört an und für sich selbst daher vorweg nicht zur Entscheidung der Landstände, sondern würde ihre Mitwirkung nur lediglich in so fern eintreten, als der Regent die dazu erforderlichen Mittel vermöge eines „bestimmten" Rechts, bei deren Ausübung die Stände concurriren, verlangt, also vermöge des Besteuerungs-Rechts, bei dessen Ausübung er nur durch die Mitwirkung beschränkt ist. Es folgt aber aus Begriffen, daß, wenn die Modification der Ausübung eines dem Landesherrn zustehenden Rechts der Staatshoheit durch zufällige Verhältnisse unmöglich und unerreichbar ist, daraus keinesweges folgt, daß das Landeshoheitsrecht überhaupt ruhe und nicht ausgeübt werden dürfe, sondern daß daraus sich nur ergebe, daß dasselbe in einem solchen Falle der Unanwendbarkeit der Beschränkung in seiner ursprünglichen Unbeschränktheit sich befinde und daher von dem Regenten ohne jene Beschränkung auszuüben sei. Die Stände würden sonst in die verfassungswidrige Kathegorie der Mitregenten (S. 83) übergehen.

Wenn schon aus dieser Rücksicht ein Landesfürst berechtigt ist, eine ihn so beschränkende landständische Verfassung seinem Lande zu geben, so "darf" er auch keine gestatten, durch welche er in der Erfüllung bundesmäßiger Verpflichtungen gehindert oder beschränkt wird (Schlußacte Art. 58). Zu diesen Verpflichtungen gehört aber die gegenseitige Verpflichtung Ruhe, Ordnung und innere Sicherheit im ganzen Bunde zu erhalten, mithin Gefahren und Nachtheile, durch welche sie bedroht oder gestört werden, zu entfernen und keine landständische Verfassungen zu dulden, durch welche er an der Erfüllung dieser Bundes-Verpflichtungen gehindert oder beschränkt wird und eine solche Verfassung würde die sein, vermöge deren der Landesherr eine dieser Verpflichtungen unerfüllt lassen müßte, weil die Gefahr so nahe und dringend bevorsteht, daß **es ihm schlechthin unmöglich** bei der Erfüllung dieser Verpflichtung die von ihm selbst den Ständen bewilligte Mitwirkung in der Ausführung zu bewirken. Ein Landesherr, der eine solche Verfassung gäbe, würde geradezu die Bundes-Grundgesetze verletzen und seinem Lande eine bundesverfassungswidrige Landes-Verfassung verleihen. Es hatten, wie mehrmals hat erwähnt werden müssen, verfassungswidrige Richtungen bald nach dem Abschluß der Bundes-Acte der durch den Art. XIII. derselben wiederhergestellten landständischen Verfassung sich bemüht, derselben verkehrte Deutungen dieses Artikels unterzuschieben. Der Bund ward dadurch veranlaßt — wir beziehen uns auf die in dem ersten Bande enthaltene ausführliche Darstellung der Verhandlungen — durch die

Schlußacte von 1820 den aus jenen verfassungswidrigen Bestrebungen für die Bundes-Verfassung zu besorgenden Gefahren vorzubeugen und unter andern den wahren Sinn der landständischen Verfassung durch die oben angeführten Art. 57. und 58 festzustellen übertrug im Art. 61.

der Bundes-Versammlung die Aufrechterhaltung der **hier** festgesetzten Bestimmungen des XIII. Artikels der Bundes-Acte

und gab derselben gleichzeitig die zu dieser Aufrechthaltung erforderliche Macht und Mittel.

So wie es daher in keinem Bundesstaat eine andere als landständische Verfassung geben darf und giebt, so sind die oben angeführten und in den spätern Bundesbeschlüssen, insonderheit in den v. 28. Juni 1832 enthaltenen Bestimmungen (§. 57.) die Grundlagen derselben, und ist die Ausnahme, welche so gerne in Ansehung s. g. constitutioneller Stände gemacht wird, völlig ungegründet und ohne Sinn. Die Stände in allen deutschen Ländern sind Landstände und constitutionelle, weil sie auf der Verfassung, sie mag in dem alten ehrwürdigen Herkommen oder schriftlich abgefaßt sein, beruhen und was auf der Verfassung verfassungsmäßig also constitutionell ist und das brittische Parlament wohl eben so constitutionell sein möchte, als manche deutsche Kammern, die aus demselben mehr parlamentarische Ausdrücke und Sitten, als parlamentarische Ehrfurcht und Anhänglichkeit an der bestehenden Verfassung und am conservatorischen Princip entlehnen. Eine constitutionelle Verfassung, wie die philosophisch-staatsrechtliche Schule ihren Begriff feststellt und er zuerst ins Leben trat, kann es in Deuschland nicht geben, weil darunter diejenige verstanden wird, wodurch das Volk sich zum Staat vereinigte, seine Regenten annahm und einsetzte und überhaupt den Staat constituirte — daher keine die Frankreich die assemblée constituante das Königliche alte Frankreich auflösete und von Grundaus ein neues Frankreich constituirte und die Abfassung der Verfassungs-Urkunden dieses neuen Frankreichs den s. g. Repräsentanten desselben überließ.

So viel den vorliegenden Gegenstand betrifft; so haben, wie bereits S. 101 ff. angeführt ist, auch Bundes-Grundgesetze und die Verfassungen der einzelnen Bundes-Staaten den Grundsatz anerkannt: Daß, wenn zur Abwendung einer das Land bedrohenden Gefahr und erheblicher Nachtheile so schleunige Maaßregeln dergestalt erforderlich sind, daß die, in der Verfassung den Landständen zugestandene Mitwirkung nach den vorliegenden Verhältnissen unbedingt überall nicht oder nicht wegen der besondern Beschaffenheit des gegebenen Falles erreicht werden oder eintreten kann, der Landesherr berechtigt ist, sein Hoheitsrecht ohne ständische Mitwirkung auszuüben [155]).

---

[155]) Königl. Bairische V.-U. v. 1818 §. 7.: In dem Fall, wo der König durch außerordentliche äußere Verhältnisse verhindert ist, in dem letzten Jahre zu einer der ordentlichen Steuerbewilligung die Stände zu versammeln, kommt ihm die Befugniß einer Forterhebung der verwilligten Steuern zu. Königl. Sächsische V.-U. v. 1831 §. 88.: Der

So bestätigen die Verfassungsgesetze das Gesetz der

König erläßt auch solche, ihrer Natur nach der ständischen Zustimmung bedürfende, aber durch das Staatswohl dringend gebotene Verordnungen, deren vorübergehender Zweck durch Verzögerung vereitelt werden würde, mit Ausnahme aller und jeder Abänderungen in der Verfassung und dem Wahlgesetz. — Auch müssen letztere den Ständen bei der nächsten Zusammenkunft zur Genehmigung vorgelegt werden. Königl. Hannoversche V.-U. v. 1840 §. 122.: Außerordentliche, ihrer Natur nach der ständischen Mitwirkung bedürfende, aber durch das Staatswohl, die Sicherheit des Landes oder die Erhaltung der ernstlich bedrohten Ordnung dringend gebotene gesetzliche Verfügungen, deren Zweck durch Verzögerung vereitelt werden würde, gehen vom Könige allein aus u. s. w. Badensche V.-U. v. 1818. §. 63.: Bei Rüstungen zu einem Kriege und während der Dauer eines Krieges kann der Großherzog zur schleunigen und wirksamen Erfüllung seiner Bundespflichten auch vor eingeholter Zustimmung der Stände gültige Staats-Anlehen machen oder Kriegssteuern ausschreiben, für diesen Fall wird den Ständen eine nähere Einsicht und Mitwirkung in der Verwaltung in der Art eingeräumt rc. vergl. oben S. 116. Großh. Hessisches Edict über die Landständische Verf. v. 1820 Art 16.: Indem Wir durch den Art. 15. dieser Verordnung Unserem Volk die Gewißheit bereiten, daß ihm keine neuen Lasten auferlegt werden können und Wir die weitere Versicherung hinzufügen, daß Wir, was die verschiedenen Besteuerungs-Arten und die Art und Weise ihrer Anlage und Vertheilung betrifft, gern den Anträgen Unserer Stände Gehör gestatten und denselben, in so fern sie passend und ausführbar sind, Unsere Genehmigung nicht versagen werden, können Wir jedoch auf der andern Seite die Existenz des Staats und die Erfüllung rechtlich bestehender Verbindlichkeiten nicht von einer willkührlichen ständischen Verweigerung der Steuer-Bewilligung abhängig machen. Wir verordnen daher in dieser Hinsicht

Vernunft, gegen welches es verstoßen würde, wenn die für

Folgendes: 1) Wenn keine Vereinbarung mit den Ständen über das neue Steuergesetz zu Stande kommt; so dauert das alte Steuergesetz, insofern die darin festgesetzten Steuern nicht für einen vorübergehenden und bereits erreichten Zweck bestimmt waren, von selbst für das folgende Jahr, binnen dessen Lauf Wir eine neue ständische Versammlung mit neuen Rechten ausschreiben werden, fort. 2) Wenn die Stände die nothwendige Verwilligung für die Erfüllung einer durch unsere Verpflichtung gegen den teutschen Bund begründeten Verbindlichkeiten, wie auch im Fall eines Krieges, verweigern sollten; so bleiben Wir zu der Ausschreibung der, zu der Erfüllung dieser Verbindlichkeiten erforderten Steuern, worüber Wir öffentliche Rechenschaft werden ablegen lassen, berechtigt. Großh. Hessische V.-U. v. 1820 Art. 70.: In außerordentlichen Fällen, und wo drohende äußere Gefahren die Aufnahme von Kapitalien dringend erfordern, die Einberufung der Stände aber oder eine vorläufige Berathung mit denselben durch äußere Verhältnisse unmöglich gemacht wird, kann die Staatsregierung die erforderlichen Summen lehnbar aufnehmen, vorbehaltlich der Nachweisung ihrer Verwendung und der Verantwortlichkeit der obersten Staatsbehörde. Art. 77. Aushebungen zur Vermehrung der Truppen über die Bundespflicht hinaus, können nur durch ein Gesetz bestimmt werden, unbeschadet jedoch des Rechts der Staatsregierung, in dringenden Fällen die zur Sicherheit und Erhaltung des Staats nothwendigen Vorkehrungen zu treffen. Sachsen-Coburgsche V.-U. v. 1821 §. 74.: Aushebungen zur Vermehrung der Truppen über die Bundespflicht hinaus, können nur durch ein mit ständischer Concurrenz erlassenes Gesetz bestimmt werden, unbeschadet jedoch des landesherrlichen Rechts, in dringenden Fällen die zur Sicherheit und Erhaltung des Staats betreffenden Vorkehrungen zu treffen. Herzogl. Braunschweigische Landschafts-Ordnung v. 1832 §. 180.: Ausnahmsweise müs-

den ordentlichen, regelmäßigen Zustand erlassenen Bestimmungen auch auf so außerordentliche und bei dem letzteren überall nicht berücksichtigten Zustände, in welchen ihre Anwendung unmöglich ist, anwenden wollte (§. 25. 26 und 27.).

Aber, wird entgegnet, ob ein solcher Fall der Dringlichkeit und Unerreichbarkeit der landständischen Mitwirkung vorhanden? darf doch der Landesherr nicht allein, sondern nur mit Zustimmung der Landstände entscheiden; es würde Leichtsinn sein, es dem Landesherrn allein zu überlassen, weil er, um eine Steuer oder ein Anlehen auszuschreiben, dem Lande gar nicht vorhandene Landesgefahren und Dringlichkeit vorspiegeln könnte (vergl. S. 129). So wird Majestät und Vernunft gleichzeitig verletzt, der Landesherr wird als eines solchen Verfahrens fähig dargestellt, Landstände, deren Versammlung zur Berathung über die Hauptsache unmöglich und unerreichbar ist, sollen dennoch versammelt werden, um mit ihnen zu berathen, ob ihre Versammlung und die Berathung mit ihnen wirklich unmöglich und unerreichbar sei? Wie richtig urtheilte der große Weise des Alterthums über das, was unter der Sonne behauptet werde!

---

sen ohne Bewilligung der Stände diejenigen außerordentlichen Lasten und Leistungen von dem Lande aufgebracht und getragen werden, welche erforderlich sind: außerordentlicher Weise zur Abwendung einer plötzlichen allgemeinen Landesgefahr, wobei jedoch dem ständischen Ausschuß die Gründe der desfallsigen Ausschreibung stets vorgelegt werden sollen.

§. 60.

dd. Wegen des zu besorgenden Aufenthalts in der Staats-Verwaltung.

Dieser Fall steht dem vorigen ziemlich nahe und kann nur in denjenigen Ländern eintreten, in welchen die Fonds der Staats-Verwaltung größtentheils von den Ständen und zwar nur auf eine bestimmte Anzahl von Jahren bewilligt und nach deren Ablauf von neuem bewilligt werden. Da nicht allein die Erneuerung der Bewilligung durch zufällige Umstände verhindert werden und bei dem Ablauf der bisherigen Steuer noch nicht erfolgt sein könnte und die Staats-Verwaltung ohne Fonds sein würde, überdem aber die Erfahrung so überzeugend gelehrt hatte, daß diese erneuerte Steuerbewilligungen von einigen Stände-Versammlungen zur Durchsetzung verfassungswidriger Richtungen benutzt wurden, daß die Bundes-Versammlung dagegen mit den §§. 56 und 57. gedachten ernstlichen Maaßregeln einschritt; so behielten in allen Ländern die Landesherren sich das Recht vor, in solchen Fällen die bisherigen Steuern bis auf weiteres fortbestehen zu lassen[156]) und wenn sie hierbei eine Frist bestimmten, so

---

[156]) Königl. Baiersche V.-U. v. 1818. §. 7. In dem Fall, wo der König durch außerordentliche äußere Verhältnisse verhindert ist, in dem letzten Jahre der ordentlichen Steuerbewilligung die Stände zu versammeln, kommt ihnen die Befugniß einer Forterhebung der letztbewilligten zu. Königl. Sächsische V.-U. v. 1831. §. 103. Wenn die Ablehnungsgründe und Anträge der Stände vom Könige nicht annehmbar befunden und diese auf die ihnen geschehene Eröffnung

geschah dies in dem Vertrauen, daß sie bei deutschen Ständen weder einer weiteren Frist, noch der Ausführung der Bestimmungen der Bundes- und Landes-Gesetze be-

---

die Bewilligungen der verlangten wiederholt ablehnen, läßt der König die Auflagen für den Staatsbedarf, insofern sie nicht ausdrücklich nur für einen vorübergehenden, bereits erreichten Zweck bestimmt sind, nach Ablauf der Bewilligungszeit durch die oberste Staatsbehörde mittelst Verordnung noch auf ein Jahr ausschreiben und forterheben. Königl. Hannoversches V.-Gesetz §. 155. Sollten die vom Könige in Antrag gebrachten Steuern bei Auflösung einer Stände-Versammlung nicht bewilligt sein, so können die bisherigen Steuern noch ein Jahr unverändert fortgehen und zu dem Ende ausgeschrieben werden. §. 156. Wenn die Bewilligung binnen — deshalb nicht erfolgt ist, weil die Beschlußfähigkeit wegen Unvollständigkeit einer oder beider Kammern gehindert oder unterbrochene der ständische Beschluß über die Steuern das Budget nicht in vier Wochen, nachdem es ihnen vorgelegt, erfolgt ist; so steht dem Könige das Recht zu, für ein Jahr die bisherigen Steuern auf den Grund der letzten ständischen Bewilligung auszuschreiben und forterheben, auch dieselben zum Behuf Erfüllung der Bundespflichten und für die verfassungsmäßigen Bedürfnisse der Regierung und des Landes verwenden zu lassen. Wird das Budget — bei fortgesetzter, erneuerter Berathung nicht nachträglich für die nächste Steuerbewilligungsperiode bewilligt, so beruft der König die Stände außerordentlich — erfolgt solche Bewilligung auch dann nicht, so findet vorstehende Bestimmung auch ferner Anwendung. Badensche V.-U. v. 1818. §. 62. Die alten auch nicht ständischen Abgaben dürfen nach Ablauf der Bewilligungszeit noch 6 Monate forterhoben werden, wenn die Stände-Versammlung aufgelöst wird, ehe ein neues Budget zu Stande kommt oder wenn sich die ständischen Berathungen verzögern. Churhessische V.-U. v. 1819 §. 147. Die Auflagen, insofern sie nicht ausdrücklich blos für einen vorübergehenden bereits erreichten Zweck bestimmt waren, dürfen nach Ablauf

dürfen. Die Bundesfürsten haben daher den Landständen das Recht der Zustimmung zu Steuern gegen die Pflicht und unter der Bedingung anerkannt, wiedergegeben oder zugestanden, wie sie die zur Wohlfahrt und zu der, der Landesverfassung angemessenen, Regierung erforderlichen Mittel in landständischer Treue und Gewissenhaftigkeit ohne der bestehenden Landes-Verfassung widersprechenden Richtungen dergestalt bewilligen, daß die Staats-Verwaltung ihren regelmäßigen ungestörten Fortgang behält. Das Besteuerungs-Recht ist ein wesentliches Hoheitsrets, welchem der Lan-

---

der Verwilligungszeit noch sechs Monate forterhoben werden, wenn etwa die Zusammenkunft der Landstände durch außerordentliche Ereignisse gehindert oder die Ständeversammlung aufgelöset ist, ehe ein neues Finanzgesetz zu Stande kommt oder die Beschlußnahme der Landstände sich verzögert. Diese sechs Monate werden jedoch in die neue Finanzperiode eingerechnet. Großherzogl. Hessische V.-U. v. 1820. Art. 69. Die Auflagen, insofern sie nicht blos für einen vorübergehenden und bereits erreichten Zweck bestimmt waren, dürfen nach Ablauf der Verwilligungszeit noch 6 Monate forterhoben werden, wenn die Stände-Versammlung aufgelöst wird, ehe ein neues Finanzgesetz zu Stande kommt oder wenn die ständischen Berathungen sich verzögern. Sachsen-Altenburgisches Grundgesetz v. 1831. §. 206. Sollte ein Einverständniß über einen künftigen Finanzetat nicht erlangt werden können und die Verwilligung zu Ende gehen, so ist der Landesherr befugt, auf den Grund der bisherigen Etats die Verwilligungen noch Einmal auf ein Jahr auszuschreiben, innerhalb dessen die Verhandlungen zum Schlusse zu bringen sind. Hohenzollern-Siegmaringische V.-U. v. 1832. §. 66. Die auf dem letzten Landtage bewilligten Umlagen dürfen nach Ablauf der Verwilligungszeit noch auf weitere sechs Monate erhoben werden, wenn die Einberufung oder Berathung des neuen Landtags sich verzögert u. a. m.

desherr zu entsagen weder nach Allgemeinem, noch nach deutschem Staatsrecht berechtigt ist, weshalb ihm schon nach der Reichsverfassung das Recht zustand, wegen nothwendiger Landesbedürfnisse, zu welchen die Mittel der Staats-Regierung vorzugsweise gehören, auch ohne landständische Zustimmung Steuern und Kraft landesherrlicher Macht auszuschreiben (§. 22. ff.) und welches nach der Bundesverfassung ein Staatshoheitsrecht an sich selbst durch die Stände überall nicht, sondern nur in der Ausübung auf deren Mitwirkung beschränkt, mithin nicht abhängig gemacht werden. Wenn die Landesherren den Ständen ein Bewilligungsrecht zugestanden, so ist dies mehr als der Landesherr nach dem Bundesgesetz zugestehen durfte, es ist ihnen aber immer die Pflicht auferlegt, die zur Staats-Verwaltung erforderlichen Mittel zu bewilligen. Erfüllen sie diese Pflicht überall nicht oder nicht vollständig, so fällt diese Beschränkung der landesherrlichen Macht weg und letztere ist wieder die unbeschränkte, welche sie nach der Bundesverfassung, insofern die Landesverfassung sie nicht beschränkt, sein soll und ist. Es treten hier eben die Grundsätze wie bei allen ähnlichen von Landesherren ihren Landständen ertheilten Begünstigungen ein. Als Beispiel mögen die S. 107 ff. erwähnten ständischen Ausschüsse dienen, deren Wahl der Landesherr den Ständen gestattet, um in Fällen, welche sich für Landtage nicht eignen, wenigstens ein Organ seiner Unterthanen hören zu können. Wir haben (S. 126.) die in einem bekannten Pamphlet enthaltene einverstandene Aufforderung, einen solchen Ausschuß nicht zu wählen, gelesen. Da der König diesen Ausschuß und dessen Wahl angeordnet hat, so ist jene Aufforderung eine der vielen Aufforderungen zum Ungehorsam und zur Widerspenstigkeit, deren der Verfasser sich schuldig gemacht hat, und um so unüberlegter, als er sogar den Mitgliedern einer Stände-Versammlung anmuthet, einer Gesetzgebung den Gehorsam zu versagen, vermöge deren diese Versammlung selbst erst eben ihr Dasein erhalten und auf deren Grund und Inhalt die Stände ihre Deputirten gewählt haben. Was würde aber die Folge der unterbliebenen Wahl eines solchen von einem Landesherrn angeordneten Ausschusses sein? Der Landesherr würde entweder die Versammlung auflösen oder Gehorsam für seine Anordnung fordern oder für einzelne Fälle, in welchen er die Ansicht einer Anzahl seiner Stände zu vernehmen wünscht, Einzelne derselben einberufen oder wie von seinen Vorfahren und von ihm selbst seit Jahrhunderten geschehen, die Beschlüsse, zu welchen er den ständischen Beirath wünschte, ohne denselben fassen. Jene Ansicht steht übrigens mit der Herrn Simons, daß gewählte ständische Abgeordnete zur Annahme oder Ablehnung der Verfassung, vermöge deren sie gewählt sind, überall nicht berechtigt sind, in Einklang. Denn wie in einer der Abhandlungen näher ausgeführt ist, so sind die gewählten Mitglieder ständischer Versammlungen keinesweges die Landstände selbst, sondern nur die Abgeordneten und Repräsentanten der Stände, Rittergüter, Städte und Bauernstand sind nach wie vor die Landstände geblieben und ihre Abgeordneten eben so wenig die Landstände selbst, als in einer nicht nach Ständen, sondern nach Volksmassen geordneten Repräsentation die sogenannten Abgeordneten das Volk selbst. Es folgt daher aus den ersten Begriffen, daß insofern überhaupt eine Veränderung in der ständischen Verfassung der Zustimmung der Stände bedarf, nur die Landstände selbst, keinesweges aber die von ihnen in Gemäßheit dieser Veränderung und der darüber erlassenen landesherrlichen Verordnung und zur Befolgung derselben gewählten Abgeordneten berechtigt sein könnten. Die verschiedenen Stände des Landes haben die landesherrlichen Bestimmungen über die ständische Verfassung, insoweit sie ihrer Anerkennung bedurfte, dadurch, daß sie in Gemäßheit derselben ihre Abgeordneten gewählt und gestellt haben, auf das vollständigste anerkannt und wird schwerlich jemand sich erlauben, deutschen Landständen Mental-Vorbehalte gegen ihren eigenen Landesherrn unterzuschieben. Es folgt aber eben so sehr von selbst, daß die von den verschiedenen Ständen des Landes aus ihren Mitgenossen gewählten Abgeordneten nicht allein dasjenige, was ihr Stand, ihre Machtgeber anerkannt haben, nicht verwerfen und die Voraussetzung, unter welcher sie gewählt worden und zu welcher sie durch Annahme der Wahl berechtigten nicht verletzen und dadurch ihre Machtgeber nicht täuschen dürfen, sondern auch, daß ihnen dazu jede rechtliche Befugniß gänzlich ermangeln würde, daß sie nicht zur Prüfung und Berathung des Verfassungs-Gesetzes, sondern zum Verfahren in Gemäßheit desselben gewählt und von

Landesherrn einberufen und versammelt und in fast allen Staaten und besonders in allen deutschen Ländern auf die gegebene Verfassung vereidet worden und, wo der Landesherr von ihnen den Eid auf die bestehende Verfassung nicht fordert, dies in der Ueberzeugung unterbleibt, daß dem deutschen Manne sein Wort nicht minder heilig sei, als der Eid und daß er auch ohne diesen in den Schranken des Gesetzes sich halten werde. So wie derjenige die Gesetze der Ehrenhaftigkeit, der Gewissenhaftigkeit, der Consequenz und des Rechts verletzen würde, der einen zur Ausführung übernommenen Auftrag zwar behält, aber wissentlich wider die Vorschrift des Machtgebers nicht ausführt; so würden auch Abgeordnete der Landstände eben so jene Gesetze, wenn sie das Verfassungs-Gesetz, vermöge dessen und zu dessen Bewahrung und Aufrechthaltung sie Abgeordnete sind, dadurch verletzen, wenn sie eben dieses Gesetz ihrer Kritik und ihrem Widerspruch unterwerfen, wenn z. B. in einer republikanischen Verfassung die auf deren Basis gewählten Abgeordneten des Volks das Verfassungs-Gesetz, weil es republikanisch, nicht anerkennen, sondern ein monarchisches verlangten.

§. 61.

Unzulässigkeit der Verweigerung der ständischen Zustimmung und Verpflichtung der Stände zur letzteren.

Eigentlich eine wesentlich überflüssige Rubrik, da von selbst vorliegt, daß in Ansehung aller nothwendigen d. h.

solcher Steuern, zu deren Eintritt es der ständischen Bewilligung überall nicht bedarf, von der Versagung oder Ertheilung überall die Rede nicht sein kann und, wenn sie in einem einzigen deutschen Lande von Jahr zu Jahr auf dem Landtage bewilligt wird, dies eine Formalität ist, zu welcher die Stände verpflichtet sind, und die auf einem andern Grunde beruhet. Von Einverständniß oder Nichteinverständniß der Stände kann in Ansehung der von ihrer Competenz ausgeschlossenen Gegenstände vollends die Rede nicht sein, da ihnen über dieselben überhaupt keine Berathung zusteht, mithin jede Berathung ungesetzlich sein würde. Im ersten Bande dieser Abhandlung ist aus den Bundes-Grundgesetzen und den Constitutionen aller Bundesländer gezeigt, daß dahin besonders die Bundes-Verhältnisse und die Verhältnisse zu auswärtigen Staaten gehören. Die Landstände vertreten lediglich die Unterthanen in den ihnen angewiesenen Gegenständen bei ihrem Landesherrn, keineswegs aber das Land bei dem Bunde, eben so wenig das Land oder den Bund bei auswärtigen Staaten. Es ist daher nicht zu fassen, wie bei einigem Nachdenken der Gedanke hat entstehen können, daß Landstände einzelner Bundes-Länder berechtigt sein konnten, den Bund und dessen Integrität dem Auslande gegenüber zu vertreten, da sie dadurch zu erkennen geben würden, daß sie entweder die bestimmte Vorschrift der Bundesgrundgesetze nicht kennen oder die Integrität der Bundes-Verfassung im Innern nicht achten. Eben dies ist der Fall in Ansehung der Verhältnisse des einzelnen Bundeslandes zu einem auswärtigen Staate, da der Landesfürst allein sein Land einem auswärtigen Staat gegenüber repräsentirt und vertritt. Auch diese Behauptung würde eine gänzliche Unkenntniß der Bundes- und Landes-Verfassungen und überhaupt des ganzen landständischen Instituts verrathen. Vollends würde vergeblich ein Ausdruck für die Behauptung gesucht werden, daß die Ländstände zur Theil- oder auch nur Kenntnißnahme in Ansehung der Verhandlungen ihres Landesherrn als einer europäischen Macht berechtigt und solchergestalt die Stände der zahlreichen Provinzen derselben von Curland bis Saarbrücken in irgend einer Wirksamkeit zu den europäischen Mächten stehen; bis zu der Behauptung, daß sie zu den Congressen der deutschen Bundesfürsten gehören, sind ja schon Einige gekommen, vielleicht kommen sie auch einmal bis zu den europäischen Augelegenheiten, die weder das Land, noch die Leute, welche sie repräsentiren, betreffen. Der Grundsatz, ob neutrale Flagge das Gut deckt, ob die Successions-Ordnung in Spanien verändert werden soll, ob die Kronen von Frankreich und Spanien auf einem Haupte vereinigt sein können, ob die europäischen Mächte ein in Amerika neu entstandenes Königreich anerkennen oder ob und wie sie eine kleine außerhalb Deutschland belegene Insel die fortwährend die Ruhe von Europa störte, der Ordnung und einem Gesetz unterworfen haben: dies alles würde von einigen funfzig Landtagen, da die Stände aller europäischen Mächte gleiche Befugniß haben würden — zu berathen sein, weil daraus zu den unzählbaren ewigen Wechseln des Handelsinteresses ein neuer Wechsel hinzukommen könnte. — Die Theilnahme der Landstände der zu den europäischen Mächten gehörenden deutschen Bundesfürsten an dessen Verfahren als solcher Macht, würde den höchsten Grad der Inconsequenz um so greller überschreiten, als selbst die einzelnen Bundesfürsten derselben entsagt und sie der Gesammtheit des Bundes übertragen haben, und es doch eine Absurdität sein würde, Ständen Befugnisse, die ihr Landesherr nicht hat, oder das Recht beizulegen, in gänzlicher Verkennung des Unterschiedes zwischen deutschen Landtagen und englischen Parlamenten und französischen Kammern, diese Angelegenheiten ihrer Beurtheilung zu unterwerfen und per majora über die Weisheit der europäischen Cabinette zu entscheiden. Zu solchen Inconsequenzen führt Unkenntniß der deutschen Geschichte und Verfassung und die daraus entstandene unbegreifliche und wunderliche Gleichstellung eines deutschen Landtags mit dem brittischen Parlament, von welchem ersterer vor „der gesammten vereinigten Staatsgewalt“ steht, in dem letzteren aber „die Souverainität“ sitzt und residirt, von welchen ersterer aus Abgeordnen der Unterthanen, letzterer aber aus Abgeordneten des Souverains besteht. Und doch hat es schon manchesmal Landtage in deutschen Ländern gegeben, in welchen Analogien und Schlüsse von den Ufern der Themse und der Saine hergezogen und, als könnten die Deutschen nicht auf eigenen Füßen stehen, angeführt, der deutschen Verfassung, der deutschen Bundesgesetze, welchen doch die Landstände ihr Dasein verdanken aber auch mit keiner Silbe erwähnt worden. Würde der Britte es parlamentarisch halten, wenn man in seinem Parlament auf die magna charta eines anderen Staats und nicht auf die eigene sich beriefe?

(Die Anlagen sind in diesen besondern Abdruck nicht aufgenommen.)

Errata.

Seite 16 Zeile 6 von unten statt quinze lies quine
— 67 — 11 von oben statt aus lies auf
— 105 — 10 von unten statt Instanz lies Justiz
— — — 11 von unten statt Streuben lies Struben
— 184 — 2 von oben fällt: „nicht“ weg
— — — 19 von oben statt philologischer lies psychologischer
— — — 26 von oben hinter „gen“ genossen hat
— — — 28 hinter eingreifen kommt: ihn aber
— 185 — 9 von oben fällt: „diese Ansicht“ weg.

Gedruckt bei C. Feister.

FSC
www.fsc.org
MIX
Papier | Fördert gute Waldnutzung
FSC® C083411

Kolibri 360 GmbH
Ferdinand-Jühlke-Straße 7
99095 Erfurt, Deutschland
produktsicherheit@kolibri360.de